中国特色哲学社会科学
“三大体系”研究丛书
主编 权 衡 王德忠

中国特色城市文化实践与理论研究

郑崇选 等◎著

上海人民出版社

本书由上海社会科学院智库建设基金会资助研究出版

总　序

发挥国家高端智库优势　推动“三大体系”建设

2016年5月17日，习近平总书记在哲学社会科学工作座谈会上发表重要讲话，从坚持和发展中国特色社会主义必须高度重视哲学社会科学，坚持马克思主义在我国哲学社会科学领域的指导地位，加快构建中国特色哲学社会科学以及加强和改善党对哲学社会科学工作的领导四个方面，全面系统阐释和深刻回答了进入新时代，坚持和发展中国特色社会主义为什么要构建当代中国哲学社会科学体系，怎样构建具有中国特色、中国风格、中国气派的哲学社会科学等一系列重大理论和实践问题。这是一篇体现马克思主义立场观点和方法、闪耀着真理之光的讲话，是新时代繁荣和发展中国特色哲学社会科学的纲领性文件。为响应习近平总书记关于构建中国特色哲学社会科学、推动“三大体系”建设讲话精神，上海社会科学院组织专家学者深入学习习近平总书记讲话精神，开展我国哲学社会科学学科体系、学术体系、话语体系“三大体系”研究阐释工作。

科学把握中国特色哲学社会科学“三大体系”建设的重大意义

习近平总书记在讲话中明确指出，哲学社会科学是人们认识世界、改造世界的重要工具，是推动历史发展和社会进步的重要力量，其发展水平反映了一个民族的思维能力、精神品格、文明素质，体现了一个国家的综合国力和国际竞争力。习近平总书记还强调，一个没有发达的自然科学的国家不可能走在世界前列，一个没有繁荣的哲学社会科学的国家也不可能走在世界前列。新形势下，我国哲学社会科学地位更加重要、任务更加繁重，要按照立足中国、借鉴国外，挖掘历史、把握当代，关怀人类、面向未来的思路，着力构建中国特色哲学社会科学，不断推进学科体系、学术体系、话语体系建设和创新。我们认为，为实现以上目标，必须科学理解和把握中国特色哲学社会科学与“三大体系”建设的重要内涵。

构建彰显中国自主知识体系的哲学社会科学。当前，世界正处于百年未有之大变局，我国正处于实现中华民族伟大复兴的关键时期。习近平总书记强调：“面对快速变化的世界和中国，如果墨守成规、思想僵化，没有理论创新的勇气，不能科学回答中国之问、世界之问、人民之问、时代之问，不仅党和国家事业无法继续前进，马克思主义也会失去生命力、说服力。”进入新时代，我们要坚持以习近平新时代中国特色社会主义思想为指导，坚持把马克思主义基本原理同中国具体实际相结合、同中华优秀传统文化相结合，正本清源、守正创新，立足中国实践，形成中国理论，在回答中国之问、世界之问、人民之问、时代之问中，构建彰显中国自主知识体系的哲学社会科学。

聚焦“三大体系”是构建中国特色哲学社会科学的重要内容和方向。坚持和发展中国特色社会主义，需要加快构建中国特色哲学社会科学。构建中国特色哲学社会科学，要坚持马克思主义理论的指导地位，立足于中国发展实践，学习借鉴国外哲学社会科学积极成果，更好形成学科建设、学术研究与社会实践发展紧密结合、融为一体的新局面，为加快构建具有中国特色哲学社会科学学科体系、学术体系、话语体系注入新动力和活力。

形成“三大体系”有机统一、相互支撑、共同发展的学科发展新路径。在推动学科体系、学术体系、话语体系建设中，要坚持学科体系是基础、学术体系是核心，话语体系是表述，三者是一个有机统一、不可分割、相互支撑、共同发展的整体。要进一步夯实和健全我国哲学社会科学发展的学科体系和学术体系，把马克思主义理论学科做大做强，把基础学科做扎实，把优势学科巩固好，把新兴学科、冷门学科、特色学科、交叉学科等发展好。要推动习近平新时代中国特色社会主义思想系统化、学理化研究，把党的创新理论成果与“三大体系”建设融会贯通，深入挖掘新思想蕴含其中的哲理、道理和学理。要聚焦新时代中国改革开放和创新发展实践，突出问题导向，加快理论提炼和总结概括，构建中国自主知识体系的学科体系、学术体系和话语体系。

要加快提升中国国际传播能力建设，深化国际传播理论体系建设和实践创新发展，讲好中国故事，传播好中国声音，向世界展示真实、立体、全面的中国。

在国家高端智库工作中推动“三大体系”建设

为深入贯彻落实习近平总书记关于加快构建中国特色哲学社会科学的重要讲话精神和上海市委关于推动上海哲学社会科学大发展大繁荣的战略工作部署，近年来，上海社会科学院立足作为综合性人文社会科学研究机构的学科特色优势和国家高端智库优势，持续推动党的创新理论系统化、学理化研究，持续深化我国和上海发展的重大理论和现实问题研究。

我们注重发挥学科综合优势和国家高端智库优势，不断推动学科发展和智库建设，加快推动中国特色哲学社会科学建设。特别是2023年以来，结合主题教育和大调研活动，进一步发挥国家高端智库优势，加快推动中国特色哲学社会科学学科体系、学术体系、话语体系研究和建设。

一是面对复杂的国际国内环境，必须加快构建中国特色哲学社会科学体系。当前，我国正处于复杂的国际国内发展环境下，解决意识形态巩固的问题、各种思想交锋的问题、经济社会发展的问题、深层次矛盾和风险挑战的问题及全面从严治党的问题，都迫切需要哲学社会科学更好发挥作用。当今中国正日益走向世界舞台中央，中国的思想学术和文化也必须跟上来，不能落后，也不能缺席。这就必须依赖于中国特色哲学社会科学提供有力支撑。

二是建设中国特色哲学社会科学要正确理解学科体系、学术体系、话语体系三者之间关系。哲学社会科学体系是学科体系、学术体系和话语体系的有机统一，其中学科体系是基础、学术体系是核心，话语体系则是表达呈现。近年来，上海社会科学院坚持学科发展与智库建设“双轮驱动”战略，努力推进建设一流的“智库型学府、学府型智库”，坚持和发展马克思主义，立足中国国情与中国优秀传统文化，积极吸收国外哲学社会科学的有益资源，服务中国实践、构建中国理论，努力将党的创新理论成果和重要思想、重要主张等转化为知识话语、研究范式、学术理论，建构中国自主知识体系，融通国内外的新概念、新范畴、新表述，形成更大国际传播力和影响力。

三是发挥国家高端智库优势和实施大调研，把“三大体系”建设与中国实践、中国经验、中国理论的提炼总结相结合。当前中国哲学社会科学体系的构建，必须持续从我国经济社会发展的实践中挖掘新材料、发现新问题、总结新经验，要加强对改革开放和现代化建设的观点总结和理论提炼，这是中国特色哲学社会科学发展的着力点。上海社会科学院在近些年的理论研究和学科建设中，努力发挥国家高端智库的优势，广泛推动社会调研活动，注重从我国改革发展实践中挖掘新材料、发现新问题、提出新观点、构建新理论，注重对习近平新时代中国特色社会主义思想的系统化研究和学理化阐释，形成我国哲学社会科学的特色和优势，在学界推动建设具有领先水平和较强影响力的学科体系、学术体系和话语体系。

四是努力构建系统性和专业性相统一的学科体系、学术体系和话语体系。在“三大体系”建设中，必须重视系统性和专业性相统一。其中，系统性从理论逻辑、历史逻辑及实践逻辑三大逻辑把握。理论逻辑是在顶层设计中坚持和发展马克思主义基本原理，深化拓展马克思主义理论研究和党的创新理论成果的研究阐释；历史逻辑体现在必须更好地传承中华优秀传统文化和思想体系，提出并展现体现中国立场、中国智慧、中国价值的理念、主张和方案；实践逻辑是要求立足于实际发展并解决实际问题。从三大逻辑出发，我院坚持以马克思主义为指导，聚焦十八大以来党的创新理论成果和经济社会发展现实问题，注重学科前沿和学科交叉等研究方法，努力构建中国特色的学科、学术和话语体系。在专业性方面，上海社会科学院设有 17 个研究所，学科门类齐全，传统学科基础好，新兴学科布局早，特色学科发展快，拥有一批学科建设的领军人才，在谋划和推进构建中国特色哲学社会科学方面，也具备较为扎实的基础。

五是在“三大体系”建设中培育更多高水平哲学社会科学人才。推动哲学社会科学大发展大繁荣，关键要素还是人才。中国特色哲学社会科学事业是党和人民的重要事业，构建中国特色哲学社会科学是一项极为繁重的系统科学工程，需要广大哲学社会科学工作者在坚持党的领导、坚持和发展马克思主义的基础上，不断开拓学术研究、倡导先进思想、引领社会风尚。作为“智库型学府、学府型智库”，上海社会科学院在大调研基础上，积极稳妥推进科研管理体制机制改革和优化，加快建立和完善符合新时代哲学社会科学发展规律、体现上海社会科学院优势特色、有利于出高质量成果和高水平人才的科研管理体制机制。

以学科发展与智库建设“双轮驱动”推动“三大体系”建设

上海社会科学院创建于1958年，是新中国最早建立的社会科学院，也是上海唯一的综合性人文和社会科学研究机构。成立65年来，上海社会科学院为我国哲学社会科学的繁荣发展作出了积极贡献。

党的十八大以来，在上海市委和市委宣传部的领导下，上海社会科学院守正创新、勇毅前行，加强哲学社会科学大发展，在理论创新研究、服务决策咨询、人才队伍建设、引导主流舆论等方面取得了丰硕成果。

2023年，上海社会科学院认真开展主题教育工作，组织专家学者深入学习党的二十大报告提出的一系列新思想、新观点、新论断，深入研究阐释习近平总书记关于加快构建中国特色哲学社会科学的重要讲话精神，进一步聚焦党的创新理论，注重基础研究与应用研究融合发展、相互促进，注重系统化研究、学理化阐释和学术化表达，全院以构建中国特色哲学社会科学自主知识体系为聚焦点，以中国实践为出发点，以理论创新为着力点，在全国率先开展哲学社会科学“三大体系”建设。院党委举全院之力、聚全院之智，17个研究所齐上阵，全面、完整、系统开展有组织研究；我们也邀请部分全国和上海知名专家一起参与研究，撰写完成了中国特色哲学社会科学“三大体系”研究丛书。这是当前对推动我国哲学社会科学“三大体系”建设和研究做的一次有益探索，以期为促进我国哲学社会科学繁荣发展作出自己的贡献。

衷心希望我院科研工作者在建设社会主义现代化国家新征程中，牢记嘱托、砥砺前行，为不断开创我国哲学社会科学大发展大繁荣的崭新局面作出更大贡献。

上海社会科学院党委书记、研究员　权　衡

上海社会科学院院长、研究员　王德忠

2023年8月

目　录

导论　以充分的实践自觉构建中国特色城市文化理论

第一节　以人民为中心的当代中国城市实践　/001
第二节　中国文化的城市转型　/003
第三节　当代城市文化创新的主要维度和趋势研判　/005
第四节　中国特色城市文化理论的构建　/007

第一章　新时代关于城市文化的重要论述

第一节　以人民为中心是城市文化建设的核心要义　/011
第二节　文化遗产是赓续城市历史文脉的重要依托　/014
第三节　提升城市精神品格和文化品位　/021
第四节　作为城市治理体系中的文化要素　/026
第五节　面对“城市病”的文化发展对策　/032

第二章　西方城市文化理论的综合辨析

第一节　西方城市文化发展现状及概述　/036
第二节　西方城市文化理论的构成和分析　/038
第三节　对中国城市文化研究的启示和思考　/048

第三章　传统视域下的城市文化理论及其当代意义

第一节　中国古代城市文化理论溯源　/052
第二节　传统物质文化中的城市文化理论发掘与当代意义　/055
第三节　古典文艺脉络中的城市文化　/063

第四章　城市历史文化遗产保护的中国方案

第一节　城市文化遗产保护的基本理念与政策导向　/071

第二节　中国城市文化遗产的实践案例：比较与反思　/082

第三节　“人民城市”理念下的城市文化遗产保护　/095

第五章　公共文化服务体系建设与城市文化的公共性

第一节　中国特色公共文化服务与公共性的关系　/103

第二节　中国特色公共文化服务体系的主要特征　/108

第三节　中国特色公共文化服务体系的创造性实践　/110

第四节　中国特色公共文化与城市文化理论建构　/120

第六章　中国特色文化产业发展与城市空间文化赋能

第一节　文化产业与城市空间赋能的文化溯源　/126

第二节　文化产业与城市空间赋能的文化升级　/132

第三节　文化产业与城市空间赋能的文化协同　/135

第四节　文化产业与城市空间赋能的文化赋值　/138

第五节　新时代中国文化产业与城市空间赋能的对策措施　/142

第七章　中国城市民俗研究的变迁与转型

第一节　国外城市民俗研究的发展与经验　/148

第二节　中国城市化进程中的传统民俗变迁研究　/153

第三节　中国城市化进程中的非物质文化遗产保护研究　/157

第四节　中国城市民俗学研究对象与方法的转型　/161

第八章　城市文学的文化建构

第一节　城市文学学术史概述　/175

第二节　城市文学与城市文化的互动图景　/180

第三节　中国式现代化语境中的城市文学展望　/189

第九章　数字化转型与城市文化的未来发展

第一节　城市数字化转型的内涵　/198

第二节　数字化转型对城市文化的影响和挑战　/202

第三节　城市文化对数字化转型的回应　/209

第四节　数字化转型实践的城市文化理论意义　/220

后　记　/225

导论　以充分的实践自觉构建中国特色城市文化理论

实践自觉是文化自觉、理论自觉的重要基础和前提。作为哲学社会科学工作者，我们应该直面中国式现代化的伟大实践，在各领域的系统实践中发现和找到支撑“三大体系”构建的真问题。这些问题具有内生性、原发性，是全新的经验系统和知识场域，需要哲学社会科学进行学理化阐释、学术化表达和学科化把握。“我们哲学社会科学应该以我们正在做的事情为中心，从我国改革开放的实践中挖掘新材料、发现新问题、提出新观点、构建新理论。”① 中国的经验固然源自中国的实践，有明显的中国特殊性，但中国经验也是在遵循规律的基础上经过创造性的实践形成的，所以又有世界范围内的普遍性。对于建构中国特色哲学社会科学，中国实践基础上的经验总结是最基本的来源，只有建立在充分的实践自觉基础上，深刻揭示实践、服务实践并指导实践的哲学社会科学知识体系才是具有长久生命力的创新理论。

第一节　以人民为中心的当代中国城市实践

中国特色社会主义城市发展的核心理念无疑是“以人民为中心”。“人民城市人民建，人民城市为人民”既是我国现阶段城市发展理念的充分表述，也是城市治理的根本目的所在。以人民城市建设为崇高使命和价值追求，涉及城市的正义、权利、治理等本质问题。在“人民城市”理念前提下，提升中国城市的软实力才有价值意义，并由此在城市建设的理念和实践之间构成一个连续的、有机的整体。

当前，西方的城市发展已经相对固化，中国的城市发展却还如火如荼，城市理论发展的实践基础，正逐渐转移到以中国为代表的新兴国家中，中国的城市实践将为未

① 习近平：《加快构建中国特色哲学社会科学》，《习近平著作选读》（第1卷），人民出版社2023年版，第484页。

来城市理论发展提供丰富的实证基础。在这个大的时代背景下，“人民城市”理念的提出正当其时，一切以人民为中心，以生产、生活、生态和生命的有机统一为建设基础，以幸福感、获得感、安全感“三感”为衡量标准，构成了中国特色城市发展理论的主体，指明了下一步建设社会主义现代化城市的正确方向。

今天强调提出人民城市的中国特色社会主义城市发展理念，同全球城市发展从形体主义向人文主义的逻辑转向是密切相关的，是从形体主义、规划主义、空中视角，向人文主义、有机成长、地面视角的一种转化。以“人民城市”发展理念为指导，中国城市应建立起以获得感、幸福感、安全感“三感”为依据的中国城市评价体系，力图使未来的理想城市在生产、生活、生态和生命之间实现有机统一，以共建、共治、共享为实现路径，在城市更新和治理过程中努力贯彻人文主义导向和全过程民主。只有将全面提升软实力与全面建设人民城市紧密联系起来，才会走出一条不等同于再版、翻版西方的发展道路，真正以人民为中心的中国城市发展道路。

现代城市在高速发展的同时往往伴随了一系列无法避免的“城市病”，从20世纪六七十年代开始，以列斐伏尔、卡斯特尔、哈维等为代表的一批西方学者针对现代工业文明时期的城市问题，如焦炭城、贫民窟、贫富差别、犯罪率、污染、传染病等，对西方现代城市在后工业时期的状况进行了猛烈批评。事实上，“城市病”产生的关键原因，在于没能把握好城市究竟归属于“谁”的问题。“人民城市”理念对这一问题做了明确回答，在“以人民为中心”的中国城市，“人民”才是城市的主人。“人民城市”重大理念对城市权力的归属作了更为确凿的定义。城市空间规划、城市治理、城市正义等问题，归根到底都应该以人民利益为中心去考量。

事物处在永恒的变动和发展当中，当今世界已经是一个高度全球化的世界，不断有新的关于城市建设和发展的理论、概念出现，而判断这些概念和理论是否适用于中国，应当坚持将以人民为中心作为检验的试金石，才有可能将理论的价值最大化服务于当代中国城市发展。例如，新冠疫情的发生，人们又开始向往郊区人口相对稀疏、可随时呼吸新鲜空气的自然环境，芒福德和霍华德在早期提出的人与自然和谐相处的城市建设理念被重新提起。同样由于新冠疫情的发生，隔离区的防疫和生活很多都靠居委会和社会组织互助完成，让人们重新意识到邻里社区基层互助的重要性。而近年来中国不少内陆城市遭遇罕见洪水灾害，也让人们深刻认识到抵御底层风险的“韧性城市”建设的重要性，城市“韧性”不仅体现在地面城市景观、功能的复原能力上，也对向地下拓展的城市基础设施建设提出了更高的要求；城市内涝带来的水、电等设施的中断，尤其是因停电导致的网络通信中断，启示人们在建设和发展“智慧城市”的同时，也势必要将风险和灾害防护放在更为优先的位置。所有这些围绕新型城市建设的理论，都必须放置在已有的中国城市经验中来判别，是否做到“以人民为中心”来帮助建构一种更为优质的城市生活，成为使用和判断这些理论的标准所在。

习近平总书记提出的“人民城市”和学界提出的“人文城市”本质上有相通之处。“人民城市”的发展理念是基于中西城市发展实践和理论，针对当代中国城市发展现状做出的重大理论创新，它对于扭转前40年城市发展“大拆大建”所造成的一系列弊端有很好的纠偏作用，对于下一阶段城市的长效发展和有机更新具有理论指导意义——在逐步脱离形体主义、空中视角的今天，城市发展过度强调资本在全球城市间进行资源配置的能力，显然与“人民城市为人民”的初心并不完全合拍，而数字化在塑造城市生活便利化的同时，也不能忘记城市生活以人为本的本质。在这个意义上，建设“人民城市”的主张，还对应于当今全球范围内新出现的城市发展问题，为城市究竟应该如何发展、为了什么目的而发展指明了方向。在强调“以人民为中心”的当代中国，“以人为本”的人文主义或许更能代表未来城市建设和发展的理念趋势，而对“人文转向”“烟火气”的呼唤，也是朝着世博会提出的“城市，让生活更美好”口号所蕴含的城市本质的回归。

第二节　中国文化的城市转型

中国是个封建社会长期发育发酵并逐步成熟的农业大国，农村是中国社会长期的主体形态。随着改革开放程度的逐步深化，中国经济出现爆发性增长，中国的城市化进程也大大加快，进入了城镇化较快发展的中后期。纵观我国城市化进程的历史，大致可分为三个阶段：第一阶段是1978年至1985年，这一阶段是以“非农化”为主要特征；第二阶段是1986年至2000年，这一阶段以农村人口向城市聚集的“城市化”

为特征；第三阶段是2000年至今，这一阶段以城市规模迅速扩大和城市群的出现为主要特征。[①] 截至2021年底，中国城镇化率已经达到64.72%，居住在城镇的人口为9.1425亿，全国80%以上的经济总量产生于城市，而且尤为关键的是，这种趋势还在继续强势发展，中国未来发展的主体将毫无疑问地由城市来承担。

城市化进程是一个深刻的、全方位的社会变革和转型过程，人们的生产方式、行为习惯、社会组织关系乃至精神与价值观念都会发生转变，形成与乡村不同的生活方式。城市化进程对于生活其中的居民最为重要的改变就是彻底重构了人们的日常生活方式。按照雷蒙德·威廉斯关于文化是一种整体的生活方式的解读，城市化带来的生活方式的巨大变化必然带来文化生产和文化消费的深刻转变，当代中国的文化结构从以乡村文化为主体逐步转变为以城市文化为主体。

费孝通先生早在20世纪90年代就已经关注到了中国社会的文化转型问题，费先生认为文化转型是当代人类共同的问题，这个问题包含有两个方面：第一，工业文明已经接近末期，人类面临资源枯竭、气候异常、生态破坏、环境污染的严峻局面，人类对自己创造的文化应当进行反思，促进由工业文明的黑色发展转向生态文明的绿色发展；第二，在当代背景下，文化转型势必受到全球化的影响，来自西方国家、强势文明的冲击必不可少，在这样的境况中，各文化主体要怎样加强对文化转型的自主能力，取得决定适应新环境、新时代对文化选择的自主地位，在当今多元文化的世界里确立自己的位置，这也就是费先生所说的“文化自觉”问题。[②] 在传统的中国乡村文化中，每一个个体都以自身或家庭为圆心，以差序的方式构建着自己与他者的关系，最终构成一个庞大的“熟人社会”，呈现出两个最为典型和突出的特征：“一是自然主义的或人情化的文化图式；二是经验主义的或经验性的文化图式。这两个方面构成中国传统日常生活世界的文化特征，同时也构成中国传统文化的本质特征。关于家庭本位、礼俗文化、血源性、宗法性、自然性、自在性、人情化、经验性、重复性、保守性、以过去为定向、超稳定性等，都可以从上述两个方面加以解释。”[③] 城市文化则打破了

① 童世骏、文军等著：《我们时代的精神文化生活》，上海人民出版社2019年版，第66页。

② 费孝通：《关于文化自觉的一些自白》，《费孝通文集》第16集，北京群言出版社2004年版，第55—64页。

③ 衣俊卿：《现代化与文化阻滞力》，人民出版社2005年版，第229页。

"差序格局"的运作方式，熟人社会被打破，社会关系网络开始变得流动和不确定，乡村文化的整合方式不再适用于城市文化，文化形态呈现出复杂的多样性，身份认同的强烈愿望带来对于文化产品的强烈需求，由此推动了文化产业的繁荣发展。城市和乡村不是对立存在的，而是经济社会发展过程中不同的阶段，同时也代表了各自的文化形态，可以在相互补充、相互融合的共生之路上同步和谐发展。城市的快速发展，为乡村文化的复兴提供了强大的物质基础；而乡村的健康发展，则可为城市的过度物化提供丰厚的人文资源。

近年来，中国的经济发展速度和规模赢得全球的瞩目，但与经济发展不相适应的是中国的文化发展并没有产生同样的影响力，不仅没有很好地破解中国文化"走出去"的难题，更为严峻的是，随全球化进程不断加快带来的西方文化形态和文化内容正在对当代中国文化带来巨大的冲击，西方消费文化、娱乐文化已经开始融入中国广大民众的日常生活当中。如何在新的形势和背景下，使中国文化得到更好的传承和发扬，事关中国未来的文化自信。作为当代中国经济社会建设的主体单元，各种类型的城市必须要承担起这个光荣而艰巨的使命。没有文化的发展，没有文化的渗透，没有文化的塑造，任何城市的形象都是畸形和病态的。唯有文化的滋养，一个城市才会元气内充，容光焕发。城市外在形象的展现，不仅在于它的功能完善，更重要的是城市所蕴含的文化理念和文化形象。当前，我们的城市建设迫切需要树立文化自信，抛弃盲目追求西方理念和文化的简单逻辑，回到每一个具体的城市本身，认真梳理每个城市独特的历史文脉，以最大的诚心和敬意做好优秀文化的保护和传承工作。只有每个城市都"留住城市特有的地域环境、文化特色、建筑风格等'基因'"，"结合自己的历史传承、区域文化、时代要求，打造自己的城市精神，对外树立形象，对内凝聚人心"，才能不断提升中国的文化软实力，最终实现社会主义文化强国的建设目标。

第三节　当代城市文化创新的主要维度和趋势研判

文化是一个城市的灵魂，也是城市实现韧性发展的本质性力量。全球肆虐的新冠疫情重创的不仅是经济世界的健康发展、政治世界的良好互信，同时也对世界范围内的文化交流和文化进步产生巨大的破坏作用，现代文明的共识在疫情面前岌岌可危。当此之时，文化和文明的力量就显得弥足珍贵。如何以文化赋能城市的理念及其发展战略推定现代城市文明不断进步，成为城市实现韧性发展的主要路径，甚至可以说是唯一路径。放眼世界，各国在城市形态、城市管理等方面日益趋同，是文化差别赋予了它们独特的风貌，独特的城市文化让我们非常直观地能够区分出上海、巴黎、东京、纽约和伦敦，这些城市内在的文化肌理，铸就了各自的生活空间和城市性格，吸引着游客的脚步。唯有城市文化，能为旧城复兴注入新生的力量，为新城崛起升华不灭的灵魂，为城市在竞争中创新发展、脱颖而出提供土壤和资源。

文化的生命力在创新。对于城市发展而言，文化是城市创新之魂，无论是在知识方法层面，还是在制度安排及物化成果的转化方面，追求创新的文化精神和文化生命表达，都是城市创新的内在动因。城市文化的创新达成不是凭空而来，而是需要建立在坚实的文化赋能的基础之上，主要表现在以下几个维度：

一是历史的维度。新时期的文化创新需要对传统文化资源中的优秀基因进行充分挖掘与利用，使其在新时代中焕发新的生机。对于一个有着深厚文化积淀的城市而言，文化创新不是一味地为新而新，而是要在传承其文化根脉的肌理上，实现新的生长。某种程度上，传承即是创新。城市历史文化遗存是前人智慧的积淀，是城市内涵、品质、特色的重要标志。在城市更新中，要妥善处理保护和发展的关系，注重延续城市历史文脉，像对待老人一样尊重和善待老建筑，保留城市历史文化记忆，让人们记得住历史、记得住乡愁，进而坚定文化自信、增强家国情怀。

二是现实的维度。著名的文化研究学者雷蒙德·威廉斯认为文化是一种整体的生活方式，按此理解，因为疫情带来的生活方式的巨变，文化生产和消费的整体态势也必然呈现很多新的变化。文化作为人们的生活方式，其生命力在于将文化传承和成果创新与人的现实生活紧密结合，在成为人们精神力量的同时，不断激发每一个个体参与现实文化创造的积极性，将新的文化要素持续融入现实生活，不断创造新的文化内容，使城市文化的特质更加鲜明、内容更加丰富、生活更加精彩。新冠疫情给文化生活带来巨大冲击，后疫情时代的文化生产既面临短时难以消除的深刻危机，同时也存在长期必将再现辉煌的重大机遇。从城市的社会本质属性、新的信息技术的变更，以及人的全面发展的角度来看，未来的文化创新，可能会集中在以线上内容为核心的数字文旅产业、以线上线下联动催生的产业优化升级，以及各种类型实体文化媒介的产生等几个重要的领域。文化创新只有与当下的时代和生活充分融合，才能带来经济效益和社会效益的双丰收，以城市文化的繁荣发展增强文化自信。

三是空间的维度。空间是现代城市最基本的构成要素，文化创新的实现只有与具体的空间生产充分融合，才能影响到城市居民的日常生活。从空间的角度谈文化创新，主要体现在当代城市生活中各种新型文化空间的培育和打造。丹麦著名城市规划师扬·盖尔（Jan Gehl）认为，公共空间作为满足人们上学、上班、采购、散步、社交等活动需求的场所，不是“有了”就可以，而是要“有效”；要做到“有效”就需要把满足人的精神文化需求作为设计的尺度和中心。城市空间的文化创新一般有两种生产的路径，一是基于城市居民的文化消费需求及文化发展的前瞻性预测，在多业态融合的背景下，打造以文化生产和文化消费为引领的公共文化空间；二是城市旧城街区更新过程中，打造文化遗产与当代生活融合共生的综合性公共空间。两种类型的城市空间既是以文化为灵魂的创新成果，更是推动文化创新不断涌现的孵化器和加速器。近年来，上海的新型公共文化空间不断涌现，在城市居民的日常生活中发挥着“润物细无声”的文化滋养功能，为文化创新营造了良好的文化生态。

第四节　中国特色城市文化理论的构建

当代中国从乡村社会向城市社会的转型成为文化发展的核心动力，基于中西多种文化形态融合生成的当代中国城市文化，为经济社会发展提供了巨大的精神支撑和文化动力，城市文化将是未来中国的主体文化形态，是“不断提升国家文化软实力和中华文化影响力”的核心内涵。对中国特色城市文化理论的研究，不仅是城市健康发展的题中之意，更为重要的是在城市文化的繁荣发展中，提供了城市与乡村相互促进、融合共生的最优路径，最终实现中华文化的全面复兴和社会主义文化强国的全面建成。

中国特色城市文化反映了中国文化在城市社会的发展态势，彰显了在实现中国式现代化的过程中，中国城市为文化的发展和中华文明的延续所做出的独特贡献，其成功经验可以对世界城市特别是发展中国家的城市文化发展带来有益的借鉴。中国特色城市文化理论的提出，同时也是对人类文明的重大贡献。当代中国的城市发展道路，之所以能够取得经济快速发展和文化持续繁荣的两大奇迹，就是因为我们在城市文化的传承和创新中走出一条正确的中国特色社会主义路径，对这条路径所凝聚的经验进行规律层面的提炼，本身就是理论创新和“三大体系”建设的重要组成部分。中国特色城市文化理论体系的建构要着力把中国特色城市文化的具体实践总结好提炼好，在系统总结中国特色城市文化的实践基础上推动中国特色城市文化理论体系成为世界城市文化理论的重要组成部分。

中国特色城市文化理论体系的主要特征体现在三个方面：一是城市文化理论的建构要与中国特色社会主义理论体系相适应；二是中华优秀传统文化为中国特色城市文化理论提供了丰富的滋养；三是当代中国快速的城市化进程及新型城镇化的实践是城市文化理论得以形成的实践基础。综合考察当前城市文化的研究现状，虽然在西方理论的译介、城市问题的批判研究、城市空间研究等领域取得了一些成果，但我们的研究工具依旧是西方城市文化理论所提供的知识体系和分析框架，不少研究成果是“知识保管员”式的整体移植或者是结论先行的片面阐释，缺乏基于中国城市实践基础上的问题视野和知识创造，特别是中国特色社会主义视角的理论自觉比较缺乏，在整体性和系统性上亟待进一步深化推进。

党的十八大以来，习近平总书记多次强调“文化是城市的灵魂”，围绕城市工作发表了一系列重要论述，明确了城市文化发展的价值观与方法论，深刻揭示了中国特色社会主义城市发展规律，为中国特色城市文化理论的构建提供了基本遵循。基于中国特色城市文化实践的整体研判和系统梳理，在“古往今来各种知识、观念、理论、方法”的融通中，我们已经可以初步提炼出继续深化研究的基本理论框架和新概念、新范畴、新表述。

“人民城市”重要理念为城市文化生产的人民性提供了鲜明的实践指引，与西方城市文化生产的资本导向形成本质上的差异，充分彰显了中国特色城市文化理论的价值取向。中国古代城市文化从以儒家政治学说为单一核心的萌芽中，生成出充满地方特色且灵动丰富的多形态文化体系，在城市营造、建筑设计及文学艺术等领域留下了丰富的城市文化理论资源。城市公共文化服务以满足人民群众美好需求为旨归，以构建现代公共文化服务体系为主要任务，探索出一条城市公共文化服务的中国之路，在城市文化公共性的维度上形成了中国特色的理论创新。当代中国的城市文学文本不仅带有作家强烈的个人风格，还将历史长卷和现实万象结合，折射出中国城市化进程中的文化多样性。在城市文化遗产保护领域，已逐步确立“人民城市”理念下的城市文化遗产观，推动城市文化遗产保护的全过程民主实践，建构了城市文化遗产保护的中国方案与中国话语。城市数字化转型与城市文化发展之间建构的双向互动关系也是具有独特创新意义的中国实践，其理论价值体现在两个重要的方面，一是将数字化转型过程中层累造成的种种技术决定论论调，重新校准到人民群众的实际需求和“以人民为中心”的文化发展理念上来；二是强调了城市文化的价值导向功能对数字化转型的规范性作用，延续并发展了城市文化开放、多元、包容的基本特征，也为城市的可持续发展提供了新的空间和机遇。

本书研究的主要内容聚焦党的十八大以来新时代中国特色社会主义建设背景下的城市文化发展实践，重点是基于中国城市文化实践基础上的问题视野和知识创造，在系统梳理与综合归纳的基础上，以西方城市文化理论的辨析为参照，提炼出中国特色城市文化理论的核心主题、核心概念，并进行全面的阐释，进而提供中国特色城市文化的当代关注与未来发展的相关思考。本书的中国特色城市文化，主要是指当代中国迅速展开的城市化进程中，在文化领域所发生的各种类型的实践形态，包括政府层面一般意义上的文化事业和文化产业。

在书名的确定上，本书没有出现体系的概念，主要是基于当前城市文化理论的研究还没有深入到体系的程度，虽然有一些分散的个案研究或者是理论的提炼，但是比较全面系统的研究目前还比较少，特别是在中国特色核心概念和知识体系的构建方面，还处于初步的理论自觉阶段，因此，用“中国特色城市文化实践与理论研究”作为书名，虽稍显宽泛，但比较符合当前的研究事实。

第一章　新时代关于城市文化的重要论述

城市是人类生产生活的重要场所，是人口、产业和要素资源的聚集地。作为一个庞大而复杂的社会生态系统，城市的特点是集中、流动、系统和活跃。城市是我国经济、政治、文化、社会活动的中心，在党和国家工作全局中具有举足轻重的地位。根据《国家新型城镇化规划（2021—2035 年）》，未来几年是加快我国城市化发展转型的关键时期，需要聚焦推动高质量发展、创造高品质生活、实现高效能治理，统筹谋划、系统推进，将各项任务落实到位。新发展理念为我国城市发展方式提供了管全局、管根本、管长远的科学指引。[①] 必须坚持新发展理念，让创新成为城市发展主动力，促进超大特大城市与中小城市协调发展，推动城市集约紧凑发展和绿色低碳转型，营造文化传承和开放包容的城市发展氛围，让人民共享城市发展成果。新的征程上，大力提升城市现代化水平，需要坚定文化自信，在继承和发展历史文化的同时，促进城市文化推陈出新，不断提升城市文化内涵，增强城市文化竞争力。

文化是城市的灵魂，城市文化是城市现代化的根基，也是城市发展的重要动力。新时代新阶段我国社会主要矛盾发展变化呈现新特征、新要求，人民对于丰富多样的城市文化需求更加旺盛，对于优美人文环境、优质文化服务、优质文化活动的期待更为迫切，对提高社会文明程度的期待更为高涨。习近平总书记指出，统筹推进“五位一体”总体布局、协调推进“四个全面”战略布局，文化是重要内容；推动高质量发展，文化是重要支点；满足人民日益增长的美好生活需要，文化是重要因素；战胜前进道路上各种风险挑战，文化是重要力量源泉。[②] 城市文化建设必须始终坚持以人民为

---

① 龚正：《加快转变超大特大城市发展方式》，载中国军网：http://www.81.cn/ss_208539/10206134.html，2022 年 12 月 16 日。

② 出自 2020 年 9 月 22 日习近平总书记在教育文化卫生体育领域专家代表座谈会上的讲话。

中心的发展思想，服务于人的全面发展，不断满足人民的美好生活需求；必须坚定文化自信，广泛践行社会主义核心价值观，全面提升城市文化软实力；大力弘扬城市精神和城市品格，提高市民文明素质和城市文明程度；大力传承历史文脉，进一步完善历史文化遗产保护传承和活化利用机制，加强对历史街区、历史建筑、工业遗产的保护利用，将更多的“工业锈带”改造为“生活秀带”“发展绣带”，强化城市文化韧性；大力推动文化事业和文创产业繁荣发展，培育新型文化业态，通过提供高质量文化产品、文化设施、文化空间、文化活动，增强广大市民的获得感、幸福感、安全感，让人民群众在城市生活得更方便、更舒心、更美好，形成向上向善向美的城市文化氛围。对于城市发展而言，文化是重要软实力。在新的历史起点上，进一步推动城市文化高质量发展，意义重大。

第一节　以人民为中心是城市文化建设的核心要义

2019 年 11 月，习近平总书记考察上海时，首次提出“人民城市人民建，人民城市为人民”重要理念，深刻回答了城市建设依靠谁、城市发展为了谁的根本问题，深刻回答了建设什么样的城市、怎样建设城市的重大命题。[①]2020 年 11 月 12 日，习近平总书记在浦东开发开放 30 周年庆祝大会上的讲话中进一步阐释道：“人民城市人民建、人民城市为人民。城市是人集中生活的地方，城市建设必须把让人民宜居安居放在首位，把最好的资源留给人民。要坚持广大人民群众在城市建设和发展中的主体地位，探索具有中国特色、体现时代特征、彰显我国社会主义制度优势的超大城市发展之路。要提高城市治理水平，推动治理手段、治理模式、治理理念创新，加快建设智慧城市，率先构建经济治理、社会治理、城市治理统筹推进和有机衔接的治理体系。”“人民城市”理念是我国城市建设工作的发展定位，也是城市建设的价值取向，在城市进程中要致力于为人民塑造一种富有现代文明价值的生活方式。2021 年 7 月，习近平总书记在西藏考察时的讲话中提道：“城市的核心是人，城市工作做得好不好，老百姓满意不满意、生活方便不方便，是重要评判标准。要坚持以人为本，不断完

① 马涛：《加快建设人民城市》，载人民网：http://theory.people.com.cn/n1/2022/1205/c40531-32580481.html，2022 年 12 月 5 日。

善城市功能，提高群众生活品质。”人民城市要将“人”作为根本动力，重视人民群众作为推动城市社会良好发展的实践主体角色[①]。充分体现人民意志、保障人民权益、激发人民创造活力，将以人民为中心的发展思想贯穿城区发展始终，把最好的资源留给人民，以更优的供给服务人民。2022年，这一重要理念被写进中国共产党第二十次全国代表大会报告之中——“坚持人民城市人民建、人民城市为人民，提高城市规划、建设、治理水平，加快转变超大特大城市发展方式，实施城市更新行动，加强城市基础设施建设，打造宜居、韧性、智慧城市”[②]。“人民城市”重要理念不仅揭示了社会主义现代化城市的人民性，更为在新时代推进以人为核心的新型城镇化指明了前进方向、提供了根本遵循之道。

自改革开放以来，我国城镇常住人口从1978年的1.7亿人增长到了2021年的9.14亿人，城镇人口城镇化率从17.92%提升至64.72%，城市成为我国经济社会发展的重要引擎。但快速发展也相伴着问题和内生阻力，如城市人口密度高、配套的公共基础设施不足、公共服务水平不高等，制约了城市综合承载能力的提升。为了应对这些问题，党的十八大以来，习近平总书记围绕城市工作发表了一系列重要论述。2013年，习近平总书记在中央城镇化工作会议上提到：“把握住基本原则。城镇化是涉及全国的大范围社会进程，一开始就要制定并坚持好正确原则，一旦走偏，要纠正起来就很难了。城镇化不同于其他建设，房子造起来了，路开通了，水泥地铺上了，要走回头路就很难了。基本原则，我看主要是四条。一是以人为本。推进以人为核心的城镇化，提高城镇人口素质和居民生活质量，把促进有能力在城镇稳定就业和生活的常住人口有序实现市民化作为首要任务。二是优化布局。根据资源环境承载能力构建科学合理的城镇化宏观布局，把城市群作为主体形态，促进大中小城市和小城镇合理分工、功能互补、协同发展。三是生态文明。着力推进绿色发展、循环发展、低碳发展，尽可能减少对自然的干扰和损害，节约集约利用土地、水、能源等资源。四是传承文化。

① 徐鑫：《新时代上海城市文化“人民性”发展理念构建与实践路径——基于人民城市理念》，《文化产业》2023年第2期。

② 习近平：《高举中国特色社会主义伟大旗帜　为全面建设社会主义现代化国家而团结奋斗——在中国共产党第二十次全国代表大会上的报告》(2022年10月16日)，人民出版社2022年版，第32页。

发展有历史记忆、地域特色、民族特点的美丽城镇，不能千城一面、万楼一貌。”① 讲话中将“人”作为城镇化的首要原则。城镇化的整体布局需要基于人民的需求进行系统性考量，其中文化要素是重要的组成部分，是形成城市独特性的重要依托。这既能为公众提供丰富多元的生活体验，深化城市记忆，也是城市面向外部进行形象建构和传播的必要载体。2015 年，习近平总书记在中央城市工作会议上进一步指出：城市工作是一个系统工程。做好城市工作，要顺应城市工作新形势、改革发展新要求、人民群众新期待，坚持以人民为中心的发展思想，坚持人民城市为人民。这是我们做好城市工作的出发点和落脚点。“以人为本”的城市发展理念在这一阶段的城镇化工作中已注入了越来越丰富的内涵，而具体的实现路径也逐步清晰。在新发展格局中，我国城镇化将由“量”向“质”转变。实际上，从“十一五”至“十三五”时期，我国城镇化率年均增速已经从 1.39 个百分点逐步降至 1.13 个百分点。② 相较于增速，当下及未来一段时期内，城市发展会更关注“人民日益增长的美好生活需要和不平衡不充分的发展之间的矛盾”。

城市建设的核心是“人”，坚持人民在城市发展中的主体地位。新时代人民对于丰富而有品位的城市文化需求更加旺盛，对于优美人文环境、优质文化服务、优秀文化活动的期待更为迫切，对提高城市文明程度的期待更为高涨。③ 这就要求城市文化发展要为了人民、依靠人民、成果由人民共享。城市文化发展不仅要为人民提供高质量的文化产品与服务，将文化作为城市治理的重要工具，促进社会公平，增进民生福祉，也要站在公众个体的角度，满足他们的精神文化需求，促进人的全面发展。

“人民城市”属于人民，城市文化建设要充分彰显城市内在的人本价值。对于文化产品与服务的供给和城市精神文脉的传承弘扬，人民不仅是接受者和享有者，更是生产者、建设者和参与者，要倡导城市文化的共建原则，充分发挥人民在城市规划中的

---

① 习近平：《在中央城镇化工作会议上的讲话》(2013 年 12 月 12 日)，《十八大以来重要文献选编》(上)，中央文献出版社 2014 年版，第 592 页。

② 《人民城市重要理念写入二十大报告，给新型城镇化提出哪些新要求？》，载上观新闻：https://export.shobserver.com/baijiahao/html/553530.html，2022 年 12 月 5 日。

③ 顾佳赟：《打造文化高地　赋能城市升级》，载新华社：https://baijiahao.baidu.com/s?id=1743818565816883777&wfr=spider&for=pc，2022 年 9 月 13 日。

主体角色，实现一切为了人民和紧紧依靠人民的有机统一。强化城市发展中人民群众的主体意识，提高人民群众参与城市发展的积极性、主动性与创造性，在城市规划管理过程中问需于民、问计于民、问效于民。也要发挥人民在城市传统和特色文化保护、文化创新过程中的监督作用，尊重城市居民对城市规划建设的知情权和表达权。从而实现政府、社会、公众三大主体协同发力，充分激发“人民城市人民建”的真切动力，共建共治共享美好生活，达到城市让人民生活更美好、人民也让城市变得更美好的良性互动，全面彰显人民城市的鲜明本色。①

“人民城市”服务人民，城市文化建设是为了更好地满足人民对美好生活的向往。城市文化是融于城市生活方方面面的，涉及以实物为载体的各种可移动文化用品产品、不可移动的建筑物及城市景观等，也涉及非物质形态的服务、活动及各类形式和制度等，这些共同呈现了城市生活的习俗、传统、价值观、审美观等。因此，文化建设要处理好保护与发展的关系，既要顺应城市发展新理念新趋势，也要保留好不同城市所特有的地理风貌、历史记忆与建筑风格。基于保护与发展的平衡，不断满足人民群众对美好生活的各类需求，提供更优质的公共服务、更有序的城市管理。城市文化建设在努力惠及更广泛公众的同时，也要加强针对人民多元文化需求的个性化、分众化、对象化供给，以更优的供给服务人民，打造宜居、韧性、智慧城市。此外，城市文化建设也需要为人民追梦圆梦和实现人生价值提供广阔舞台。激发人民群众充满热爱、广泛参与、深情呵护的强劲动能和智慧力量。②

第二节　文化遗产是赓续城市历史文脉的重要依托

习近平总书记在2013年12月12日召开的中央城镇化工作会议上指出：“文化是城市的灵魂。我国历史悠久，许多城市本来就各有特色、多姿多彩。但是，近年来，不少城市为了一年一变样、几年大变样，由几个房地产开发商搞建设，就像计算机复制功能键一样，拿一张图在各个城市搞粘贴，哪都一样。”③ 文化是体现一

①② 马涛：《加快建设人民城市》，载人民网：http://theory.people.com.cn/n1/2022/1205/c40531-32580481.html，2022年12月5日。

③ 习近平：《在中央城镇化工作会议上的讲话》，《十八大以来重要文献选编》(上)，第603—604页。

座城市独特风貌和特质的最重要维度，而城市文化遗产又是体现城市文化特色的最重要载体。习近平总书记强调：“城市历史文化遗存是前人智慧的积淀，是城市内涵、品质、特色的重要标志。”因而，如何看待城市文化遗产的历史价值和当代价值，如何在保护城市文化遗产和推进城市发展之间建立有效平衡，如何将城市文化遗产通过多元的社会利用方式融入当下社会生活，是赓续城市历史文脉的关键命题之一，也符合不断强化城市文化韧性的现实需求。习近平总书记指出：“要像爱惜自己的生命一样保护好城市历史文化遗产。”①“要本着对历史负责、对人民负责的精神，传承城市历史文脉，下定决心，舍得投入，处理好历史文化和现实生活、保护和利用的关系，该修则修，该用则用，该建则建，做到城市保护和有机更新相衔接。”②

一、保护城市文化遗产的意义与价值

习近平总书记于2019年11月在上海考察时提道：“城市历史文化遗存是前人智慧的积淀，是城市内涵、品质、特色的重要标志。要妥善处理好保护和发展的关系，注重延续城市历史文脉，像对待‘老人’一样尊重和善待城市中的老建筑，保留城市历史文化记忆，让人们记得住历史、记得住乡愁，坚定文化自信，增强家国情怀。”保护和利用好城市的历史文化遗产是城市建设中所应承担的重要责任。保护好城市的古建筑、文物，就是赓续城市的历史和文脉。

从文化记忆的角度来看，城市文化遗产具备多种阐释和参与的突出潜力，为记忆提供了活跃的“线索”。习近平总书记强调：“我们讲要坚定文化自信，不能只挂在口头上，而要落实到行动上。历史文化遗产是祖先留给我们的，我们一定要完整交给后人。城市是一个民族文化和情感记忆的载体，历史文化是城市魅力之关键。古人讲，‘万物有所生，而独知守其根’。中华文明绵延至今，正是因为有这种根的意识。现在，

① 《习近平的文化情怀｜“要像爱惜自己的生命一样保护好城市历史文化遗产”》，《学习强国》平台，2022年9月13日。

② 习近平：《2014年2月26日在北京市考察工作结束时的讲话》，《习近平关于城市工作论述摘编》，中央文献出版社2023年版，第100—101页。

很多建设行为表现出对历史文化的无知和轻蔑，做了不少割断历史文脉的蠢事。”①城市文化遗产及围绕其形成的保护利用场域架接起了公众“个人记忆”与国家民族“集体记忆”的双向互动，强化了认同意识形成的社会化过程，也为公众提供宏观官方叙事与中微观民间叙事的融合路径，帮助公众感知国家发展成果惠及个人生活的体现，帮助公众产生正向的集体记忆选择与建构。由于城市文化遗产体现了这种延续性、融合性和阐释性特征，我们在实施保护利用时需要从重视单一要素的遗产保护，向同时重视由文化要素与自然要素相互作用而形成的“混合遗产”“文化景观”保护的方向发展；从重视“静态遗产”的保护，向同时重视“动态遗产”和“活态遗产”保护的方向发展；从重视文化遗产“点”“面”的保护，向同时重视“大型文化遗产”和“线性文化遗产”保护的方向发展，例如近年来我国制定了以“大运河”“黄河”“长征”等为主题的全域型文化遗产保护重大项目。

城市有着“贮存文化、流传文化和创造文化”的三个基本使命。城市天然具有博物馆的属性与功能，城市对人类历史与文化遗产的保持力、人在场所的聚居带来的文化的整体教育与传达都应当是现代大都市所要努力培育的城市特质。“保护好传统街区，保护好古建筑，保护好文物，就是保存了城市的历史和文脉。对待古建筑、古宅子、老街区要有真爱之心、尊崇之心。”②习近平总书记在多次阐述保护城市文化遗产重要意义时，实际也分析了城市文化遗产的多层级价值。

其一，城市文化遗产具备重要的历史价值。文化遗产涵盖了诸多与国家民族相关的集体文化元素，公众在接触中能够形成和增强与之相关的理想信念、价值观、假设和期望，并将其传递给群体中的其他成员。文化遗产通过不同的叙事方式予以呈现，建构了国家民族身份和城市文脉。城市文化遗产的历史价值贯穿了传统历史、现代民族国家形成发展，以及当下社会演进和未来趋势这三个历史时空。传统历史时空是培育认同话语所需要的重要文化基础，产生了独特的、相对稳定的价值观、共同心理和精神信念。现代民族国家形成发展时空为认同话语的建立提供了制度层面的建设实践，

---

① 习近平：《统筹改革、科技、文化三大动力，提高城市发展持续性》，《论坚持全面深化改革》，中央文献出版社 2018 年版，第 229—230 页。

② 习近平：《在福建考察时的讲话》（2021 年 3 月 22 日至 25 日），《人民日报》2021 年 3 月 26 日。

形成了“国家”“地方”“公民”等概念的现实版本。当下社会演进和未来趋势这一时空是认同话语涉及最复杂和最具挑战的社会背景，既需要站在国家立场阐释现有社会制度的历史与时代合理性，也需要站在世界范围阐释多元价值观并存及相互影响的社会格局，涵盖的问题如国家对重大事件的态度、对当下社会发展的历史定位、对未来趋向的把握等①。

其二，城市文化遗产具备重要的情感价值。受实物资料、信息阐释和话语建构等要素支撑，文化遗产能够产生审美层面上的共鸣。情感依恋是个体除功能性依恋外，对外部集体（如群体、民族、国家等）产生认同的重要表现之一。尤其在外界环境的不确定性日益加剧的情况下，集体的整合力量取决于它能在多大程度上调动与亲缘关系及个人经验密切相关的情感②。就个人层面而言，文化遗产帮助观众在一定空间内形成了精神、情感和心理环境的自我指涉，使观众能够在自身所处的社会环境中寻找到文化遗产所含信息中相对应的自我参照，了解自我社会身份的价值和意义。就社会层面而言，文化遗产是对公共记忆的表达，除历史与传统文化外，也会涉及当代社会分析和进一步社会建设等主题，揭示和维护观众所属集体的文化和历史作用及地方特征的价值，推动跨文化交流，在一定程度上扮演了区域心理和身份意识组织者和推动者角色。这种与集体归属相关的情感承诺形成了一种强大的机制，充分发挥了情感的驱动、选择、矫正与掩护③等功能。

其三，城市文化遗产具备重要的艺术价值。城市被视为这样一种生活方式——能够把人的生物和社会需求艺术化地综合到一种多元共处的文化模式之中。城市文化遗产的艺术价值涉及艺术的、审美的、后工业时代美学特征的、视觉的方面。文化遗产对艺术价值的塑造可以“超越单纯的符号所指和形象扮饰以体现更为基础的自然生存—生命根源和更为深潜的公共性精神本义，而后成为认同的理想媒介”。④艺术的意识形态功能是缓和困扰现代思想的多极矛盾，如主体和客体之间、普遍和特殊之间、理性和悲情之间等，成为现代价值形态中的一种变革力量。文化

① 林尚立:《现代国家认同建构的政治逻辑》,《中国社会科学》2013年第8期。

②③ 彭茜:《论国家认同的“情感转向”及其教育意蕴》,《西北师大学报（社会科学版）》2022年第1期。

④ 谷鹏飞:《审美形式的公共性与现代性的身份认同》,《学术月刊》2012年第4期。

遗产往往是城市重要的文化景观，能够增强依附该地的居民的自豪感、自尊感，产生场所依恋。

其四，城市文化遗产具备重要的使用价值。2020年，习近平总书记在广东考察时强调："在改造老城、开发新城过程中，要保护好城市历史文化遗存，延续城市文脉，使历史和当代相得益彰。"① 现在我国经济社会发展很快，城市建设日新月异。要在加强保护的前提下开展城市基础设施建设，有机融入现代生活气息，让文化遗产焕发新的活力。城市文化遗产的使用价值是指它的物质实用功能、资源价值与经济价值。文化遗产是不可再生的资源，对资源的合理有效开发能够与旅游业、演艺业、影视业、教育行业、文化创意产业相融合，向体验型、知识型文化产品和服务开发转型，兼顾社会效益和经济效益。

二、保护利用城市文化遗产的新理念

城市文化遗产是城市的一张金名片，要传承保护好宝贵的历史文化遗产，传承历史文脉。习近平总书记在2013年12月12日召开的中央城镇化工作会议上特别指出："我们的城市有许多历史记忆，特别是一些历史悠久的老城区，是最宝贵的东西，不能因为浮躁、无知而破坏掉。有的城市把真古董拆了建假古迹，我看到一份材料，说全国有三十多个城市已经或正在谋划搞古城重建，搞什么潘金莲故居、阿房宫重建！还有一些地方热衷于改老地名，喜欢起一些洋气一点的地名，如'曼哈顿''威尼斯''加州1886''玛斯兰德'等，五花八门，与中国历史文化协调吗？不仅群众看得一头雾水、莫名其妙，而且也割断了地名文脉、不利于传承我们的民族文化。更何况有些情况也是违法的，我国地名管理条例实施细则明确规定不以外国人名、地名命名我国地名。传承文化不是要简单复古，城市建设会不断融入现代元素，但必须同步保护和弘扬传统优秀文化，延续城市历史文脉。"习近平总书记批评了一些在城市文化遗产保护过程中错误的、不恰当的做法。在城市快速发展的进程中，城市文化遗产面对经济增长、人口激增、基础设施建设的影响，在一段时

① 习近平：《在广东考察时的讲话》（2020年10月12日至13日），《人民日报》2020年10月16日。

期内部分保护利用工作受到了阶段性的弱化抑制，或在管理实施中出现了乱象，经济主导的投资型城市发展模式给城市文化遗产带来了冲击，例如大拆大建和不当的整治更新导致老城风貌的大量消失，或是为避免文化遗产遭到破坏而使用故步自封的“无利用”保存方式等。

我们要妥善处理好保护和发展的关系，切实做到在保护中发展、在发展中保护。习近平总书记指出：“城市建设，要让居民望得见山、看得见水、记得住乡愁。‘记得住乡愁’，就要保护弘扬中华优秀传统文化，延续城市历史文脉，保留中华文化基因，要保护好前人留下的文化遗产，包括文物古迹、历史文化名城、名镇、名村，历史街区、历史建筑、工业遗产，以及非物质文化遗产，不能搞‘拆真古迹、建假古董’那样的蠢事。既要保护古代建筑，也要保护近代建筑；既要保护单体建筑，也要保护街巷街区、城镇格局；既要保护精品建筑，也要保护具有浓厚乡土气息的居民及地方特色的民俗。”① 总体而言，对城市文化遗产的保护越来越呈现出整体性、系统性发展的特征。这一特征主要表现在以下几个方面。

从保护对象的时间范畴来看，城市文化遗产应当涵盖从古至今在城市发展史上有重要意义的物质载体和非物质载体。保护对象不再仅仅是古代文化遗产，还包括现当代的城市文化遗产。城市文化是有其延续性的，表明了城市发展是不能隔断的历史进程，时间维度的整体性观念涵盖了“可持续性发展”的内涵。在保护城市文化遗产时应避免时间线上的区隔，将现当代遗产视为历史发展的结果和传承。

从保护对象的类型来看，既要面向可移动文物、不可移动文物和非物质文化遗产，也要从单体对象向整体性保护转化，注重保存城市文化遗产及其所处环境等各类信息的完整度。在《中华人民共和国文物保护法》的2002年修订版中就首次将历史文化街区、历史文化村镇的保护纳入法律内容，标志着我国开始建立起单体文物、历史地段、历史性城市的多层次保护体系。而这种保护模式的转变实际也与国际文化遗产保护理念的发展方向相吻合，在文化遗产保护领域的几项重要国际公约中早已对此有过相关论述，如《威尼斯宪章》（1964年）、《保护世界文化和自然遗产公约》（1972年）、《内

① 习近平：《统筹改革、科技、文化三大动力，提高城市发展持续性》，《论坚持全面深化改革》，中央文献出版社2018年版，第230页。

罗毕建议》(1976年)、《华盛顿宪章》(1987年)、《关于真实性的奈良文件》(1984年)等。此外，每一处城市文化遗产的保护意义也同样需要作为整体来判断。城市文化遗产的现存形态是历史和当下共同作用的结果，其背后所展现的是城市作为一个复杂的生态系统，不同时期不同阶段城市系统中的多要素之间产生融合效应，从而为城市发展提供内在动力。文化作为要素之一，既是物质的，也是精神的。城市文化遗产作为城市文化的具体形态，印证着城市的发展历史、记录着城市居民的生产生活、凝结着城市整体的精神和文化，形成了城市的历史文脉，成为现今的城市文化遗产，并持续赓续着城市的发展。①

从保护方式来看，以原真性和特色性为基本导向。“一个城市的历史遗迹、文化古迹、人文底蕴，是城市生命中的一部分。文化底蕴毁掉了，城市建得再新再好，也是缺乏生命力的。要把老城区改造提升同保护历史遗迹、保存历史文脉统一起来，既要改善人居环境，又要保护历史文化底蕴，让历史文化和现代生活融为一体。”②因此，城市文化遗产保护的核心关键便是处理好资源主体与现代城市建设之间的关系，不为保护而放弃利用，也不为利用而破坏文化遗产。2018年，习近平总书记在广东考察时提道：“城市规划和建设要高度重视历史文化保护，不急功近利，不大拆大建。要突出地方特色，注重人居环境改善，更多采用微改造这种‘绣花’功夫，注重文明传承、文化延续，让城市留下记忆，让人民记住乡愁。”③从这一论述中可以看到，城市文化遗产保护工作要不断向精细化、专业化发展，每一次的保护修缮工作都需经过反复论证，充分考量潜在风险或弊端，用谨慎的态度尽可能减少以大批拆除、损坏文化遗产为代价的城市建设。同时，以文化遗产自身形态及对文化遗产的保护利用方式作为强化城市文化特色的重要依托，让每一座城市都能拥有独特的识别度。相较于片面的求新求怪，不如踏踏实实挖掘城市文化遗产，在创新中将城市文化遗产转化为消费体验和产业发展的潜力，由此提升城市软实力和竞争力。

① 李标标、张明哲：《浅论城市发展与城市文化遗产保护传承》，“文博中国”微信公众号，2022年12月1日。

② 习近平：《二〇一九年春节前夕在北京看望慰问基层干部群众时的讲话》(2019年2月1日)，《人民日报》2019年2月2日。

③ 习近平：《在广东考察时的讲话》(2018年10月22日至25日)，《人民日报》2018年10月26日。

第三节　提升城市精神品格和文化品位

习近平总书记提出："一个民族需要有民族精神，一个城市同样需要有城市精神。城市精神彰显着一个城市的特色风貌。要结合自己的历史传承、区域文化、时代要求，打造自己的城市精神，对外树立形象，对内凝聚人心。"① 城市精神显示的是一座城市从外及内的地域性群体精神，是城市人的精神象征。城市精神既是从悠久的城市发展过程中积累孕育而成的，也是当下城市文化特质和文化形态的重要表现，兼具"传统"与"现代"的双面性。同时，城市精神不简单的是城市某些要素的集合，而是各种构成要素及市民整体素质的有机结合，又具有整体性。正如习近平总书记在中央城市工作会议上提到的，"城市特色风貌是城市外在形象和精神内质的有机统一，是自然地理环境、经济社会因素、居民生产方式等长期积淀形成的城市文化特征，决定着城市的品位。"② 上海是我国最大的经济中心城市和长三角地区合作交流的龙头，要不断提高城市核心竞争力和国际竞争力。习近平总书记在上海工作时就提炼了上海的城市精神——"海纳百川、追求卓越、开明睿智、大气谦和"。上海要立足上海实际，借鉴世界大城市发展经验，着力打造社会主义现代化国际大都市。③ 习近平总书记对城市精神的论述主要分为以红色基因和社会主义核心价值观为重要组成的城市精神内涵分析，以及对建构城市精神相关实现路径的阐释等。

一、基于红色资源传承城市红色基因

2022 年 8 月，习近平总书记在辽宁考察时强调，"我们的红色江山是千千万万革命烈士用鲜血和生命换来的"，"红色江山来之不易，守好江山责任重大"。红色基因是城市精神品格的重要组成部分。红色资源是宝贵的精神财富，革命博物馆、纪念馆等是党和国家的红色基因库。一直以来，习近平总书记高度重视红色资源的保护利用、红色血脉的赓续传承，多次强调"要用心用情用力保护好、管理好、运用好红色资源"，

① 习近平：《统筹改革、科技、文化三大动力，提高城市发展持续性》，《论坚持全面深化改革》，中央文献出版社 2018 年版，第 230 页。
② 张奎华：《关于加强城市与建筑风貌管理的研究》，《大众商务》2022 年第 13 期。
③ 习近平：《在上海考察时的讲话》（2018 年 11 月 6 日至 7 日），《人民日报》2018 年 11 月 8 日。

“增强表现力、传播力、影响力，生动传播红色文化”。

不同的城市都有着不同的红色文化故事。要深入挖掘红色文化资源，深刻理解红色基因在不同城市精神内核中的建构作用。习近平总书记在地方考察调研时多次到访革命纪念地，瞻仰革命历史纪念场所，也发表了有关认识不同城市红色基因的诸多重要论述。例如，习近平总书记于2019年11月3日在上海考察工作结束时的讲话中提道：“上海是我们党的诞生地，党成立后党中央机关长期驻扎上海。我多次瞻仰党的一大会址，每次都有很深的感触。上海要把这些丰富的红色资源作为主题教育的生动教材，引导广大党员、干部深入学习党史、新中国史、改革开放史，让初心薪火相传，把使命永担在肩，切实在实现‘两个一百年’奋斗目标、实现中华民族伟大复兴的中国梦进程中奋勇争先、走在前列。”①2020年7月，习近平总书记在吉林考察工作时提道：“吉林有着光荣的革命传统。抗日战争时期，在极其恶劣的条件下，杨靖宇将军领导抗日武装冒着零下四十摄氏度的严寒，同数倍于己的敌人浴血奋战，牺牲时胃里全是枯草、树皮、棉絮，没有一粒粮食，其事迹震撼人心。解放战争时期，‘三下江南’‘四保临江’‘四战四平’‘围困长春’，党领导人民军队在这里奏响一曲曲胜利凯歌。在抗美援朝战争中，吉林人民也作出了重大贡献。”②2021年2月，习近平总书记在贵州考察时提道：“当年长征时，红军在贵州活动时间最长、活动范围最广，为我们留下宝贵精神财富。遵义会议是我们党历史上一次具有伟大转折意义的重要会议。这次会议在红军第五次反‘围剿’失败和长征初期严重受挫的历史关头召开，确立了毛泽东同志在党中央和红军的领导地位，开始确立了以毛泽东同志为主要代表的马克思主义正确路线在党中央的领导地位，开始形成以毛泽东同志为核心的党的第一代中央领导集体，开启了我们党独立自主解决中国革命实际问题的新阶段，在最危急关头挽救了党、挽救了红军、挽救了中国革命。遵义会议的鲜明特点是坚持真理、修正错误，确立党中央的正确领导，创造性地制定和实施符合中国革命特点的战略策略。这在今天仍然具有十分重要的意义。”③对于城市精神的理解，要更充分地学习党史、新中国史，懂得党的初心和使命之可贵，理解坚守党的初心和使命之重要，要把这些故事作

①②③《踏着总书记的“红色”足迹　感悟总书记的“红色”情怀》，载求是网：https://baijiahao.baidu.com/s?id=1711335489267794597&wfr=spider&for=pc，2021年9月19日。

为“不忘初心、牢记使命”主题教育的生动教材。

要用更创新的理念和做法保护利用红色文化资源，不断增强表现力、传播力、影响力。在我国960多万平方公里的广袤大地上红色资源星罗棋布，在我们党团结带领中国人民进行百年奋斗的伟大历程中红色血脉代代相传。经普查统计，目前我国共有不可移动革命文物3.6万处、可移动革命文物100多万件/套、革命博物馆纪念馆1600多家①，形成了全国范围内红色文化的保护、展示、传播和教育矩阵。党的二十大报告和“十四五”相关规划中对革命文物保护利用工作提出了符合新时代发展要求的新目标。文化兴则国运兴，文化强则民族强。② 在向第二个百年奋斗目标奋进的过程中，保护利用好革命文物，讲好革命文物故事，是强化文化自觉、文化自信和文化自强③的有效抓手。

对一个城市而言，把红色基因传承好，必须结合城市规划，采用精细治理方式，让红色血脉、红色文化贯穿在城市细节中、体现到日常生活中。以“保护第一、加强管理、挖掘价值、有效利用、让文物活起来”为方针，继续对红色文化资源进行系统的保护修缮，对一批尚未确定的红色文化资源进行考证核定。要依托红色文化资源打造红色传播教育阵地，例如，上海不断从覆盖面和高质量两个方面向前推进，通过完善组织管理体系，优化政府、专家、社会与遗址遗迹等资源主体的互动关系；通过项目引领和课题支持等途径，强化革命历史遗址遗迹普查和研究工作，并在此过程中挖掘研究和传播人才；通过原址修缮、迁移、重建等方式将部分已经消失的革命历史遗址遗迹复原；通过挂牌、树碑的方式为革命历史遗址遗迹进行标识；通过对既有场馆的更新改造优化其功能分区、展陈方式及内容和社会服务水平；通过跨界合作及运用不同载体，将红色文化故事生动演绎。使得红色文化能够入眼入耳、入脑入心。同时，红色文化资源不仅是开展“四史”教育的重要载体，也是发挥革命英烈、时代楷模示范引领作用的重要平台，因此对培育青少年的爱国主义意识有重要意义。习近平总书记强调：“要抓好青少年学习教育，着力讲好党的故事、革命的故事、英雄的故事，厚

① 《中国共有不可移动革命文物3.6万多处 不少已成网红打卡地》，载中国新闻网：https://m.chinanews.com/wap/detail/chs/sp/9480984.shtml，2021年5月19日。

②③ 《增强文化自信与实现文化自强》，载求是网：http://www.qstheory.cn/zhuanqu/bkjx/2019-07/03/c_1124705632.htm，2019年7月3日。

植爱党、爱国、爱社会主义的情感，让红色基因、革命薪火代代传承。”①

传承弘扬城市红色基因是需要广泛践行社会主义核心价值观作为引领的。党的十八大以来，以习近平同志为核心的党中央高度重视社会主义核心价值观的培育和践行，作出一系列战略部署，采取一系列重大举措。习近平总书记指出，一个民族、一个国家，必须知道自己是谁，是从哪里来的，要到哪里去，想明白了、想对了，就要坚定不移朝着目标前进。如果一个民族、一个国家没有共同的核心价值观，莫衷一是，行无依归，那这个民族、这个国家就无法前进。习近平总书记强调，我们生而为中国人，最根本的是我们有中国人的独特精神世界，有百姓日用而不觉的价值观。②加强培育和践行社会主义核心价值观是保持民族精神独立性的重要支撑，将其作为国家民族强基固本的基础工程。2016 年 2 月，习近平总书记在春节前夕赴江西看望慰问广大干部群众时说道："培育社会主义核心价值观是一件大事，全社会都要努力抓，社区要利用自己的平台和优势做好。"③我们需要把社会主义核心价值观贯穿于社会生活的方方面面，坚持知行合一、坚持行胜于言，在落细、落小、落实上下功夫。

二、培育和提升城市精神品格和文化品位的主要抓手

其一，以中华优秀传统文化为根本基础。习近平总书记指出："我们要借鉴国外城市建设有益经验，但不能丢掉了中华优秀传统文化。现在，许多不当开发和建设行为对城市文化造成了损害。在我国城市快速发展过程中，一些地方不重视城市特色风貌塑造工作，对文化传承理念的理解不够正确，存在着仅从短期政绩出发盲目造景偏向，导致城市风貌乱象横生、缺乏特色。"④以城市建筑为例，习近平总书记强调："城市建筑是人类劳动和创造的结晶，承载着人类社会文明进步的历史。建筑也是富有生命的

---

① 江坪：《讲好党的故事　传承红色基因》，载人民网：http://dangshi.people.com.cn/n1/2021/0528/c436975-32115948.html，2021 年 5 月 28 日。

② 《为全面建设社会主义现代化国家、全面推进中华民族伟大复兴凝聚强大精神力量》，载中国共产党新闻网：http://dangjian.people.com.cn/n1/2023/0116/c117092-32607066.html，2023 年 1 月 16 日。

③ 习近平：《二〇一六年春节前夕赴江西看望慰问广大干部群众时的讲话》（2016 年 2 月 1 日至 3 日），《人民日报》2016 年 2 月 4 日。

④ 杨保军：《全面实施城市更新行动，推动城市高质量发展》，载"中国城市中心"微信公众号，2021 年 8 月 22 日。

东西，是凝固的诗、立体的画、贴地的音符，每一个建筑都在穿行的岁月里留下沧桑的故事。城市特色风貌是城市外在形象和精神内质的有机统一，是自然地理环境、经济社会因素、居民生产生活方式等长期积淀形成的城市文化特征，决定着城市的品位。我国五千多年的悠久文明，城市是一个主要载体。我国古代城市建设，蕴藏着极为丰富且极具智慧的思想观念、理论原则、技术方法。周代就形成了营城制度，把城邑总体布局纳入礼制轨道，形成特有的空间秩序。中国建筑自古以来在世界上就具有重大影响，同欧洲建筑、伊斯兰建筑并称为世界三大建筑体系。相对于另外两大体系，中国建筑历史更加悠久、体系更加完整、更加注重自然和生活。时至今日，我国古代城市建设思想仍然具有重要借鉴意义。”① 打造文化高地、提升城市文化品位需要注重规划布局与自然文化特征的协调。在城市文化景观中融入更多的传统文化元素和传统文化现代性转变的多元形态，如城市民俗、文学创作、休闲娱乐，增强文化承载力和传播力。并在审美层面上强化艺术品位，展现城市气质和文化独特性，与人们的价值取向、审美情趣等精神追求相适应。

其二，以更开放的姿态与国内外不同城市加强交流合作。习近平总书记提出：“文明因多样而交流，因交流而互鉴，因互鉴而发展。在数千年历史发展进程中，中华文明在与其他文明的交流互鉴中获得了丰富营养，同时也为人类文明进步作出了重要贡献。回溯历史，中国城市文化建设的思想、理念、方法等在世界上独树一帜，对周边国家和地区产生了深远影响。面向未来，提升城市文化建设水平，要加强与世界其他城市的对话，以更加开放的姿态拥抱世界，让中国城市同丰富多彩的世界城市一道，为人类创造出更多卓越的文化发展成果。”② 在新发展格局中，城市以开放纾发展之困、以开放汇合作之力、以开放聚创新之势、以开放谋共享之福，增强各国不同城市间的联动和发展动能，让发展成果更多更公平地惠及各国人民。

其三，进一步推进学习型社会建设，提升市民文明素质。习近平总书记提道：“市民文明素质决定着城市文明程度。‘市民素质高一分，城市形象美十分’。要看到，目

① 习近平：《统筹改革、科技、文化三大动力，提高城市发展持续性》，《论坚持全面深化改革》，中央文献出版社 2018 年版，第 228—229 页。

② 《让文明交融之光照耀未来——习近平主席的“文明观”启迪世界》，载新华社：https://baijiahao.baidu.com/s?id=1699932779628594027&wfr=spider&for=pc，2021 年 5 月 17 日。

前一些城市乱搭滥建、乱扔垃圾、排队加塞、公共场所大声喧哗现象较为普遍，映射出的是一些市民文明素质不够的问题。文明素质培养和提高需要一个长期过程，但也要从一些小事抓起，持之以恒，久久为功。”① 城市精神的构筑和传承要深刻涵养城市居民的精神文明，在城市“人”的要素作用下产生的人文精神、道德风尚、行为素养等，赋予了城市发展硬件条件的软性内涵。鼓励城市中的每个人将个人命运与城市精神联系在一起，城市魅力与凝聚力将得以增强。

第四节　作为城市治理体系中的文化要素

2019 年，习近平总书记在上海考察时提道：“城市治理是推进国家治理体系和治理能力现代化的重要内容。衣食住行、教育就业、医疗养老、文化体育、生活环境、社会秩序等方面都体现着城市管理水平和服务质量。”② 文化是推进城市治理现代化的重要着力点，在城市治理的系统中文化要素需要与其他要素形成合力，立足城市发展实际和人民需求，把握好“精度”和“温度”等维度。而在提到文化建设的发展方向时，习近平总书记多次强调，要坚定文化自信，推动中华优秀传统文化创造性转化、创新性发展，继承革命文化，发展社会主义先进文化，不断铸就中华文化新辉煌，建设社会主义文化强国。自觉承担起举旗帜、聚民心、育新人、兴文化、展形象的使命任务。发挥文化引领风尚、教育人民、服务社会、推动发展的作用。习近平总书记将文化建设的地位和作用提升到前所未有的新高度，在城市治理体系中我们应当更充分地发挥文化的角色与功能，提高政治站位，繁荣发展文化事业和文化产业，进一步推动文旅融合，增强中华文明传播力影响力，不断坚定文化自信。

一、推动文旅融合高质量发展

2020 年 9 月，习近平总书记在教育文化卫生体育领域专家代表座谈会上指出：“文化产业和旅游产业密不可分，要坚持以文塑旅、以旅彰文，推动文化和旅游融合发展，

① 习近平：《做好城市工作的基本思路》（2015 年 12 月 20 日），《十八大以来重要文献选编》（下），第 92 页。

② 习近平：《在上海考察时的讲话》（2019 年 11 月 2 日至 3 日），《人民日报》2019 年 11 月 4 日。

让人们在领略自然之美中感悟文化之美、陶冶心灵之美。”党的十九届五中全会，再次作出“推动文化和旅游融合发展”的战略部署。党的二十大，为新时代文旅融合发展擘画了蓝图、明确了路径。没有文化的旅游是浅显的、空洞的旅游，没有旅游的文化是难以创造完整价值链的文化。习近平总书记深刻阐明了文化和旅游融合发展的基本遵循，要求我们着力推进文化和旅游深度融合，使文化和旅游相互促进、相得益彰。当前我国进入了新发展阶段，人民群众对文化和旅游产品有更多的需求和更高的要求。城市在文化建设的过程中应积极打好文化和旅游产业融合发展组合拳。“十四五”时期，我们要继续坚持以习近平新时代中国特色社会主义思想为指导，深入学习贯彻习近平总书记关于文化和旅游工作的系列重要论述，加快发展文化事业、文化产业和旅游业，推进文化铸魂，实施文化赋能，推进文旅融合，实施创新发展。文旅融合发展是习近平总书记十分关注的文化建设内容，根据习近平总书记的重要指示精神，不断推动文化建设和旅游发展稳中有进、繁荣向好，在满足人民文化需求、凝聚人民精神力量、增强国家文化软实力方面发挥了积极作用，为全面建成小康社会提供了有力支撑。

文旅融合发展应以有效的内容生产为引擎。习近平总书记指出：“要坚持为人民服务、为社会主义服务的方向，坚持百花齐放、百家争鸣的方针，全面繁荣新闻出版、广播影视、文学艺术、哲学社会科学事业，着力提升公共文化服务水平，让人民享有更加充实、更为丰富、更高质量的精神文化生活。”①“衡量文化产业发展质量和水平，最重要的不是看经济效益，而是看能不能提供更多既能满足人民文化需求、又能增强人民精神力量的文化产品。”②高品质的文艺作品和多元的文化体验项目能够丰富文旅产品与服务供给，是助推文旅繁荣发展的核心。在基于优化旅游产品结构，构建类型多样、特色鲜明、品质优良、适销对路的旅游产品供给体系的基础上，积极打造精品旅游线路和经典旅游景区，创设中国旅游品牌。利用数字化、智能化技术创建智慧旅游平台和载体。一方面，深化“互联网+旅游”，将文旅产品和服务更广泛地惠及公众；另一方面，把握新型基础设施建设和数字社会、数字政府建设机遇，着力满足大众旅游特色化、多层次需求，坚持标准化和个性化相统一。

---

①② 《习近平在教育文化卫生体育领域专家代表座谈会上的讲话》，载人民网：http://jhsjk.people.cn/article/31871323，2020年9月23日。

文旅融合发展应注重均等化发展水平。习近平总书记指出："原生态是旅游的资本，发展旅游不能牺牲生态环境"，"发展旅游要以保护为前提，不能过度商业化"，"要抓住乡村旅游兴起的时机，把资源变资产，实践好绿水青山就是金山银山的理念"。① 旅游产业是乡村文化振兴的重要依托，能够为当地居民获取高品质文化产品与服务提供渠道。因此，文旅融合发展要积极整合跨区域资源，促进城乡、区域协调发展。习近平总书记提出："推进城乡发展一体化要坚持从国情出发，从我国城乡发展不平衡不协调和二元结构的现实出发，从我国的自然禀赋、历史文化传统、制度体制出发，既要遵循普遍规律、又不能墨守成规，既要借鉴国际先进经验、又不能照抄照搬。要把工业和农业、城市和乡村作为一个整体统筹谋划，促进城乡在规划布局、要素配置、产业发展、公共服务、生态保护等方面相互融合和共同发展，着力点是通过建立城乡融合的体制机制，形成以工促农、以城带乡、工农互惠、城乡一体的新型工农城乡关系，目标是逐步实现城乡居民基本权益平等化、城乡公共服务均等化、城乡居民收入均衡化、城乡要素配置合理化，以及城乡产业发展融合化。"② 培育形成强大国内市场，积极服务扩大内需战略，以优质供给提高人民消费意愿和水平。同时，统筹国内国际两个市场。在壮大国内文化市场的基础上，推进对外文化贸易和对外文化交流项目，以及入境旅游和出境旅游发展，推出更多国际化程度高、中国特色鲜明、符合境外游客需求的优质文旅产品，提升中国旅游品牌吸引力。

文旅融合发展应继续广泛深入地探索与其他产业跨界融合、协同发展。优秀传统文化的故事可以通过文旅产业的跨界创新，催生出新业态，让传统文化能够以更符合当下公众认知偏好的形式和叙事方式进行当代传播。除优秀传统文化之外，对其他内容资源的公众利用，如自然景观、现当代国家和城市发展成就等，也需要促进文旅产业与一二产业和生产生活性服务业融合发展，发展乡村旅游、工业旅游等。同时，依托博物馆、国家公园、世界遗产地、红色旅游景区等资源发展研学旅游，拓展旅游新市场。在此过程中，始终坚持以社会主义核心价值观为引领，将这一遵循贯穿于文旅

① 《习近平在浙江考察时强调：统筹推进疫情防控和经济社会发展工作　奋力实现今年经济社会发展目标任务》，载人民网：http://jhsjk.people.cn/article/31658252，2020 年 4 月 2 日。

② 习近平：《努力形成城乡发展一体化格局》（2015 年 4 月 30 日），《论“三农”工作》，中央文献出版社 2022 年版，第 157 页。

产品与服务的生产传播全过程。

二、提升文化在城市治理体系中的驱动力

2015年，习近平总书记在谈城市工作的基本思路时强调："统筹改革、科技、文化三大动力，提高城市发展持续性。城市发展需要依靠改革、科技、文化三轮驱动，增强城市持续发展能力。"① "统筹空间、规模、产业三大结构，提高城市工作全局性。国际经验表明，在城市快速发展过程中，能否形成符合当地实际、体现资源禀赋、文化特色的城市发展空间结构、规模结构、产业结构，直接关系城市发展全局。我们要在《全国主体功能区规划》《国家新型城镇化规划（二〇一四—二〇二〇年）》的基础上，结合实施'一带一路'建设、京津冀协同发展、长江经济带建设等战略，明确我国城市发展空间布局、功能定位。"② 我国城市工作旨在建设宜居城市、绿色城市、韧性城市、智慧城市、人文城市，不断提升城市人居环境质量、人民生活质量和城市竞争力，走出一条中国特色城市发展道路。文化在城市治理体系中，将不断促使城市成为人民群众美好生活的空间载体，从助力经济发展，扩展到社会、生态、美学等领域。2021年4月19日，习近平总书记在考察清华大学时说："美术、艺术、科学、技术相辅相成、相互促进、相得益彰。要发挥美术在服务经济社会发展中的重要作用，把更多美术元素、艺术元素应用到城乡规划建设中，增强城乡审美韵味、文化品位，把美术成果更好地服务于人民群众的高品质生活需求。"在当前发展阶段，文化应当为追求美好生活而发挥巨大潜能。在城市总体规划中要注重"新"与"旧"的平衡、"文化"要素与其他要素的平衡、"人"与"自然"的平衡、"城市单体"与"城市群"的平衡。

"新"与"旧"的平衡。《中共中央　国务院关于进一步加强城市规划建设管理工作的若干意见》明确提出："要有序地实施城市的修补和有机更新，解决老城区环境品质下降、空间秩序混乱、历史文化遗产损毁等问题，促进建筑物、街道立面、天际线、色彩和环境协调、优美。通过维护加固老建筑、改进利用旧厂房、完善基础设施等措施，恢复老城区功能和活力。"同时，还提出了要恢复城市自然生态，改变城市建设中

① 《做好城市工作的基本思路》（2015年12月20日），《十八大以来重要文献选编》（下），第85页。
② 同上书，第79—80页。

过分追求高强度开发、高密度建设、大面积硬化的状况，让城市更自然、更生态、更有特色。在城市更新和规划中，大拆大建的理念和做法在当下与未来的发展阶段中应当予以调整和转变。旧城区积淀着城市长久发展所形成的人文特色，有许多的构成部分往往是城市重要的历史文化遗产，是城市最具代表性的风貌景观。因此，旧城区需要在一定程度上予以保护，既要求保护旧城区中重要的历史遗迹和反映公众传统生活方式相关重要载体的原真性和整体性信息，也需要遵循发展性和展示性原则，在满足居民对现代生活的物质与非物质需求的同时，促使旧城区的文化、建筑、习俗、观念与城市现代化相协调，并通过改造利用，将旧城区所含的传统文化和历史价值向更广泛的公众传播。

“文化”要素与其他要素的平衡。习近平总书记在提到治国理政的具体实现路径时指出：“‘治国犹如栽树，本根不摇则枝叶茂荣。’我们治国理政的本根，就是中国共产党的领导和我们社会主义制度。在这一点上，必须理直气壮、旗帜鲜明。”“党的领导必须是全面的、系统的、整体的，必须体现到经济建设、政治建设、文化建设、社会建设、生态文明建设和国防军队、祖国统一、外交工作、党的建设等各方面。哪个领域、哪个方面、哪个环节缺失了弱化了，都会削弱党的力量，损害党和国家事业。”①城市治理与国家宏观治理在许多的内涵逻辑和实施方略上是具有一致性的，文化要素与不同要素的融合，将在城市发展中发挥更大的正向推动作用。“要增强城市内部布局的合理性，使住宅、商业、办公、文化等不同功能区相互交织、有机组合，并结合环境整治、存量土地再开发，逐步实现职住平衡，尽量减少城市内部不必要的人口移动。……城市街区和道路要有人情味，不要单纯为汽车开道，也要为居民骑车散步、逛街购物、餐饮会友、休闲娱乐提供方便，形成综合功能的街区。”②建构普惠性、高质量、可持续的城市文化治理路径，探索科技为文化发展赋能的创新方式，能够优化创新创业生态链，让文化创新成为城市发展的主动力。推进“互联网＋文化”系统工程，不断提升公共服务均等化、便捷化水平，强化民生服务，弥补民生短板。

① 习近平：《切实把思想统一到党的十九届三中全会精神上来》（2018 年 2 月 28 日），中央文献出版社 2021 年版，第 216 页。

② 《中央城市工作会议在北京举行　习近平李克强作重要讲话》，载人民网：http://jhsjk.people.cn/article/27963704，2015 年 12 月 23 日。

“人”与“自然”的平衡。习近平总书记在2013年12月召开的中央城镇化工作会议上提出：“要体现尊重自然、顺应自然、天人合一的理念，依托现有山水脉络等独特风光，让城市融入大自然，让居民望得见山、看得见水、记得住乡愁；要融入现代元素，更要保护和弘扬传统优秀文化，延续城市历史文脉；要融入让群众生活更舒适的理念，体现在每一个细节中。”建构宜居、舒适的城市生活，需要结合人文景观和自然景观，两者密不可分且相互影响。自然景观先于人文景观而存在，但随着城市的发展，人文景观逐渐形成了自己的体系，人文景观又作用于自然景观。因此，城市发展必须兼顾两者的协调。习近平总书记曾经对北京的城市规划提出要求：“首都规划务必坚持以人为本，坚持可持续发展，坚持一切从实际出发，贯通历史现状未来，统筹人口资源环境，让历史文化与自然生态永续利用、与现代化建设交相辉映。”2019年，习近平总书记在京津冀三省市考察时指出：“建设北京城市副中心要坚持规划先行、质量第一。要把公共建筑与山水自然融为一体，科学布局生产、生活、生态空间，使工作、居住、休闲、交通、教育、医疗等有机衔接、便利快捷。”因地制宜，促进城乡差异化均衡发展，利用中华优秀传统文化和先进文化为自然景观注入更丰富的人文内涵，以此共同讲好城市发展的故事。

“城市单体”与“城市群”的平衡。当前，我国城市群的发展重心已从京津冀、长三角、珠三角三大城市群为主的区域集中发展模式，向“十四五”规划纲要中提出的19个主要城市群协调发展模式转变。相关政策经历了以核心城市带动城市群发展，到以都市圈协同发展带动城市群发展的历史性转变。①2014年2月26日，习近平总书记在北京市考察工作结束时的讲话提出：“城市群是实现区域合作、优势互补、互联互通、协同发展的重要载体。从国内外区域经济圈发展看，超大城市周边都有一批布局合理、层次鲜明、功能互补、规模适度的重要节点城市，对区域经济社会发展起着强有力的支撑作用。要加强规划和建设，提高城市综合承载能力和内涵发展水平，突出城市地域特点和人文特色，围绕首都形成核心区功能优化、辐射区协同发展、梯度层次合理的大首都城市群体系。”建立健全城市体系，构建世界城市、区域中心城市、地

① 陆军：《中国城市群战略演进的内在逻辑与转型挑战》，载光明网：https://m.gmw.cn/baijia/2021-09/16/35169424.html，2021年9月16日。

区中心城市三个层级的城市体系，明确不同层级城市战略定位和核心功能。城市群需要在经济组织力、发展创新力、文化影响力等方面深化合作，打造城市群的文化品牌和代表性文化载体。基于不同城市的文化独特性，细分城市群内部不同城市功能和发展定位的侧重点，形成疏密有致、分工协作、功能完善的城市群空间格局。同时，也要进一步发挥文化在促进地区民心相通等方面的积极作用，激发公众对城市群和共通文化的认同感与归属感。

第五节　面对“城市病”的文化发展对策

习近平总书记早在 2012 年时就指出：“城镇化是我国现代化建设的历史任务，也是扩大内需的最大潜力所在。国际经验表明，城镇化是自然的历史进程，如果顺势而为、妥善引导，会成为带动经济发展的持续动力，顺利跨越‘中等收入陷阱’；走得不好，也会带来诸多矛盾和问题，患上‘城市病’，影响现代化进程。我们要围绕提高城镇化质量，因势利导、趋利避害，积极引导城镇化健康发展。”① 就“城市病”的具体表现，习近平总书记总结出以下十点：一是在规划建设指导思想上重外延轻内涵、发展方式粗放，盲目追求规模扩张，新城新区层出不穷，大拆大建常年不断；二是一些城市规划前瞻性、严肃性、强制性、公开性不够，一些领导干部习惯于用行政命令取代法治，动辄“我说了算”、“就这么定了”，违法违规干预城市规划、建设、管理，一些城市甚至出现“一任书记一座城、一个市长一新区”现象；三是一些城市越建越大、越建越漂亮，但居民上学、看病、养老越来越难，群众生活越来越不方便；四是相当数量的城市空气污染、交通拥堵、出行难、停车难、垃圾围城等城市病突出，且呈蔓延加剧态势；五是绝大多数城市没有完整准确的地下管线数据，许多城市平时缺水，每逢大雨“城中看海”；六是一些城市一边是高楼大厦鳞次栉比，一边是棚户区、城中村破败低矮；七是一些城市建筑贪大、媚洋、求怪等乱象丛生，一些奇形怪状建筑拔地而起，个别城市甚至成了外国设计师“奇思妙想”的试验场；八是火灾、爆炸、垮塌等安全事故频发，老百姓生活不踏实；九是不少城市大量进城农民工难以融入城市

① 《习近平关于城市工作论述摘编》，中央文献出版社 2023 年版，第 19 页。

生活、长期处于不稳定状态；十是有的城市管理人员不依法办事，选择性执法、粗暴执法事件不时见诸报端，影响很坏。①

面对这些“城市病”，国家和地方层面都陆续出台了相关政策措施，以应对和缓解城市发展过程中遇到的各种现实问题。就城市文化建设而言，在中共中央办公厅、国务院办公厅印发的《“十四五”文化发展规划》中提到：“综合城市功能定位和经济社会发展，建设传统文化和现代文化交相辉映、城市气质与人文精神相得益彰的现代城市文化。强化各类规划中文化建设的刚性约束，保护历史文化遗产，融合时代文明，构建城市文化精神，发展城市主题文化，营造特色文化景观。以文化建设带动城市建设，提升城市文化品位、整体形象和发展品质。加快建设一批有全国影响力的文化中心城市、特色文化强市。支持相关省（自治区、直辖市）建设一批具有代表性的区域文化中心城市和特色文化城市。结合新型城镇化建设，鼓励因地制宜发展一批承载历史记忆、体现地域特征、富有民族特色的美丽城镇。”② 新时代城市文化建设需要牢牢掌握意识形态工作领导权，培育和践行社会主义核心价值观，着重加强文化中心城市建设，连片成线建设公共文化空间，构建历史文脉、时代风貌和生态环境交通的城市文化空间结构，建设提升城市空间品质与文化品位的国家级重大文化设施，加快文化领域的数字网络环境布局建设。

《“十四五”文化发展规划》指明了坚持党的全面领导的工作原则：“坚持和完善党领导文化发展的体制机制，贯彻落实党管宣传、党管意识形态、党管媒体原则，把党的领导落实到宣传思想文化工作方方面面，为实现文化高质量发展提供根本保证。”③ 新时代，坚持党的全面领导是城市文化建设高质量发展的必要前提、强大动力，也是奋力推进文化铸魂、增强城市凝聚力和创造力的发展方向。深入开展社会主义核心价值观宣传教育，深化爱国主义、集体主义、社会主义教育，推动理想信念教育常态化制度化。在此基础上，在文化建设的过程中上海要进一步优化顶层设计和要素投入。一是创新清单管理政策。通过清单管理的形式，健全文化市场的准入和退出机制，严把

① 《习近平关于城市工作论述摘编》，中央文献出版社 2023 年版，第 28—29 页。

②③ 《中共中央办公厅、国务院办公厅印发〈“十四五”文化发展规划〉》，载中国政府网：http://www.gov.cn/xinwen/2022-08/16/content_5705612.htm，2022 年 8 月 16 日。

项目入口关，从源头上控制住文化供给质量。二是创新资产管理和产权交易制度。加快健全管人、管事、管资产、管导向相统一的国有文化资产管理体制机制，鼓励文化企业建立具有文化特色的现代企业制度，积极推动文化企业进行跨区域、跨行业、跨所有制兼并重组，增强企业文化供给实力。三是创新文化治理政策，降低非公有制文化企业进入门槛，激发广大群众参与文化建设热情。四是创新质量管理政策，健全行业管理标准，为文化设施的建设、文化产品和服务的供给制定可供参考的尺度，提升文化供给的整体水平。五是构建国际文化大都市的多层次文化交易市场体系。上海要继续营造良好的发展环境以促进市场的文化资源配置，利用相对完善的现代市场体系，重点打造国际文化大都市的多层次文化交易市场体系。六是建立新型开放经济条件下的国际文化贸易体制。发挥国家对外文化贸易基地的国内辐射力，形成国家品牌、上海特色；确立上海和长三角发展对外文化贸易最有利的目标市场。鼓励文化产品在开发过程中，包容多元文化要素，加强跨文化的亲和力与相融性。

基于丰富的文化资源，城市文化建设要以完整的文化观为指导，既要针对专业性的文化活动和工作，也要着眼文化与城市生活的关系，关照全社会的活动及成果。[①] 城市文化建设要把握城市活动的特征，坚持全面统筹，注重效率，注重包容，不断完善建设体系和发展格局。建立政府、社会、公众的利益共同体，鼓励社会力量积极参与城市文化建设和城市精神品格培育。城市文化既是这一利益共同体所创造的，也对各主体产生了整体的和细微的影响。新时代，城市文化建设需要不断扩大建设途径，从更广阔的维度落实各发展目标。既要重视专业的文化活动、文化服务和文艺作品的功能，不断提升文化馆、图书馆、博物馆、美术馆、剧院等公共文化服务设施和场所的效益，还要重视日常的生活化传播教育，充分发挥各种途径和载体优势，创新文化供给，为公众提供多感官的具身性文化产品和服务体验，让公众充分享有文化活动和成果。构建“政府、社会、公众”共建共享的局面，着力加强对社会力量参与公共文化服务的政策扶持，促进民间文化人才队伍建设和创作活动的发展，为社会办文化拓展空间。推动社会体制机制创新，培育和促进文化类社会组织发展壮大，营造平等准入

① 蔡达峰：《提高城市文化建设的能力》，载团结网：https://www.tuanjiewang.cn/2022-06/20/content_8934803.htm，2022 年 6 月 20 日。

的发展环境。实施文教融合，加强文化艺术普及，提高市民文化素养。最终强化城市文化韧性，有效抵御城市系统的外部扰动。文化韧性被认为是由相关城市文化进程所构成的文化系统吸收逆境、应对变化和继续发展文化认同、知识和实践的能力。具体涉及认同感、核心价值观、信仰、规范和习俗的变化等。文化韧性具有连续性和变化性等特征。文化韧性既意味着面向过去，积极应对现实风险和挑战，对既有的城市记忆载体进行保护，也意味着面向未来，以发展和动态的眼光审视文化可持续性，塑造价值追求和未来愿景。

立足发展的大局，统筹部署文化传承和文化创新的任务。对内，要深入挖掘城市特色文化，保护文化资源，阐释城市历史文化。同时，对当下城市发展成果进行及时的价值评估和全面的信息记录，并转化成文化产品与服务，提升公众的获得感和幸福感。顺应文明进步的趋势，发展城市文化，营造创新环境，培育创新能力，促进传统与现代、本土与外来、官方与民间等各种文化成果的交流交融。对外，充分发挥文化在促进民心相通和构建文化交流软着陆平台方面的积极作用，作为城市对外交流的窗口，促进中外文明互鉴。习近平总书记曾经在访问联合国教科文组织总部时，引用了诗句——“一花独放不是春，百花齐放春满园”，提出了关于文明交流互鉴的新文明观。并在推动“一带一路”倡议和构建人类命运共同体的过程中，将这一新文明观一以贯之。有鉴于此，城市文化需要更具多样性、平等性和包容性，在不同文化的交融互动中，城市文化的活力和生命力将得以进一步彰显，从而在世界舞台上传播当代中国价值观念和正面的中国形象，提升国际话语权。习近平总书记指出，要创新对外话语表达方式，研究国外不同受众的习惯和特点，采用融通中外的概念、范畴、表述，把我们想讲的和国外受众想听的结合起来，把“陈情”和“说理”结合起来，把“自己讲”和“别人讲”结合起来，使故事更多为国际社会和海外受众所认同。[①] 为此，文化是建构国际话语的重要依托，城市文化在对外交流传播时要把握大势、区分对象、精准施策。

---

① 中共中央文献研究室：《习近平关于社会主义文化建设论述摘编》，中央文献出版社 2017 年版，第 213 页。

第二章　西方城市文化理论的综合辨析

随着中国式现代化的发展，我们日趋重视有关中国特色城市文化的理论和实践研究。在当前全球化的视野下，西方城市文化理论发展已走过了很长一段历程，尤其是一批受到马克思主义思想影响的西方学者，看清了西方城市发展在经历现代化的过程所遇到的问题和困境，对资本主义、现代性的悖论、消费文化等进行批判，并对未来城市展开想象和理论建构，对我们正处于社会主义现代化进程中的中国城市化发展具有一定规避、参照和借鉴意义。因此我们需要基于西方城市文化发展现状，对西方城市文化理论的构成及各种理论的主要特点、存在缺陷进行辨析，特别是对当前中国城市文化研究过程中比较流行的西方理论，进行问题导向上的系统分析和判断，从而立足中国本土实践，理论系统地建构出中国特色城市文化的学术体系、学科体系和话语体系。

第一节　西方城市文化发展现状及概述

19 世纪中叶，置身于西方近代资本主义城市化进程中的马克思、恩格斯，在《共产党宣言》《资本论》《政治经济学批判》等著作中，“对城市历史、地位、问题、生态、方式、关系、未来等问题都进行了广泛、深刻的考察和研究……这些分析并没有过时，许多问题在我们现代化语境下展开的城市建设中也影子般存在着”[①]，比如肯定了城市的建造是人类的一大进步，虽然城市是资本主义发展的体现，但其也使得许多进步的社会力量得到充分发展，认为“巨大的城市，使城市人口比农村人口大大增加起来，因

① 徐锦江：《不同于西方，也没有先例，中国式现代化城市道路应该怎么走？》，《上观新闻》2023 年 4 月 13 日。

而使很大一部分居民脱离了农村生活的愚昧状态”①，还提出“把农业和工业结合起来，促使城乡对立逐步消灭”②的积极支持城市和乡村融合发展的观点。

受到马克思、恩格斯思想的影响后，西方有很多学者自发从马克思主义的观点来研究现代化城市的发展及其问题批判，比如齐美尔对现代性与大都市文化精神的研究；亨利·列斐伏尔（Henri Lefebvre）认为城市空间包括物质空间、精神空间、社会空间三个维度，资本主义社会已经从“物的生产”转化到关于城市自身的“空间生产”；爱德华·索亚（Edward W. Soja）以洛杉矶为例，提出有关都市想象的第三空间理论；大卫·哈维（David Harvey）从政治经济学维度来研究新城市空间；沙朗·佐金（Sharon Zukin）提出城市空间的文化意义等；彼得·桑德斯（Peter Saunders）试图提出一种非空间的城市社会学理论，推动城市社会理论到消费社会学的转型；曼纽尔·卡斯特（Manuel Castells）立足于马克思主义城市文化批判理论，对精英政治文化、社区隔离文化和网络虚拟文化这三种主流资本主义文化生产方式进行批判；让·鲍德里亚（Jean Baudrillard）提出消费社会理论；居伊·德波（Guy Debord）从马克思的商品拜物教和异化理论出发，应用到大众媒体方面，认为资本主义社会把日常生活演化为景观，提出景观社会的理论；安东尼·吉登斯（Anthony Giddens）更为关注现代性的制度层面；齐格蒙特·鲍曼（Zygmunt Bauman）对现代性的批判达到极端；丹尼尔·贝尔（Daniel Bell）分析了资本主义文化矛盾；弗朗索瓦·利奥塔（Jean-François Lyotard）、雅克·拉康（Jacques Lacan）、米歇尔·福柯（Michel Foucault）、雅克·德里达（Jacques Derrida）等提出了后现代性，以消解崇高，解构现代性；尤尔根·哈贝马斯（Jürgen Habermas）重视交往理性，提出重建现代性。这些学者围绕空间理论、大众传媒、消费、现代性与后现代性等来研究城市及文化发展、批判等，立足于马克思主义的观点，成为推动西方城市发展和进步的重要文化批判理论。

除此，还有很多西方城市文化研究的学者从其他方面来研究城市，比如城市发展史维度等，刘易斯·芒福德（Lewis Mumford）提出城市是文化的容器；彼

① 马克思、恩格斯：《共产党宣言》，载《马克思恩格斯选集》，人民出版社 2006 年版，第 276—277 页。
② 同上书，第 294 页。

得·霍尔（Peter Hall）提出明日城市的概念，寻求城市的可持续性发展；艾比尼泽·霍华德（Ebenezer Howard）的“花园城市”和奥姆斯特（Olmsted F. L.）的“紧凑城市”思想奠定了新城市主义理念，弘扬新的人文性；萨斯基娅·萨森（Saskia Sassen）提出“全球城市”的建构，这些城市文化理论对于城市更新、未来发展和文明进步有着举足轻重的作用，尤其对当下中国城市的现代化发展具有极其重要的借鉴价值。

第二节　西方城市文化理论的构成和分析

伴随着西方现代城市的发展，工业化带来城市的飞速扩张，也带来一些文化和城市的独特现象和问题，很多西方流派和学者提出了一些重要的理论观点，对此我们进行梳理和分析：

一、城市社会学与空间理论

19 世纪到 20 世纪，马克思、韦伯、涂尔干、齐美尔等城市社会学理论开创者一致认为西方文明的本质是城市文明，因为科学、艺术、政党与政治家、市民社会等都产生于城市，所以欧洲城市发展壮大是从封建主义制度向资本主义制度的历史转变进程中的重大事件，城市在根本意义上还是一种进步的人类居住和集聚形态的空间。尤其是齐美尔在《都市与精神生活》中认为城市文化是现代性的文化。

芝加哥学派在第一次世界大战之后发展起来，某种意义上说，其创立了城市社会学，关注城市生活的本质，在城市发展的动力和城市对社会生活的影响这两个方面做了许多研究性的工作，着重分析了一些城市发展中出现的“失业”“拥挤”“动荡”“漂泊”等问题。罗伯特·帕克是芝加哥学派的掌门人和主要代表人物之一。他认为城市不仅是人类居住的一种集聚方式，更是人类文明的一种呈现方式，在《城市》《人类社区，城市和人类生态学》著作中，从行政管理、商业活动、新闻媒介三个方面为城市下定义，他主要从人口、邻里关系、职业等方面来研究城市。沃思是帕克的学生，也是芝加哥学派的主要代表人物之一，他在《作为一种生活方式的都市主义》中提出都市环境产生了一种特殊性的都市化社会生活，虽然他没有写明都市空间，但这里“都市环境”的提出，已经让“空间”概念呼之欲出了。

在西方城市文化研究领域，列斐伏尔可谓是一位最重要的学者之一，他将空间的生产作为当代全球化城市化进程中的一个非常核心的理论问题。在列斐伏尔看来，空间是考察人类生活的一个重要维度，包括物质空间、精神空间、社会空间等。空间是人类社会关系体系中的一个重要组成部分，产生于有目的的社会实践，是社会秩序的空间化，并随着历史阶段的变化而演变，当代资本主义的生产重心不再是“物的生产”，而转化为“空间本身的生产”。他对资本主义空间的生产进行了政治经济学批判，认为“空间”的生产是资本主义再生产的重要内容和方式，通过空间生产的实践而实现对资本主义意识形态的再生产。列斐伏尔不满于资本主义的空间生产，于是从城市化、日常生活和全球化三个方面对资本主义的空间生产进行理论批判。他认为，资本主义的空间已带有消费主义的色彩，城市的社会空间可能已被消费主义所占据，并开启了“全球性空间”的生产，从而进行了社会关系的再生产。

洛杉矶学派的主要代表人物之一的爱德华·索亚也是非常钟情于空间的分析和反思研究，他以更为广阔的学科视野写出了“空间三部曲”，其中以“第三空间”理论最为抢眼。一是在城市地理学和文化批判理论视野下，他出版了《后现代地理学：社会批判理论中空间的再确认》，吸收了列斐伏尔等人的空间理论，再考虑空间与时间、社会存在之间的关系。二是索亚在《第三空间》中提出了“第三空间”理论，第一空间是经验或感知的空间，第二空间是表征意识形态或乌托邦的空间，而第三空间是指生活或想象的空间。他和迈克·戴维斯在《第三空间——去往洛杉矶和其他真实和想象地方的旅程》中以洛杉矶为底本，将社会生活空间性与阶级、种族、性别等问题结合起来，表现了城市地理学与文化政治学的交融视点研究。三是思考城市未来的重建，写出《后大都市：城市和区域的批判性研究》，继续探讨洛杉矶在危机后的重建与重建中的危机，为全球的城市化发展提供了一扇窗口。

沙朗·佐京深入研究了空间维度的文化意义，提高了都市空间研究的文化纵深感，她的《城市文化》摹写了美国城市的扩展方式从计划型向市场型发展过程中，种种“自动化”的文化发挥着越来越重要的作用，甚至成为美国向全世界推销的璀璨成果。佐京在书中描绘城市的街道等市民真实日常生活空间场景，批判了这些具有欺骗性的虚假文化对生活在城市中人们的象征性经济与公共空间的共同控制。

二、马克思主义城市文化批判思想

一批西方新马克思主义学者也非常关注城市文化研究，深受马克思主义影响的大卫·哈维在《社会正义与城市》《资本的限度》《城市的资本化》及《资本的空间》中以城市政治经济学的视角来研究资本和新都市空间。大卫·哈维一直坚持的学术理想，是希望从马克思主义立场对资本主义制度下有关历史和城市理论做出阐释，《资本的城市化：资本主义城市化的历史与理论研究》是沿着这样的学术理想前进的成果结晶。他在《资本的城市化：资本主义城市化的历史与理论研究》中，试图解答：资本是如何城市化，以及这种城市化导致的后果是什么？他认为城市进程是阶级斗争和资本积累在历史地理学中呈现出来的，因此资本主义城市化理论的建构，是对资本主义的历史地理的理论化建构，这是任何一项走向社会主义的运动必须面对的革命实践。另外哈维还用冷峻的政治经济学的笔触分析了巴黎这座现代性之都是由帝国和资本的联手打造，让人不由联想到本雅明对于19世纪的首都巴黎的美学意象构图，包括波希米亚人、拱廊计划、闲逛者等，两人风格形成一种鲜明的对照。

曼纽尔·卡斯特尔的马克思主义城市文化批判理论深刻批评了原有以芝加哥学派为主的美国城市社会学，并带来城市文化研究的马克思主义转型。通过马克思的社会主义批判思想，阐释了当代城市文化的意识形态思想内涵，从而揭示出资本主义体系内在问题的根源。为此，他撰写的《千年的终结》《认同的权力》及《网络社会的兴起》三部著作，深刻探究了当代资本的生产及消费模式，以及它们的影响力及其所带来的政策影响。由于新自由主义、技术官僚主义及资本主义等因素造成的精英政治文化，形成了一种排斥性宰制，从而阻碍了都市发展及公众之间的互动；此外，这种排斥性宰制还导致了资本在地理分配上的失衡，这种社区隔离文化使得社会财富在各个社区之间不均衡，从而破坏了都市规划模式及个人空间认可；最后，这种被传统知识更新机制及信息传播媒介所支配的网络虚拟文化，也使得都市社会经历及居民日常行为显得无意义。显然，资本主义意识形态已经成为当今都市景象的主导力量，这种文化既破坏了普通民众与城市文明的历史联结，又掩盖住本来就极其激烈的社会冲突。事实上，这就是一种基于资本主义的逻辑思维。通过将自身的结构性危机转移到外部环境，以及维持异化的社会关系，可以清楚地看到，西方城市文化实质上是一种资本主义的剥削和政治压迫的空间表现形式。

彼得·桑德斯的《社会理论和城市问题》从马克思、韦伯等有关城市研究方法出发，考量了新马克思主义、文化理论等20世纪城市社会学的主要理论路径，分析了哈维、卡斯特尔、吉登斯等的新思想和新路径。他主要剖析了作为生态共同体、文化形态、社会空间系统、意识形态、集体消费空间单元的城市，试图告别空间理论，重新提出一种非空间的城市社会学，试图推动城市社会理论到消费社会学的转型，基于社会化消费的政治、消费分化与社会重新分层、私有化消费、自我供给与二元社会等分析，认为一种新的“消费社会学”正在形成。

三、大众传媒与消费文化

人们通过传媒来进行文化内容的传播，而在城市及其文化形态的建构和发展中，传播媒介发挥着重要作用。麦克卢汉提出“媒介即信息”这一重要理论以来，大众传媒的功能越来越得到社会的重视。尤其随着现代科技的发展，大众媒体以前所未有的覆盖程度来影响着我们的日常生活。

尼克·史蒂文森在《认识媒介文化》中提出“媒介文化”，认为当代大众传媒通过传播网络系统，改变着人们的思维方式和生活方式，影响到人们的思想感情和审美体验，这也使得媒介本身成为一定文化形态的组成部分，让文化生产和传播方式发生了许多重大转变。

实际上，大众传媒通过媒介传播展现在观者眼中耳中的是符号，而不一定是真实世界的现实情况，因此戴安娜·克兰认为大众传媒在等价交换原则下变得商业化，希望把同样的东西传递给更多的受众，从而获得更大的经济收益，但是因为受众和传播的不确定性，即使以某类群体为理想受众，那么也会导致对其他不同兴趣、爱好群体的无效传播。于是大众传媒的内在逻辑矛盾，必然会带来一种内在文化危机，使得大众传媒更加趋于用生产传播来诱导消费，造就广大受众对传播所塑造的消费趣味的顺从和向往，从而影响到大众文化的意识形态。而且大众传媒因为其可大规模的复制性，导致本雅明所说的“灵韵”的消散。戴安娜·克兰在《文化生产媒体与都市艺术》中提出大众传播的可复制性，带来同一文化在不同地区不同人群中的便捷复制、共享和传播，使得大众文化具有雷同性、流行性、当下性等特质，解构了传统文化艺术的独特性的“韵味”。

可见大众传媒的媒介方式使得文化产品的生产，显现出消费文化的社会背景。文化产品的批量化生产，以及诱导性强制消费，不仅泯灭了文化艺术品的个性风格，而且软性渗透到受众的精神文化世界。“对于大众传媒和消费文化的关系，我们可以概括为：其一，大众传媒主导着消费文化的生产和传播；其二，消费文化是大众媒介生存发展的土壤。”①

日常生活消费在大众文化的媒介传播中，通过广告等的投发，其塑造的生活方式也软性影响到受众，成为一种灌输给受众的意识形态，并使受众顺从于这种生活方式的生产和传播。消费文化不仅有日常生活文化的特征，它还成为一种新的意识形态，控制着受众的主体对生活方式和生活理想的想象。人类的需求是由思想和物质共同组成，以韦尔施为代表的西方消费主义的生活美学观念，推崇日常生活审美的新感性，抗拒和排斥现代性的理性精神。

法国思想家鲍德里亚提出消费社会理论，认为我们当代消费社会中，时尚是大众文化的一个重要概念，时尚作为一种存在的方式，影响到社会生活、社会意识和大众群体，成为一种独特的城市文化现象。

当代城市的时尚文化主要是由社会的中产阶级来引领的，他们不再希望沿着传统价值等级制度向上攀爬，而是通过追求新的高雅品位和文化实践，来排除旧等级的阶级品位和生活方式，从而挑战传统文化，否定旧等级。布迪厄在《区隔》中提出文化资本的概念，认为文化趣味是一种体现在文化消费品位中的阶级身份标志，是一种特定的文化符号资本。社会空间场所和文化活动等的不同，都意味着人社会身份的品位的不同。更可怕的是阶层的文化取向还受到了媒介文化的背后操纵。

作为情境主义者的德波在《景观社会》中，对马克思的异化理论和商品拜物教的

---

① 郑崇选：《都市文化研究的多重视域》，广西师范大学出版社2013年版，第23页。

概念进行了继承、修正，并运用到大众传媒方面，认为当代资本主义社会已发展到了独特的“景观社会”阶段，在景观社会中生活被异化成为景观。景观不仅是一种被展现出来的某种景象，还是一种被主体建构出来的想象或假象，就像一种表演或作秀一样。所以，当代社会人们往往因为景观的吸引力而忘记对生活本真的需求和愿望，而资本就是通过控制景观的生产来控制整个社会生活。

可见，大众文化是城市化进程中的产物，它必然是和城市性联系紧密的一种文化形态，大众文化中的关键元素大众传媒、消费文化等都是和城市生活和城市文化内容最为相关的。

四、现代性、后现代主义与城市文化

自 18 世纪西方启蒙运动要求摆脱神权的束缚，获得人权和社会解放以来，现代性基本等同于启蒙运动理性精神，哈贝马斯也是在这个意义上提出，现代性是一项未竟的事业。在 19 世纪，西方工业化的迅速发展得益于启蒙现代性的理性精神，这一新的文明形态造就了科学技术的进步、生产方式的巨大变革，整个社会物质生活水平的提升，我们今天所说的现代化一般也是在这个意义上使用。而理性精神随着现代化的飞速进展，又变得日益控制了社会生活的方方面面，于是韦伯、霍克海默、阿多诺等纷纷所说的“现代性的铁屋子”“现代性的怯魅”和“启蒙辩证法”都是从这个意义上来批判现代性及其工具理性的。

安东尼·吉登斯更为关注现代性的制度层面，认为现代性的历史断裂，主要体现在断裂的程度是前所未有的，断裂的范围也是席卷全球的，这是现代制度所独有的。而且在吉登斯看来，全球化也是现代性先天具有的趋势。鲍曼对现代性的批评，可谓走到了极端，他最为人熟知的是《现代性与大屠杀》，在书中他指出西方现代文明的工具理性不能阻止大屠杀，反而工具理性带来的现代社会的机制体制、现代科学技术和现代科学管理的有序组织，导致大屠杀在更大规模、更大效率中发生。而且鲍曼还质疑奠定现代性的法律和秩序，乃至相关道德理性和价值理性。丹尼尔·贝尔在《资本主义文化矛盾》一书中深入探讨了资本主义文化的演变过程，揭示出它所带来的深层次的冲突，以及导致现代西方社会面临着严峻的文化挑战和文化危机，若继续下去，就有可能导致西方社会文明衰落，从繁荣走向混沌。文化一直被视作一种具有深远影响的概念，它可以把社会观念、思想、行动、情感、价值观融入当代的日常生活中，在人类生存之上形成一种强大的超越性的精神信仰，使得它可以通过文化、道德、观念的纽带把整个社会紧密地联系在一起。但是，当今的现代文化以自我表现和自我满足为特征，虽然具有一定的自主性，但它也可能使得人们的思想变得丧失社会意义，最终破坏了它在当代社会中的文化凝聚力的作用。

其实，启蒙现代性也是一体两面，它不仅诞生了工具理性，还在现代性内部孕育着相对压制理性的审美现代性，这也是最初的后现代意识。审美现代性提倡新感性，以此来对抗工具理性的无限度蔓延。费瑟斯通在《消费文化与后现代主义》中，认为后现代将日常生活审美化，其根基也是植于现代性的内部。在《后现代状况》中，利奥塔也是认为后现代主义是现代主义的新生，而非结束。丹尼尔·贝尔的《后工业社会的来临》说明，后现代理论的出现是与后工业社会的出现相关。利奥塔的后现代理论是一种解构现代性“元话语”，解构崇高、理性、科学等，而倡导一种多元、异质的话语体系。易哈卜·哈桑指出相对于现代性追求确定性，那么不确定性、模糊性、多元性、游戏性等正是后现代的基本特征。拉康、福柯、德里达、罗蒂等都是一些重要的很有国际影响力的后现代理论家，如拉康提出漂浮的能指，福柯对边缘、同性恋的研究，德里达解构了权威、中心和理性中心主义等。“元话语”被利奥塔认为是现代主义发展史上一个重要里程碑，他提出了一种全面重塑现代性、理论和文化、价值观念、思想观念和行为准则，以及一种更加开放、包容、创造力和可持续发展能力的理论，这一理论不仅仅反映了当代世界，更深刻地影响了人们对于未来发展趋势和挑战。易哈卜·哈桑认为，与当今社会趋向以确定为目标，后现代的核心概念则更加强调不断变化的可变性、复杂的情感，以及更加丰富的想象空间。拉康、福柯、德里达、罗蒂等人均为具有深远全球影响的后现代思想大师，他们的思想体系如拉康的“漂浮”概念、福柯的“边缘化”“同性化”，以及德里达的“权威、中心化”与“理性化”，都是代表性的后现代理念。

在一批推翻、解构现代性的声音中，原先批判现代性的吉登斯后来又为现代性辩护，提出现代性的重构，一种对现代性的批判性重建的思想。詹姆逊提出现代性的不同道路，希望在后现代社会语境中重新给予现代性以重要地位。哈贝马斯也在《交往行为理论》中重新思考现代性，为启蒙精神辩护，并对后现代性进行批判，也提出通过交往理性来重建现代性。

五、城市发展史研究

城市是一种新的文明形态，城市文化是相对于农村文化而言的一种新的文化形态。正如斯宾格勒所言，人类几乎所有的伟大文化都是由城市产生，国家、政治、政府、宗教等都是从城市中发展并依附其上的。刘易斯·芒福德在《城市发展史——起源、演变和前景》中提出城市是文化的容器。“城市从其起源开始便是一种特殊的构造，它用来贮存并流传人类文明的成果；这种构造致密而紧凑，足以用最小的空间容纳最多的设施；同时又能扩大自身的结构，以适应不断变化的需求和社会发展更为繁复的形式，从而保存不断积累起来的社会遗产。文字记载一类的发明创造，如图书馆、档案保存处、学校、大学等，就属于城市最典型的和最古老的成就之一。”①

文化是城市的灵魂。古代城市一般起源于军事、防御、宗教、政治等目的，要理解古代西方文化的起源，即古希腊的城市文化，不得不提到奥林匹亚、雅典、德尔法神庙和科斯岛。以雅典为代表的古希腊城市文化，迸发出自由、理性、乐观、世俗、人文等人类最为崇尚的理想主义火花，因而具有人类文化的崇高性和元典性的精神。中世纪的城市文化具有向心性。西方城市到工业化前，城市居民由于长期的共同生活和记忆，以及市民阶层建立了行业组织甚至进行城市自治，这样使得城市居民之间的精神纽带非常牢固，便滋生出团结一致的市民文化，从而对居住城市有着高度认同感、归属感和责任感。

近现代城市呈现出离心性的文化趋向。18世纪中期开始，由于西方的工业革命推动，城市很快就发展了工业化，也吸引了周边农村劳动力入城，导致人口大规模的暴增，如伦敦、曼彻斯特。随后工业革命在法国、德国、美国等国家进行，于是巴黎、柏林、芝加哥、洛杉矶、底特律等逐渐成为有影响的工业城市。工业化虽然带来城市

① ［美］刘易斯·芒福德:《城市发展史——起源、演变和前景》，宋俊岭、倪文彦译，中国建筑工业出版社2005年版，第33页。

的飞速发展，也带来了问题，一方面城市人口从农村急速转移过来，人口密度迅速膨胀；另一方面城市里面工厂林立，居民居住环境普遍急剧下降，出现很多城市病。随着这些工业城市问题的愈演愈烈，越来越多的城市精英迁往郊区，郊区化问题越来越严重。这种城市离心化运动，使得这些迁移过来的郊区居民变得慢慢脱离大城市，失去对城市的认同感和责任感，也使得市民的公共交往空间逐渐消失，城市的凝聚力日益分崩离析。

英国彼得·霍尔在《明日之城：1880年以来城市规划与设计的思想史》中指出，1880年至1990年，伦敦、巴黎、柏林、纽约等城市的贫困人口数量急剧增加，他们的社会环境受到了严重的破坏，社会不平等、经济衰退、政治混乱等问题日益严重，令这些城市变得更加脆弱，甚至变得像梦魇一般。1900年到1940年，伦敦、巴黎和纽约的城市大众向郊区迁徙，郊区开始扩张。同时期，这些城市受到爱德华的田园城市思想的影响，田园之城的建设成为这些城市的解决方案。作为另外一种解决方案，1900年到1945年，芝加哥、新德里、柏林、莫斯科等许多城市都开展了大规模的城市美化活动。1930年到1955年，学术性城市规划的前史；1955年到1987年，费城、曼彻斯特、加利福尼亚、巴黎等城市的规划与学术，归为理论之城。1975年到1990年，巴尔的摩、香港、伦敦成为企业之城。1990年到2010年，随着全球数字化的发展，纽约、伦敦和东京等城市已经成为一个充满活力的信息城市。霍尔在书中讲述贫民窟等西方城市发展的历史故事，目的是为了寻求明日城市的可持续性的发展，追求城市的品质发展和社会公正。

六、人文性与全球城市

到了工业现代化时代，城市出现更大规模的扩张。随着近现代西方城市规模的扩容、边界的延伸及郊区化运动的展开，分解了城市向心力和凝聚力。几百年甚至几千年文化遗迹形成的具有市民心理认同性的某种集体精神纽带性的城市文化精神的记忆泯灭了。

可见，随着工业化、现代化的技术手段的使用，一方面促使城市中居民的政治、经济、文化、娱乐等精神需求得到更大满足，另一方面也造成了城市中人与人交流和沟通的减少、商业的愈加发达、物质金钱主义的至上、消费主义的盛行，进一步导致了人文精神某种维度的缺失。

随着近现代城市的不断变迁，新城市主义和后现代的城市文化思想越来越受到关注，它们强调以人为中心，强调保护和传承历史文脉，推崇可持续发展，强调节约资源，关注公众利益，并且鼓励多元文化的融合，这些都有助于缓解城市中的问题、抑制消费主义的蔓延，并增强城市的人文精神，从而促进都市的和谐与繁荣。1993 年 10 月，新城市主义的第一次世界性大会在美国举行，这标志着新城市主义的普及，19 世纪 90 年代以后，新城市主义的概念已经深入都市发展和规划的各个领域，其中最重要的两个理论分别是霍华德的“花园城市”及奥姆斯特的“紧凑城市”。

为了增强城市的凝聚力，建构居民之间良好的交流纽带，新城市主义倡导传统邻里发展模式（TND）和公交主导发展模式（TOD)。“现代主义”的城市理念忽略了公共领域和人文精神，导致城市公共空间变得越来越私有化，街道、广场等公共空间变得越来越小，只剩下一些建筑物之间的空隙。这种缺乏个性的空间让人们感到无助，无法确定自己的身份。新城市主义认为，公共空间应该被视为一种独立的个体，它应该被尊崇，并被视为一种具备历史意义、可辨认的个体，从而激励人们对本土的认同，并认可其独特的价值。因此，新城市主义倡导采用 TOD 模型，即利用 10 分钟的步行距离，建立一个可供市民参与的城市环境，并设计出具备人文关怀的城市景观，从而实现城市的可持续发展。TND 模型的“5 分钟步行模式”是指邻里之间的半径距离应该在 400 米之内，这样就能够通过 5 分钟步行，轻松抵达邻居的社交范围。美国佛罗里达海滨城被视作新城市主义的典范，它的面积仅 32 万平方米，但却可以同时容纳 2000 名居民，拥有各种不同的功能，还保证城市文化的多样形态，从而体现出城市人文精神中以人为本的理念。

萨斯基娅·萨森通过对纽约、伦敦和东京的实证研究，提出“全球城市”的理论建构。全球城市不仅是一个地理区域范围内的中心，还扮演着将一些在全球范围内彼此联系密切但地理位置并不临近的地点连接起来的角色。在《全球城市》中，萨森强调，虽然城市的外观相似，但是它们的专业分工却存在巨大的差异，全球城市作为跨国企业的总部所在地，更是具有重要的战略意义，对全球事务产生了深远的影响。全球城市与普通城市相比，在产业结构、扩展趋势、空间组织和社会关系等方面呈现出对全球的控制力。由于全球化的趋势，“全球城市”已经成为世界范围内最具经济影响力的地区之一。作为经济网络的核心，它们在流动性、互联性等方面取得了新的进展，为世界经济发展提供了强大的支撑。全球城市与世界城市（World City）的概念存在着显著的差异，这种差异体现在它们的历史悠久性、功能多样性及社会结构上。全球城市以高度的科技创新能力、多元的社会结构为特色，致力于生产复杂的、专门化的知识型经济，比如关于金融市场、技术发展、高级会计及法律诉讼等方面的专业知识。全球城市的发展为世界经济提供了一个多样性的环境，从芝加哥、上海到圣保罗，这些城市之间的联系已经变得越来越紧密，为世界各国提供了一个新的“中心性新格局”。而且这种联系要比中国的大城市之间的联系更为重要，比如上海和武汉。全球城市不仅是一个具有重要意义的地理中心，而且还能够将不同地理位置的人们紧密联系在一起，形成一个完整的网络，使他们能够共同分享资源和经济。“智慧城市”提出通过移动通信技术，可以实现对城市的全面覆盖，从而改善当前的技术状况。萨森指出，传统的智能城市模型未能充分利用移动通信技术，因此，采用开放的技术，可以实现更加全面的城市发展。随着时代的发展，开放源代码的出现使得它成为一种可以跨越地域、跨文化的合作伙伴，从而改变着传统的城乡界限。它的出现，使得各地的居民能够更加深入地认识到自己的居住环境，从而更好地服务于当地的发展需求。通过将各种各样的、具备独特见解的个体与社会资讯结合起来，建立一个公共的、共享的、跨越国界的数据库，将各种各样的资讯传递给全球，从而让各个国家和社会群体能够更好地了解自己的国情，而且也能够让各级政府部门更容易掌握更加全面的城市资讯。通过一系列的改革，将一个社区提升至一个更加繁荣的水平，并且形成了一种独特的城市文化。现在欧美一些城市正从全球城市转型为创意城市，比如伦敦提出建设创意城市，用文化的原创力来带动城市更新，把文化和创意融入城市环境和发展中，包括城市的生活、工作和休闲旅游等方面。

第三节　对中国城市文化研究的启示和思考

在中国式现代化的视野下，我们研究西方城市文化理论时，需要有着清醒的中国立场和中国意识。《全球视野中的第三世界城市》中大卫·史密斯认为，第三世界国家的城市化与发达国家是有着很大差异性的，其特殊性不仅体现在其都市化的结构、社会影响、建设路径及经济增速上，而且“大量的事实证明，中国的都市化进程的独特性，是欧洲和北美模式难以充分解释的，而且当代中国的都市化进程并不是一个完整的整体，沿海城市与内地城市之间存在着巨大差别，大城市与中小城市的发展也存在着巨大的差别，即使在同一个大城市的内部，中心城区的发展与其郊区的城镇化之间同样存在巨大的差别”①。这些因素都造成了我们只能依据中国城市发展的规划和现状，观照和借鉴西方城市文化理论带来的国际经验，尤其是重视那些批判和解决已有西方城市问题的城市文化理论，谨慎地进行本土化的汲取和转化，以更好治愈和预防中国城市化进程中的可能问题，推进中国式现代城市以人为本的高品质、可持续发展。

目前西方城市文化理论在经历了对西方城市问题的批判之后，为了改善城市文化和生活环境，出现新城市主义、城市可持续发展等城市文化发展的建构方向。比如，其一，新城市主义弘扬新的人文性；其二，城市精明增长和紧凑城市等理念提出土地合理利用、复合开发和规划管理，推行城市可持续发展理念模式；其三，霍华德的田园城市提倡城乡一体取代城乡分离，吸纳城市和乡村的优点，建设新概念的田园之城；其四，智慧城市顺应信息时代的发展，可提高城市的综合竞争力等。

中国正处于城市化快速发展的阶段，几十年来中国城市在经济发展、改善人民生活等方面取得很多骄人成绩，但一些现代城市病也逐渐出现在人们视野中，中国式现代化城市发展需要我们自己的城市文化经验的理论总结。

中国式现代化城市发展过程中，我们需要倡导人文城市的发展理念，即以人民为中心，依据中国特色社会主义的政治、经济、历史、文化及其空间发展，弘扬中国城市的人文精神和文化观念。“新城市主义”是对“现代主义”城市的全面反思，因而当下中国城市的发展理念迫切需要吸纳、引进本土化后的“新人文城市”理念。我们要防止城市郊区化的无序蔓延、扩展，需要提倡紧凑的城市发展理念，混合化、多功能的城市空间组织，回归传统邻里交往的市井文化，保护城市历史文脉，拓展公众参与

---

① 包亚明主编：《现代性与都市文化理论》，上海社会科学出版社 2008 年版，第 33 页。

规划管理的范围，构建有归属感并适宜步行的邻里社区等，要把以人为本的城市人文精神融合到城市规划和发展的方方面面。

比如，在大力发展城市经济、提高城市文化生产的同时，警惕工具理性的消费主义文化，倡导物质生活方面“够了就好”的理念，强调“人民城市”的理念，在满足人民居住环境和物质生活、工作需要的同时，要倡导精神关怀和人文情怀。

在索亚的眼中，从分散的小城镇扩展发展成为超级大城市之一，洛杉矶的飞速巨变，令人耳鸣目眩，其中产生了很多失衡的城市问题，此外很多西方学者都指出了城市化进程中的许多通病。今天中国城市发生了日新月异的变化，我们回顾西方城市及城市文化理论的发展，是为了避免一些在西方城市化进程中的弊端。中国城市发展可以从西方城市及城市文化理论中汲取经验和教训，这一方面需要我们提倡城市的可持续，把控城市的有序发展和设计规划，避免当前城市发展出现失控局面，防止盲目发展，要注重城乡融合，提倡回归自然，发展一种融合生态、人文、科技等维度的城市文化；另一方面，也促使我们重新思考现代文化背景下的城与人的互动关系，我们在发展城市硬性建设的同时，更要弘扬中华优秀传统文化，注重城市市民的伦理道德和精神修养。

第三章　传统视域下的城市文化理论及其当代意义

中国古代社会的经济结构虽然是以农业为主体，但城市的发展并没有因此受到影响。早在商朝时期，商人频繁迁都，东汉张衡在《西京赋》中说："殷人屡迁，前八后五。"① 可见这一时期中国古人已经在有意识地寻找并建立合适的都城。而随着周的兴起，东征之后建都洛邑，即今天的河南洛阳，并对都城进行了完善的规划与营建，成为大型都城。春秋战国时期，各国又有各自的中心城市，如燕国的下都、齐国的临淄城、赵国的邯郸、楚国的郢都，等等。秦朝统一六国后，全国被划分为三十六个郡，这些郡县也都得到了相应的建设和发展。隋唐以后，一方面都城的规模极其庞大，洛阳、大兴（今陕西西安）在隋朝时已经是首屈一指的大城市，唐朝的长安城更是号称"天下第一城"，而《东京梦华录》所记载的也是北宋都城开封府车马络绎、灯红酒绿的繁华景象；与此同时，府州一级的大中型城市也大量兴起，据记载，唐朝时期全国城市数量达到了近万座，其中不乏像杭州、成都等商业中心，今仍被誉为中国南北文化交汇的重要城市。元、明、清三个朝代就更不用说了，无论是都城、大型商业城市，还是中小型市镇，在数量和发展程度上都极为可观，尤其是环太湖的几个江南商业城市连成一片，成为一块城市化程度极高的区域，彼此帮衬结成纽带，体现出古代城市发展进一步深化的走向。可以看出，中国古代虽然以农业为主要生产方式，但城市的发展也经历了一系列丰富变化和深入发展。每个朝代都有其特色的城市建设和规划，这些城市在政治、经济、文化等方面都扮演着举足轻重的角色，并对后来的城市发展产生了深远的影响。

① （汉）张衡著：《张衡诗文集校注》，张震泽校注，上海古籍出版社 2009 年版，第 90 页。

第一节　中国古代城市文化理论溯源

一、上古：城市文化理论的形成时期

城市在古代中国最初的作用，是为了创建一个能够保护人口进行安全劳作与生活的特定区域，《吴越春秋》中说："鲧筑城以卫君，造郭以居人，此城郭之始也。"[①] 上古时期的聚落是早期文明的一种体现，但也有学者提出："中国初期的城市，不是经济起飞的产物，而是政治领域的工具。"[②] 即中国上古时期的城郭，围绕"市"而自然形成，更多作为军事堡垒或者政治与礼制的中心。对于中国早期城市起源的判断标准和界定方式虽然各有不同，但只要是人口集中，且有城墙围绕保护的这样一个聚落区域中，人力资源丰富，地理位置与自然条件也相对优越，必然会生发出"城市"的复合功能，这其中也包含着中国古代早期城市文化的萌芽。

这一时期城市的产生与发展最主要的特点是"人为选择"，具体来说，首先是人为选择城市的位置，这种选址一般出于两大需求，一是农业生产的需要，二是军事防御的需要，因此城市所在地的自然气候与地理位置，就更为关键。其次是人为对于城郭内的区域进行统筹规划，例如城墙的高度、土地分配需求下产生的地块形状与面积、排水沟渠或者田间道路的位置，等等，都需要统治者根据自身需求与现实情况来制定。总的来说，这一时期的城市是作为一个军事政治堡垒的需要而产生的。

但是，既然是人为的行为，那当中必然会生发出精神产物，也就是文化的痕迹。上古时期的城市文化肇兴于两方面，一方面是从对天气气候、山川地势、土壤物产等自然环境的细致考察与因地制宜的规划利用中，总结出一套经验，其中既包含古代先民在择居营城方面的实践经验，也包含朴素的天人观念和早期山水审美意识，之后的风水学、园林造景艺术等均可追溯至此。另一方面，最早的城市规划与营建中就开始重视城作为祭祀和礼仪中心的功能，这一点从先秦至汉的都城外部形态体现出的"礼制"特征就显而易见了，早期氏族宗庙祭祀活动与政治礼仪制度很大程度上影响了城内墙、街、建筑物的布局与外形，彰显了当时意识形态领域的一些基本要素，同样属

---

① （宋）李昉编纂：《太平御览（第二册）》，夏剑钦校点，河北教育出版社 1994 年版，第 808 页。

② 张光直：《关于中国初期"城市"这个概念》，《文献》1985 年第 2 期。

于中国传统城市文化的源头。

二、中古：城市文化理论的壮大发展期

秦汉统一之后，由于中央集权的大力推行，郡县制成为最主要的地方政治管理体制，之后唐代改为道府州县，是在此基础上的调整与改良，这成为中古时期城市数量激增的重要推动因素，即除了长安、洛阳这种大型都城之外，地方上也星星点点分布着各种大小不等的城市，集区域政治中心、军事中心、经济中心的功能为一体。

这一时期城市的产生与发展最主要的特点是“不均衡”，隋代的大兴（西安）、洛阳，唐代的长安城，北宋的开封府，南宋的临安府，等等，由于所处的四通八达的地理位置、政治核心地位及汇天下赋税财富于一身的特权，成为难得一见的超大型城市，其繁华的景象在古往今来的诗词歌赋中常被提及。出于行政目的而设置的地方行政中心，例如府城、州城等，由于人口数量和地域经济水平的不平衡，有些府城或者市镇人口稠密商路便利，很快就发展成为某一区域的中心城市，相对的，那些地广人稀、交通不便的地方行政中心，就只能维持一个行政的基本功能，很难发展出多功能综合性的城市体系。

由于这种城市发展的不平衡特性，同时汉代以后以儒家为核心的意识形态价值体系被构建且成熟起来，再加上唐代以后科举制度的确立，中古时期的中国传统文化中与城市有关的要素大大增加了，城市作为一种新兴的文化要素，开始进入大众的视野，或被描述，或被赞美，或被批判，从此成为传统文化中不可挥去的一脉。

中古时期传统城市文化体现出一种二元对立的矛盾姿态，城市早期是作为乡村的对立面出现的，尤其是大型城市大多为都城或者某一政权的政治中心，都城为四方辐辏之地，是皇亲贵胄、台阁官吏常住之地，同时也是地方官员续职和学子应试谒举的汇聚之处，是权力的核心之处，因此城市的意象往往和“在朝”捆绑在一起，和“在野”作为一组对立关系出现。儒家文化强调个人品德和道德情操的重要性，士人以培养自身的品行修养为己任，汉代的察举制度更是推动了这一点，而传统观念中的农耕文化被视为高尚、纯洁和有利于孕育符合儒家标准的性情修养的文化氛围，城市代表着陶渊明笔下的“久在樊笼里”，而乡村代表的是“复得返自然”，因此以儒家价值体

系为主导的传统文化面对城市这个新生事物，抱有一种谨慎的审视。但是，城市带来的物质空间繁华又在感官上刺激着大众的感知，尤其是对于从小地方来到大城市的年轻举子或者官员来说，香车宝马，雕栏闹市，都在激发其记录和表达的欲望，卢照邻的《长安古意》虽有劝百讽一之意，但对于读者而言，更多是接收到来自长安的富丽繁华的铺陈式冲击。因此这一时期城市与传统文化处于一种新兴的矛盾氛围之中，在这种氛围中城市文化迅速壮大，渗透进传统文化的方方面面。

三、近世：城市文化理论的细分化时期

如果说中古时期的城市发展尚处于刚起步的不平衡时期，那16世纪晚期开始，有田业的乡绅开始往市镇、府城、县城迁徙和集中，富裕的城里人也倾向于去乡村购置田产，导致这一时期城市化的进程陡然加速。尤其是在长江中下游地区，纵横交错的水网与错落其间的市镇，形成了具有江南文化特色的城市密集区，此外远途贸易中心的区域也更容易成为城市。

在以儒家学说为官方意识形态的传统文化中，始终有一股反城市化的倾向，究其根本，还是因为古代中国的治国核心始终是重农抑商的，将其延展到文化范畴，就是以商业贸易为纽带构建起的城市生活被视为不符合主流价值观的。城市的生活则被视为轻浮、淫靡和危险的生活方式，这是基于一种价值观和生活方式的不同选择。但在这一时期，随着市镇的普及化，书院开始往市镇集中，早期的书院受到隐逸山林观念的影响，大多建在自然风景宜人的乡村地区，目的是为了模拟儒家经典中的理想教育环境，而在明代以后，书院逐渐转移至城市，与城市的官方学监建立更紧密的联系，为的是方便学子参加科举考试，“书院的城市化必然意味着，学术方面挑选人才越来越偏向于城市化程度最高的地方体系和地区体系”①。外部物质条件的变化带来了新的要素，内部也生发出新的传统。

近世的城市文化在先前的基础上陡然丰富起来，仿佛只有枝丫的大树一夜之间绿意盎然，其主要特征有两点，一是城市文化的区域特色，这一点上最显著的是围绕长

① 参见蒂莱曼·格里姆《广东的书院与城市体系》一文，见［美］施坚雅主编：《中华帝国晚期的城市》，中华书局2000年版。

江中下游的水利开展的江南城市文化，作为一个内在联系极为紧密的城市共同体，拥有相似的经济生产方式和精神文化源流，因此在文化表现上也有同质化的倾向，比如追求奢华精致的生活方式、充满诗性的人文精神，等等，都是江南地区城市文化的标签。二是城市文化生产在审美层面上的世俗化，与唐宋时期文人仍多以“阳春白雪”为审美情怀不同，明清时期的文人已经能坦然享受并欣赏市井生活中的美，以晚明小品为例，无论是达官贵族、文人雅客，还是商贾富豪、杂役丫鬟，甚至方外、侠客和妓女，都能成为故事的主角，展现普通人的喜怒哀乐，表现出一种追求日常化及实用主义的审美倾向。

第二节　传统物质文化中的城市文化理论发掘与当代意义

一、都城选址与设计营造中的古典规范

（一）儒家“尚中”的礼制色彩

从上古时期都城选址的过程就能看出古代城市文化萌芽时期的“天下之中”的指导思想，《尚书·盘庚》记载：“盘庚既迁（于殷），奠厥攸居，乃正厥位。”[①] 这体现了上古时期统治者的建城理念，即试图通过选择都城营造的地址，来彰显其作为某一政治中心的作用。将都城设置于国土的中心，目的是将其行政控制力均匀传递给不同方向上的领土，使得四方来贡的距离相等。《尚书·禹贡》将都城设置为领土的中心，由近及远分出五服，每服五百里。虽然这只是一种理想化的设想，但不难看出“天下之中”的理论根源。这种源自商朝的选址理论在周朝被演绎得更具体，周公营建雒邑，《逸周书·作雒》曰：“乃作大邑成周于土中，……南系于洛水，北因于郏山，以为天下之大凑。”[②] 这就是所谓的“八方之广，周洛为中，谓之洛邑”[③]。这种天下求中的选址观念在后世也被沿袭，秦统一六国后，其都城位置一路由西向东迁移，为的就是取靠中的政治与军事中心。这种地理空间上的取中思路，随着政权交替和生产力条件的变化，之后慢慢演化为一种交通上的“天下之中”，即选取交通交汇的那个中心点，以获

① （唐）孔颖达等撰：《尚书正义》，《十三经注疏》，中华书局影印本 1990 年版。
② 姚蓉：《〈逸周书〉文系年注析》，广西师范大学出版社 2015 年版，第 118 页。
③ （商）黄奭：《孝经纬》，上海古籍出版社 1993 年版，第 22 页。

得“四方来贡”的最佳路线方案，譬如北宋的开封府即处于“四达之会”，石敬瑭认为此处是“水陆要冲，山河形胜，乃万庾千箱之地，是四通八达之郊”①，之后明清的北京城也是如此。

这种“天下之中”的观念不仅停留在城市的选址上，同样深刻影响了城市的布局结构，即“择天下之中而立国，择国之中而立宫，择宫之中而立庙”②。《周礼·考工记》是后世营造城市的理想标准，有着浓厚的礼制伦理色彩，是这套“尚中正行”的礼制观念在城市营建文化领域的延伸。一是“尚中”反映出中心与地方的等级关系，《周礼·考工记》就是强调从中心点向周围依次发散、差额递减的营城等级原则，比如将城郭的营建范式设定为三级，第一级是王城，即国都；第二级是诸侯国的都城；第三级是宗室或者卿大夫的采邑。其中又对国都的营造范式描述最为详尽，第二级和第三级的营建内容是在国都的标准上做减法。二是“尚中”的哲学观造就了城市布局建造中的对称审美倾向，即中轴线原则。“匠人营国，方九里，旁三门。国中九经九纬，经涂九轨。左祖右社，面朝后市。市朝一夫。……内有九室，九嫔居之。外有九室，九卿朝焉。……经涂九轨，环涂七轨，野涂五轨。”③这套中国古代都城的规制，其要点，一是以宫城作为整个城市的中心点；二是以宫城为中心，前为处理国家事务的行政机构，后为普通百姓居住生活的区域；三是以宫城为中心，左边是宗庙，右边为社稷。这套以宫城为中心左右、上下对称布局的思路，从周公兴建洛邑开始，一直沿用至明清时期京城的规建中，几乎未有大的变动，唐代的长安、明清的北京城均是如此。

（二）道家的山水观念

对于中国古代城市文化产生重大影响的除了占据官方主流地位的儒家意识形态价值观，道家哲学在数千年的古代城市文化史中也或隐或现地影响着城市物理空间的风貌。如果说儒家文化反射在城市营造中的是严谨中正的礼制特色，那么道家文化讲求的更多是顺天应人的自然和谐观念。道家认为：“人法地，地法天，天法道，道法自然。”归根结底是以自然规律作为人类社会的模仿对象和价值标准，所谓“天人合一”，

---

① （宋）薛居正：《旧五代史·晋书·高祖纪三》，武英殿本。
② （秦）吕不韦辑：《吕氏春秋》卷十七，《丛书集成初编》，中华书局 1991 年版，第 485 页。
③ （汉）郑玄注：《周礼注疏》，《十三经注疏》，中华书局影印本 1990 年版。

是指天的意志是经由天象来表达的，通过人事来迎合天象，从而感应天意，也是农业社会靠天吃饭的宇宙观的一种延续与发散，这种思想在古代城市营建中被发挥得淋漓尽致，它借助的表现手段主要有两种，一是借助于天象星宿；二是借助于易学，将天、地、人三者的感应对照关系引入城市物质空间的规划布局之中，也就是追求“在天成象，在地成形”。

比如，“在天成象，在地成形”的思想中强调天空中的星宿与人类社会各种活动之间的严格对应关系。《后汉书》刘昭注中引张衡《灵宪》云：

> 紫宫为皇极之居，太微为五帝之廷，明堂之房，大角有席，天市有座。苍龙连蜷于左，白虎猛据于右，朱雀奋翼于前，灵龟圈首于后，黄神轩辕于中。①

这是极具代表性的以星象对应城市布局的理论记述。首先，以紫微星作为皇居，是因为古代天相学认为北极星在紫薇宫中，乃天之枢纽，“居其所而众星拱之”，用来对应天子，唐代长安城、北宋开封府、元大都和明清的北京城，均将宫城建于都城北部正中，紫禁城之名就来自紫微星。其次，太微指太微垣，是三垣的上垣，位于紫微垣下，因此象征拱卫皇极的百官衙署，布局于皇城外围。再次，古代文化中把二十八星宿划分为东南西北四大象限，称为“四象”，《三辅图》云：“苍龙、白虎、朱雀、玄武，天之四灵，以正四方，王者制宫阙殿阁皆取法焉。”皇城的四方城门往往也用“四灵”命名，比如“玄武门之变”就发生在长安太极宫的北宫门。

除了天象和城市布局的对应关系之外，易学中的阴阳五行之说与形数之学也大量被运用在中国古代城市营建之中。隋唐时期的长安城，在太极殿两侧设置两仪殿，就来自于《周易》提出的“太极生两仪，两仪生四象，四象生八卦”。再以明清时期的北京城为例，在南、北、东、西四个方向分别设置天、地、日、月四坛，加上中心的社稷坛，一共五坛，对应金木水火土五行之说。同时天坛的设计利用九和九的倍数，这在易学中被称为阳数，而地坛则使用偶数，被称为阴数，达到象征阴阳相生、生生不

---

① （刘宋）范晔著：《后汉书》，武英殿本。

息的目的。卦数之律在城市建造过程也使用颇多，无论是在宏观布局，还是具体建筑物中，都有大量的应用实例，如元大都有五十坊，因为五十在易学是“大衍之数”，类似的例子不胜枚举。

这套重在“顺天应人”的城市营建的理论与实践中，发展出一套独特的风水学文化，为后世所重，《大清会典》中记载：“凡相度风水，遇大工营建，钦天监委官，相阴阳，定方向，诹吉兴工，典至重也。”①

二、城市园林建筑中的文化传承

在城市宏观布局和营建之外，城市的单体建筑中也同样继承和发扬着古代城市文化的精神。隋唐之后，园林作为一种特有的城市建筑开始出现，随着大中型城市在唐宋之后的不断涌现，城市的人口聚集和经济贸易的繁盛带来城市文化的勃兴，城市文化的勃兴在物质空间里最显著的体现之一就是园林。

（一）中国古典园林体现出的山水美学

园林虽然是人工气息很重的城市建筑，但如《园冶》所推崇的造园手法云：“虽由人作，宛自天工，妙在因借，精在体宜。”② 中国古代园林建筑在中古以后层出不穷，各有特色，但究其风格共性，仍在于遵循自然，追求的是山水搭配平衡得当、景致多变层次丰富的建筑风格，这两点不仅是中国园林艺术的重要特征，更是文人士大夫追求的山川之美在园林艺术中的综合体现，这种独特的建筑风格正是出自中国古人对于天地自然崇拜，进而将山水观念融入造园思想之中。

1. 山水的动态平衡

中国古典园林中的山水搭配体现了传统文化中一直追寻的平衡感，即中庸之道，中国古代的山水文化强调“山清水秀”，山水之间的平衡与协调是不可或缺的，如何合理利用、设计山石与水体，是古典造园艺术中的重头戏，《园冶》一书记载了掇山和理水的经验技巧时，十分注意二者的搭配与协调。譬如叠山砌洞时可以在洞中添加流水，使得视觉上虽然是山体，但是听觉上有流水声进行立体化补充，又或是在山体、山沟

① （清）允祹：《大清会典》，四库全书本。
② （明）计成：《园冶》卷一，民国刻喜咏轩丛书本。

之间引入水体，形成瀑布或者溪涧。理水时也是同样，比如将水源掩藏在山石之间，给人无源的绵长之感，或者在开阔的水面上制造山景，等等，这些手法都是为了营造出自然、宜人的景致。

2. 景致多变

古典园林追求在有限的空间内尽可能展现不同的景观，在中国传统的山水文化中，山水变幻莫测、变化无穷，而天人合一的思想让人们把山水看作一种内在的生命，有时如河流山涧一样缓缓流动，有时又像瀑布翻滚冲击，景色十分多变。古典园林在设计中，也尽可能在有限的空间内展现多变的美，从而使人们感受到山水变化之美的内涵和外延，所谓移步换景就是古典园林建筑中展现这种美学的表达手段，可以通过多种方式实现，如景色、色彩、材料、构造，等等，设计者通过科学和独创性的方法，在限定范围内构建形式多样的景观，实现了在一定程度上对自然景观的模仿和演绎，例如利用山石将水体制造出丰富多彩的水景形态，体现了设计者对山水观念中“变化”之美的理解。

以人工追慕自然是中国古典园林建筑的审美核心，究其根本，儒家哲学中非常重要的“大隐隐于市”的隐逸文化传统，鼓励儒士在城市中寻找山林之乐，孔子提出的“智者乐水、仁者乐山”被运用到儒士离开乡土后的城市生活之中，通过园林这一狭小的空间被充分传达出来。

（二）中国古典园林与城市文化生产

园林造景中强调的是人与自然的和谐共生，而园林作为城市的物质空间，其作用又在于容纳城市居民的人文情感与审美体验，私人园林的主人或者设计者多为士大夫阶级，精通文墨艺术，因此士大夫文人的哲学思想和审美意趣往往通过园林建筑被传达出来。同时，园林为士大夫阶层的聚会提供了合适的场所，在以园林建筑为中心，城市的士人社交与文化互动彼此激发，为社会文化带来了与乡村完全不同的发展动力与逻辑。

1. 精英阶层的文化指引

从南北朝开始，士人阶层就通过布置营造有限的狭小空间来展现独有的审美意趣，以达到“芥子纳须弥”的境界，园林建筑艺术兴起之后，园不在大而在精，这个“精”既是指园林建筑本身的玲珑精巧，也指造园者在打造这件艺术品时的精细周密，士大夫在布局、景观、建筑、装饰等方面皆细细打磨推敲，展现自己的高雅审美，并将这种美融入城市的整体文化体系之中，又超然于城市的日常氛围之上，成为城市文化的引领者。

由于儒家价值体系的“市隐”文化传统经久不衰，士大夫通常在造园时也倡导野趣，即一种与“在朝”正好相反的、“在野”的生活方式，他们会通过园林的布局和景观，力求形成自然、恬淡、清幽的山水风貌，即前文说的，对于“山林之乐”的心慕手追。但是，对于自然的仿造并不代表把自然原原本本纳入园林建筑中，更不是纯粹的随性而为，园林建筑的审美是“写意”而非“写实”，山水、亭台、题额都是为“写意”服务的。士大夫阶层是一个以才学和声名为立身之本的阶层，因此突出自身的学识和个性就尤其重要，古典园林的题名、书法、诗词、牌匾、石刻等装饰，皆有托意，寄托个性化的情感和审美体验，“以无形之诗情画意，构有形之水石亭台”①，使得园林不同于天然山水，呈现出更为雅致细腻的文人色彩。

这种做法一方面是抒发自己的价值观和人生兴味，更重要的是凸显自身的不凡品位和满腹才华，这使得学问成了“山林之思”的寄寓载体，通过园林展现自己优雅精致且艺术化的生活环境与生活状态，进一步打造一个精神世界自给自足的“市隐者”形象，使得整个城市文化的氛围在这种双向叠加的作用中，有了更多元化发展的空间。

2. 私人园林与社交文化

园林文化中所展现的士大夫高雅生活，要如何不深藏在园林内部，而成为整个城市文化的风向标呢？这就是私人园林与城市文化的另一层重要联系，也就是私人园林中的社交活动。士大夫在私人园林中传达的是一种归隐闲居、吟诗作画的诗意生活，但如果仅仅在园林内部，那就无从传达了。

古代园林是各种社交活动的重要场所，包括论学茶话、饮酒赋诗、观花赏景等，园林为文人提供了借社交活动以自显的场所，这种活动本来就有营造声名之意，园林通过自身魅力成为吸引名流来会的舞台。比较著名的例子有明代苏州的拙政园与沧浪亭，文徵明、徐祯卿、王宠等人均多次参加拙政园雅集，徐祯卿有诗描述雅集的盛况：

---

① 陈从周：《说园》典藏版，同济大学出版社 2017 年版，第 134 页。

“鸣琴坐高馆，扶景临华池。迎舆侍潘令，进酒舞莱儿。”①钱谦益的《金陵社集诸诗人》就简单记述了南京城内文艺结社与城内社交活动的关系，明清之后江南地区的城市文化发展与文人社群的关系尤其紧密且复杂，一方面文人雅集拉高了私人园林的作为城市地标的特殊地位，园林在成为特殊的艺术场域后，本身也成为文化生产的描摹对象，文徵明曾多次为拙政园作画，歌咏拙政园景色的诗赋也多见于参加雅集的文人文集中，这些文学艺术的副产品反过来将园林所彰显的审美意趣传播到城市及城市之外的地方，成为城市风尚的一种代表。另一方面，城市的文化氛围又反射在以园林为中心的社交场之中，城市的繁荣兴盛与城市内文人社群的发展变化彼此呼应，借由私人园林这种特殊的文化场域，推动城市文化形态走向多样化，最终反哺城市，使其成为更有影响力的区域文化中心。

三、传统营造观念对于城市建设的当代意义

中国古代城市物质空间的营造观念来自儒家礼制传统与山水哲学，这两大意识形态上的要素几千年来互相作用，共同影响着城市营建与城市内建筑的风貌，而城市物质产物反过来又对城市的精神文明发展提供了新的可能性，相辅相成共同构建完整的城市文化体系。对于当下而言，需要在这两者的影响下重新审视当下城市文化建设的方向和手段。

一方面，儒家礼制传统注重人与人之间的规范关系，追求的是“和谐共处”的状态，要求建筑与环境之间、建筑与人之间、人与人之间要形成协调有序的关系。如《周礼·载师》“任土之法”所云：“以廛里任国中之地，以场圃任园地，以宅田、士田、贾田任近郊之地，以官田、牛田、赏田、牧田任远郊之地。”②意思是说城中为生活办公区，城市近郊场圃可用作农田、果园，城外远郊可进行畜牧业，等等，虽然这是古代礼制构想中的城市功能区划，但与现代城市结构的基础模式是相似的，对于城市规划、公共空间、建筑风格等方面具有重要的指导意义，可以使城市营建更加注重协调与和

① （明）徐祯卿：《王敬止御史始窜海南继移永嘉令自燕中迎养》，见（明）曹学佺编：《石仓历代诗选》，四库全书本。
② （汉）郑玄注：《周礼注疏》，《十三经注疏》，中华书局影印本1990年版。

谐，即保证人与资源、与空间的平衡有序。另外，儒家礼学体系中强调建筑的教化功能，如宋代常见的亭建筑兴修，就是百姓观政的文化媒介，同时“善政”的文化传播手段，更是日常民生优化的文化载体[①]，城市文化建设要关注人文因素，注重道德、伦理和社会公共价值，发扬传统文化的精髓，使建筑不仅是一个经济场所，也是一个文化育人的重要场所，建设一些充满教育意义的公共文化空间，如博物馆、图书馆、文化中心等，打造文化交流的场所，促进城市文化的传承与发展。

而山水哲学强调天人合一、自然美学，在古代城市营建中，反映为注重环境与建筑之间的和谐，要求城市营建体现自然和人文相融合的意境，追求“贵在自然”的理念，这一哲学可以使城市的营建更加注重生态和环保，注重建筑与自然、与环境的和谐，对于营造“山水城市”有着借鉴意义，陈从周在《说园》中说：“城市必须造园，此有关人民生活。”所指的就是通过人力，将自然之美引入城市日常生活中，将园林设计中整合山川之美与人文气息的思路，运用到城市宏观到微观的构建之中，通过重新整合中国传统文化中尊重自然、追求和谐的文化内涵和审美理念，运用传统造园手法对城市进行设计和布局，可以指导中国城市环境的建设，展现出民族内在的精神体系和领土之上外在的文化特色，从而重新树立国家形象。但需要注意的是，将山水观念引入城市生活不应简单地理解为大兴土木生产大量人造景观，山水城市既是生态城市，也是人文城市，应该有中国独特的传统文化风格与底蕴。

这两大意识形态上的要素对于当代城市文化建设仍然具有重要启示：传承儒家礼制传统可以使城市文明和谐发展，建设相应的城市公共空间可以使不同社会群体融合，传播健康的文化信息；而借鉴山水哲学则可以让城市更多地关注生态与环保，更好地与自然环境相融合。因此，当下城市文化建设需要把握传统文化的精髓，充分发挥先人的经验，将其运用于现代城市营建之中，注重城市规划、公共空间营建、建筑风格和艺术品位等方面的论证，打造更加宜居、宜业、宜游、宜学的城市生活环境。同时，还需要通过创新的设计理念和现代科技手段，将传统文化转化为现代城市文化的动力

---

① 陈春娇：《基于亭记文本分析的宋代亭建筑文化研究》，华南理工大学2020年博士学位论文。

和资源，促进城市文化与城市物质空间发展的双向互动，打造具有国际影响力的城市文化品牌。

第三节　古典文艺脉络中的城市文化

中国古典文学艺术是传统城市文化的重要文献资料库，当中记录了城市的兴衰变迁，为历朝历代都留下了一批城市的典型风貌，不仅描绘了城市生活里的繁华和人情，更包含了城市生活中的种种缩影和社会现实，成为当代了解古代城市发展和文化成就的重要文献源泉，其中包含的内容过于庞大，在这里只能从与城市文化最有关系的数个层面进行简单笼统的归纳。

一、记录古代城市风貌和兴衰史

古典文学艺术中所记录的不乏对于古代城市物质空间的记载，城墙、宫殿、园林、亭台楼阁等建筑主要分为两类，一类是公共建筑或者说官方建筑，另一类是私人建筑或者说地方建筑。

在对这些城市物质风貌的描述中，透露最多的是城市繁荣、歌舞升平的太平气象，这种对于繁荣景象的赞颂最早是从宫廷空间开始，汉赋中就有一类专门歌颂宫廷与皇家园林的，例如司马相如的《天子游猎赋》，扬雄的《甘泉赋》《上林赋》，等等，到东汉末年出现了专门以都城为主题的大赋，如班固的《两都赋》，张衡的《两京赋》，左思的《三都赋》，“以极众人之所眩曜”①，这时的汉赋不仅铺叙城市布局和宫室的豪华，也描绘商贾游侠、百戏杂技等民情风俗，将目光从宫廷空间扩大到整个城市。唐宋以后城市商贸更为昌盛，从这一时期开始，文学艺术作品中极善于描绘大型城市的热闹气氛，卢照邻的《长安古意》开篇就写“玉辇纵横过主第，金鞭络绎向侯家”，如果说卢照邻写的还是王公贵族的豪奢，那柳永《望海潮》中的“东南形胜，三吴都会，钱塘自古繁华”时则着眼于民间，“市列珠玑，户盈罗绮，竞豪奢”写市场的富足，“嬉嬉钓叟莲娃”透露出百姓生活的安定与幸福感。张择端的《清明上河图》也同样，是

① （汉）班固：《两都赋序》，清四库全书本。

一幅展现北宋东京各个阶层居民生活的全景图，尤其是对于城市街市中商贸活动的描绘十分细致。明清的戏曲小说则更重在展现市井民间物质空间的“俗”，无论是情节内容还是故事背景，大多以世情生活为主。

值得一提的是，古典文学艺术不仅描绘了繁华富丽的升平时代，也同样记录城市衰败的时刻，城市的兴衰历程可以借由不同时代的文人画工的书写描绘被串起来，以扬州为例，在南宋时期它成为北部边境上的城市，饱受战乱之苦，姜夔写于淳熙三年（1176年）的《扬州慢》中这样描述被战争洗劫一空的扬州城：“自胡马窥江去后，废池乔木，犹厌言兵。”之后清代前期康乾两帝多次巡幸江南，扬州竞筑园林，又兴修驿站和水道，使得扬州城一时风光无两。而清代后期扬州城随着漕运逐渐被海运取代，也日呈衰败之态，曾作为帝王行宫的平山堂，“今隔三十余年，几成瓦砾场，非复旧时光景矣”①。这些记录为区域城市文化史的梳理和考察提供了历史文献，是我们了解城市变迁的重要途径。

二、记录古代城市生活的多样性和丰富性

城市的生活方式与风俗习惯是城市文化的重要组成部分，古代城市中的市井生活，例如酒楼、旅店、茶馆等，不仅是城市里人休憩、解闷、寻欢的场所，同时也反映了社会百态和各种现象。而到了年时岁令，城市又会有自己独特的游艺庆祝活动，例如灯会、龙舟、花市、庙会等，这些活动往往会集中在某一坊，或者某一座公共地标建筑，比如寺庙或道观。此外，不同阶层的城市居民在生活方式上又各有不同，文人雅士有自己的求古或者求雅的审美需求，而豪门富贾的生活细节则更为豪奢，普通百姓在冠礼嫁娶等特殊场合也有自己的仪式和庆祝活动。林林总总这些，构成古代城市文化生活的方方面面，是一个庞杂的文化体系，虽然没有一部百科全书式的城市文化历史文献，但是这些城市生活的细节被保留在中国传统文化中最引以为豪的文学艺术作品中，其中最富文献价值的是古代笔记和传统绘画。

笔记文体是记录中国古代城市文化的重要文学样式，古典诗词更重于抒情，以城

① （清）钱泳：《履园丛话》卷二十，清道光十八年述德堂刻本。

市的日常生活氛围作为抒情的背景，透露出个人对于时代的感慨，而笔记则更为具体，相较于诗词这种更强调文学意境和个人感悟的文学形式，笔记更加注重客观性和实用性。其中城市笔记这一类文体更是有着源远流长的历史，从早期的《西京杂记》《洛阳伽蓝记》开始，就有从各个方面记录城市生活的笔记文学传统。这类笔记记录的内容十分广泛，一是记录城市景观面貌，例如《洛阳伽蓝记》以寺庙为核心，对于周边的行政机构和百姓居住区都一一记载；二是记录城市的历史，尤其是对于城市的兴建史通常都有详细的记录，如《大兴杂记》中对于营建东都洛阳的起因、过程有长达四千余字的记述；三是记录城市特有的某种文化氛围，如《洛阳伽蓝记》是以佛教文化氛围为中心的，而《教坊记》《乐工杂录》等唐代笔记，是以长安城特有的乐工文化为中心撰写的，《洛阳牡丹记》是围绕洛阳独有的牡丹赏玩风气写成的；四是记录城市的节令习俗，几乎大部分以城市生活为主题的笔记都会涉及，早在《西京杂记》就有对七夕、年节等节庆日的记述；五是记录城市的商贸活动，以《东京梦华录》为代表，不仅记录各行各业有代表性的店铺，也记录各行当中的佼佼者；六是记录城市的游艺或娱乐活动，尤以南宋和明代的笔记中最胜，如明代高濂的《四时幽赏录》就记录不同时节的杭州美景和游玩方式；七是记录城市的民间礼仪文化，婚丧嫁娶、冠礼祭祀等民间日常礼仪活动中的讲究和行制。总的来说，笔记作为一种纪实性的文学形式，能够深入城市文化的方方面面，详实地记录下当时的社会风情、民俗文化、生产生活等多方面的信息。

传统绘画也同样以客观性见长，成了古代城市文化传承的最佳载体之一，画面比文字保留了更多城市生活的细节，使得传统城市文化显得更加立体有形，画面中对于城市市井空间和公共游乐空间的描绘十分多样且细致。如张择端的《清明上河图》就是以鸿篇巨制描摹了汴京城市南北两岸的街道、河道、桥梁、市场、车辆、商贩、行人等各种生活场景，成为一幅栩栩如生的城市画卷；明代仇英也曾绘制以苏州城市生活为蓝本的《清明上河图》，其中描绘阊门一代的商铺银楼和乐工商贩极为详细；《南都繁会图卷》同样是城市场景与生活的写实类绘画作品，不仅有如踩高跷、焰火、舞龙戏狮等演艺活动，也包含了市井空间中的建筑要素，如牌楼、灯笼店、画舫等。这些绘画作品不仅生动地反映了古代城市的生活场景和市民的生活状态，还直观展示出当时的社会文化、传统素养和审美趣味，具有重要的历史、文化和艺术价值。

通过古代建筑、社会结构、风俗习惯和市井生活等不同方面的表现，呈现出中国古典城市文化的多样性和丰富性。这为我们研究古代城市文化提供了重要的历史资料和参考线索，帮助我们更加全面、深入地了解古代城市文化的面貌和特色。

三、当代城市家园文化的构建

中国当代的城市文化并非无根之木、无源之水，而是从传统城市文化的历史变迁中继承而来。传统文学和艺术作品是记录城市变迁的重要途径，古代城市文化的兴衰变迁、丰富多样通过文献的形式留存下来，成为我们了解城市发展历程的资料库，为当代城市的规划和建设提供参考和指导，发古通今，鉴往知来，对于当下把握城市文化传承、追寻传统文明发展的脉络都具有重要意义。

（一）推动城市文脉空间的建设

城市的文脉是一座城市的文化基础，同时也是城市软实力的底色，通过打造城市文脉空间，首先，可以活化城市文化资源，保护和传承城市的独特文化氛围，从而增强城市的历史文化底蕴，提高城市的整体品位和文化形象。其次，重视城市文脉空间的建设，不仅有利于城市历史文化保护和传承，还有利于推动旅游产业和文化创意产业的发展，为城市经济增加附加值。再次，不同城市有不同的文脉，这是一座城市的身份标识，而城市文脉空间的建设是一种城市身份认同的体现，通过建设文脉空间，可以增强城市居民的文化认同感，增强城市凝聚力的亲和力，提高居民的生活品质。

城市的物质空间会随着时间消亡或者发生天翻地覆的变化，城墙和宫殿会湮灭，园林会荒废，但一座城市的气质有着极强的延续性和独特性，会隐藏在城市文脉空间结构中生生不息。

对于城市文脉空间的建设首先应以保护旧有空间为主，充分运用既有的文化要素。看得见的包括城市旧有的区域布局、街道规划、地标建筑等，这些物质空间可以参考历史文献根据实际情况进行保护性修缮或者是专项修复，保留这些空间本身的历史感、文化感。看不见的文脉要素有民俗礼节、宗教信仰、生活习惯、休闲活动等，这些构成了某座城市独有的文化模式，与物质空间结合就是在特定的场所进行特定的文化行为，这些都应该妥善保护，成为城市文脉空间建设的源头。

其次，传统文脉中的很多要素会被时代所淘汰，在保护的同时也要进行筛选和重组，一方面是“取其精华去其糟粕”，城市的文脉空间应该与当下同步，成为城市精神联结的重要纽带，如果传统文化的某一要素无法在当下获得共鸣，也无法成为城市居民的共识，那它就无法在未来延续这座城市在文化上的独特性；另一方面，应当赋予旧文脉以新意义，新意义将承载旧有的文化特色和新的时代内涵，更好地激活城市文脉空间。

（二）探索城市文化生产的新机遇

城市虽然是一个物质构建的空间，但城市的发展始终与时下的文化生产同步，不同时代、不同发展阶段的城市会生产出不同的文化形态，例如“一代有一代之文学”的宋词，它的出现就建立在北宋城市物质财富极度充足富有的高光时刻，豪奢富贵的城市生活氛围催生了娱乐业的兴盛，加上坊市制度在宋代的瓦解，城市物质条件的变化最终带了全新的文学体裁，诗词得以并列为中国古典文学中的两大抒情文体，城市的存在是功不可没的。此外，城市与乡村不同，其核心产业是服务业和手工业，这就产生了以消费为主要导向的文化生产模式，以南宋的书坊业为例，人口的聚集带来了临安书坊的生意兴隆，市民文化消费群体的激增和印刷术的发展又使得坊刻业在竞争中不断壮大，最终带来了一种新的文学生产方式和新的文学生产群体，也就是江湖诗人，其作品诙谐幽默，通俗日常，深受市民阶层喜爱，明代通俗小说的出现也是如此。可见城市不仅仅是被记录的对象，也反过来从源头上影响文化生产的模式和形态。

在当代城市建设中发挥城市对于文化生产的推动力，可以从以下几个方面入手：一是培养文化创意人才，提供有利于文化创意产业发展的教育资源和创新环境，同时加强文化产品研发及推广，打造具有城市文化风格和特色的文化产品和文化品牌；二是做好文化设施建设，提供更加丰富、多样化、专业化的文化活动设施或场所；三是打造跨行业跨地域的文化交流平台，开展各类文化交流和活动，提供展示、沟通、合作的平台，促进不同地区、不同文化之间的互动和交流；四是扶持文化企业发展，通过资源引导、金融支持及减税政策等方式，培育和扶持文化产业发展，提供更好的发展环境和条件。

此外，虽然我们强调从历史文献中汲取传统文化的精华，随着社会的进步和科学技术的发展，城市的面貌也在不断地发生着变化，新的物质空间和意识形态都在逐渐改变着城市的面貌和生活方式，这些变化也应当被记录在照片、视频和各种文献中，成为未来我们了解这座城市在此刻的历史的重要资料，这既是对城市文化生产传统的继承，也是城市文化的一种可持续生产。

（三）延续构建理想都市的民族精神

在中国传统文学作品或者是经典著作中，都不乏对于“理想都市”的一种构想，多见于都市规划、建筑设计、社会结构组织与管理、风俗教化等方面的描述，最有代表性的是《周礼·考工记》，它的营城，或者说营国策略并不仅针对都城，也是当时需要分封建邑的现实需求下产生的城市规划原则，在这种原则中透露出的是理想主义和现实主义在城市这一历史产物上的平衡与融合，这又是另一种传统儒家中庸之道的体现。“城市规划设计领域本身基于现实强烈的需要，以及创造美好世界的可能，社会理想和价值观对规划理论都产生深远的影响。”① 这种对于理想城市的规划在后世的文艺作品中则被演绎得更加丰富具体，士大夫在城市追求“大隐隐于市”的山林之乐，普通百姓在城市追求生活富足的世俗之乐，不同的人对于城市有着不同的期待，而历史文献则保留了数千年来中国人对于城市的期许，这对于当下城市家园文化的构建是有启发意义的。

理想都市的打造需要从人际交往、文化交流、环境、社会秩序和迎合大众需要等方面综合考虑，首先，以文化建设社区，在城市中建立以人为本、彼此关照的社区，提供相互帮助的平台，培养社区意识和共识，让居民间的互动更加融洽，同时配套符合社区需求的公共设施，提供高质量的文化、教育、健康和其他社区服务，分享公共资源，进而构建一个共享型、开放型的社区。其次，推广一种普遍价值观来连接城市中的不同人群，建立一个真正意义上的城市家园，促进彼此之间的理解和关系，在此基础上进一步借助艺术、娱乐、饮食、服装、音乐等领域来推动本地文化的表达，促进维护本地文化的多样性，增强居民对城市认同感。再次，通过多元化的文化交流和

① 武廷海、戴吾三：《“匠人营国”的基本精神与形成背景初探》，《城市规划》2005年第29卷第2期。

文化教育，提高居民的文化素质，增加对不同文化的认识和尊重，让城市成为一个文化融汇的家园。

“在传统中国的文化中，环境并非独立于人的命运之外，而是时刻与人的命运、吉凶紧密相关的。”中国传统文化是充满人文关怀的文化，对于古代城市文化的梳理、继承和发扬，目的都是将构建理想都市的民族精神作为指引，最终形成一个和谐、稳定、繁荣、人性化的城市。

第四章　城市历史文化遗产保护的中国方案

中国是历史悠久的文明古国。在漫长的岁月中，中华民族创造了丰富多彩、弥足珍贵的文化遗产。加强文化遗产保护，继承并弘扬好中华民族优秀传统文化，推动社会主义先进文化建设，对于进一步推进文化自信自强、铸就社会主义文化新辉煌和繁荣发展文化事业、文化产业具有重要意义。

面对百年未有之大变局，中国文化遗产保护和传承事关社会主义文化强国建设和中华民族伟大复兴。党的十八大以来，习近平总书记对文化遗产保护高度重视，多次前往山西、陕西等文化遗产积淀丰厚的省份考察，并就文化遗产保护作出重要指示批示。党的十九大将“加强文物保护利用和文化遗产保护传承”作为坚定文化自信的一个部分写进报告中，党的十九届六中全会进一步明确要“加大文化遗产保护力度”。党的二十大报告指出，要加大文物和文化遗产保护力度，加强城乡建设中历史文化保护传承，建好用好国家文化公园。

在这个意义上，加强文化遗产保护，关乎优秀传统文化传承发展，关乎中华民族文化自信自强建设，也关乎在城市建设层面推进一种全体人民共同富裕、物质和精神文明相协调、人与自然和谐共生的现代化。

城市文化遗产是文化遗产的重要组成部分。城市化和新型城镇化是当代中国社会发展总体性的发展态势，城市文化的健康发展，以及城市对于文化遗产的保护成效，直接影响着中国特色社会主义文化的未来走向。习近平总书记强调：“一个城市的历史遗迹、文化古迹、人文底蕴，是城市生命的一部分”，“要本着对历史负责、对人民负责的精神，传承历史文脉，处理好城市改造开发和历史文化遗产保护利用的关系，切实做到在保护中发展、在发展中保护”。相对于乡村文化遗产来说，城市文化遗产遭遇到了更多来自城镇化、工业化和商业化等因素的威胁，尤其是在城市更新的过程中，城市文化遗产不仅更显脆弱，且经常面临悄无声息地消失和被遗忘的命运。因此，如何在不影响城市发展的同时，保护和传承好城市文化遗产，就成为当代中国文化遗产保护事业的一个难题。

一直以来，城市文化遗产的保护在世界范围内都备受重视，在世界各国各地以不同名目和不同方法展开。然而，由于各个国家和地区的具体国情和自然、社会、文化背景的不同，各个城市基于不同的文化遗产留存状况和保护理念，形成了多种文化遗产保护的法律法规及保护措施，但是目前关于这一问题，还没有一个成熟且具有普适性的城市遗产保护方案体系。过去几十年间，中国许多城市根据自身文化遗产现状，因地制宜地开展了许多城市文化遗产保护工作。这些城市文化遗产保护的理念、政策、方案等，既是中国当代城市发展的重要成果，也是参与构建走中国式现代化道路的城市发展理论的重要实践基础。

有鉴于此，中国逐渐在城市文化遗产保护领域，根据中国城市自身的发展独特性，探索实践出一系列适用于中国式现代化发展的城市文化遗产保护方案和案例；不再以国外城市发展道路和城市发展理念来指导中国城市的建设，而是在城市文化遗产的保护的实际进程中，逐步探索实践出中国自己的城市发展道路。进而在实践基础上，凝结成具有辐射力和影响力的城市文化遗产理论，构建出一套具有中国特色的城市学术体系和话语体系。

第一节　城市文化遗产保护的基本理念与政策导向

一、城市历史文化遗产保护理念述论

世界范围内的城市文化遗产保护，最早可以追溯到发达国家在19世纪的文物建筑保护，经历了20世纪60年代之后严格的保护区制度之后，直到今天，整个世界范围内的城市和城市群，也不断在根据城市发展阶段的变化，综合自身历史特点，寻觅出适应、协调保护与发展关系的保护理念和方法，从而迎来了所谓“城市遗产保护”的时代。城市遗产概念经历了保护对象和尺度的扩张，从最初单体建筑遗产，到后来包括主体建筑周边历史文化环境在内，到最近形成的容纳进具有特征的城市肌理与空间的保护范围观念。

2011年，联合国教科文组织发布《关于历史性城镇景观的建议书》提出了“历史性城镇景观”的理念，之后在2016年又发布了《历史性城镇景观方法实施指南》，提出一系列基于历史城镇本土语境的保护措施和方法。与过去基于物质城市景观保护的理念不同，眼下更关注与城市人口日常生活息息相关的部分，强调对城市的自然和文化资源作全面调查和评价，认为城市遗产保护应作为存量规划前提下城市更新的基础。①

我国是历史文化遗产大国，因而有关城市文化遗产保护的理念的起步很早。早在二三十年代，梁思成等人已经关注到城市建筑和文化遗产的保护问题。然而将对于城市文化遗产的关注和重视提高到理念层面进行论述，则主要集中于20世纪80年代以后。在此之后，学术和理论层面围绕城市文化遗产相关问题的探索，一直同政策和实践层面对城市文化遗产保护的推动，形成了应和共鸣之势。

20世纪80年代，伴随着《关于保护我国历史文化名城的请示》②的提出，进而结合在《中华人民共和国文物保护法》（1982年）中有关“历史文化名城”的相关论述，这一阶段尤其关注的保护对象集中在“保存文物特别丰富、具有重大历史价值和革命意义的城市”，注意到“随着经济建设的发展，城市规模一再扩大，在城市规划和建设过程中又不注意保护历史文化古迹”所致使的文化遗产遭到破坏的问题。由此将城市的历史文化遗产保护从传统的文物保护理念中剥离出来，形成了以“历史文化名城”为代表的从整体城市层面落实文化遗产保护的惯例，确立了“既要考虑如何有利于逐步实现城市的现代化，又必须充分考虑如何保存和发扬其固有的历史文化特点”的发展与保护并重的保护理念。

关于城市文化遗产保护的理论建构则在2000年以后得到了迅猛推进，为形成和发展出一套代表中国式现代化发展方向的城市文化遗产理念，提供了丰沛的研究成果。这一时期，不仅持续并强化对城市物质文化遗产的保护，也开始覆盖到非物质文化遗产保护的问题；不仅突出从多个视角对城市文化遗产保护做整体的宏观层面论述，同

---

① 邵甬：《从“历史风貌保护”到“城市遗产保护”——论上海历史文化名城保护》，《上海城市规划》2016年第130卷第5期。

② 国家基本建设委员会、国家文物事业管理局、国家城市建设总局提交，1982年2月8日国务院批转。

时也涌现了一大批立足国内各个城市的城市文化遗产保护的基础、现状所作出的大量个案研究。

单霁翔先生自2005年起连续多年发表关于城市文化遗产保护的文章，其中《城市文化遗产保护与文化城市建设》和《大型线性文化遗产保护初论：突破与压力》两篇文章，为城市文化遗产保护和城市文化建设作出了理论性规划；阮仪三、王林的《文化遗产保护的原真性原则》一文则为文化遗产保护界定了原则性问题；以吴晓隽的《文化遗产旅游的真实性困境研究》为代表的诸多文章则为文化遗产保护指出了研究困境；包括陈述彭、黄翀的《文化遗产保护与开发的思考》在内的许多研究则基于不同视角提出了可供思考的方向；吴美萍的《文化遗产的价值评估研究》则提出要为文化遗产评估建立评价的标准体系。这一时期开始文化遗产保护的研究论述逐渐细化，从不同侧面奠定了一系列关于城市文化遗产保护的原则和方法，试图从理论层面指导城市文化遗产保护事业步入常态、健康和稳定的轨道。

对国内城市文化遗产保护个案分析的研究，则覆盖了全国不同地区的城市，也关注了城乡发展格局、城市自然风貌等问题。其中备受瞩目的，主要是文化遗产留存较为丰富的区域，在这些研究中，也恰如其分地反映了不同地区文化遗产的特色。例如对大运河流域城市文化遗产的保护，通常与运河文化宏观的发展布局相关联；珠三角区域的文化保护研究又通常与华南宗族村镇文化的地方特色有关；对拥有旧城、城厢遗存的城市，如北京、南京等，文化遗产保护则从最小的城墙到较大的行政区域，呈现出多个面向的关怀，也反映出同一城市范围内文化遗产保护的多样性和复杂性；而在历史上对外开放较早的城市，如天津、上海、泉州等，其城市文化遗产在历史风貌和特色上均更深地与中国城市早期现代化进程相关。这些个案研究通常以实践中观察和遭遇的具体问题为导向，或是讨论城市文化遗产保护过程中的成功经验，或是检讨和反思其中存在的问题。

城市文化遗产保护问题还是全人类共同面对的城市发展问题。在过去三四十年间，大量研究从应对全球性难题的态度出发，融合了国际比较的综合视野，试图从大量国外案例中吸取有益的经验，推动形成全球共同认可的城市文化遗产保护的理念，在此基础上我国结合自身经验参与其中，加强对话交流，不断寻求应对城市文化遗产保护的新方向和新启示。

二、国家与地方的政策推动

（一）国家层面方针引领

中华人民共和国成立后，特别是改革开放40年以来，我国文物保护事业得到了飞跃式的发展，基本构建起单体文物、历史地段、历史性城市等多层次文物保护体系，文物保护和利用在理念、方法、实践等领域均取得了较大进展。

首先，在制度框架的搭建上，我国基本建成分类保护原则、制度框架较完备的城市文化遗产保护体系。

中华人民共和国成立以来，国家颁布了《中华人民共和国文物保护法》（1982年）、《关于加强我国非物质文化遗产保护工作的意见》（2005年）、《历史文化名城名镇名村保护条例》（2008年）、《历史文化街区保护管理办法》（2010年）、《关于加强文化遗产保护的通知》《关于在城乡建设中加强历史文化保护传承的意见》（2021年）等与城市文化遗产保护直接或间接相关的法律法规、政策条例。

党的十八大以来，习近平总书记对文化遗产保护高度重视，多次前往文化遗产积淀丰厚的省份考察调研，并就文化遗产保护作出重要指示批示。2021年8月，中央办公厅、国务院办公厅印发的《关于在城乡建设中加强历史文化保护传承的意见》代表了当下我国对于历史文化遗产保护问题所形成的最新理念和要求："加强制度顶层设计，建立分类科学、保护有力、管理有效的城乡历史文化保护传承体系"，"确保各时期重要城乡历史文化遗产得到系统性保护"，"建立完善历史文化保护传承的管理体制"。尤其是明确了要系统完整保护各类历史文化遗产的两个要求：空间全覆盖和要素全囊括。既要保护单体建筑，也要保护街巷街区、城镇格局，还要保护好历史地段、自然景观、人文环境和非物质文化遗产。要求以城市、村镇等活态遗产为主体和依托，将历史文化名城、名镇、名村（传统村落）、街区和不可移动文物、历史建筑、历史地段、工业遗产、农业文化遗产、灌溉工程遗产、非物质文化遗产、地名文化遗产等各类历史文化遗产作为有机整体，形成保护传承体系。

2021年11月11日，中国共产党第十九届中央委员会第六次全体会议通过了《中共中央关于党的百年奋斗重大成就和历史经验的决议》，其中指出“文化自信是更基础、更广泛、更深厚的自信，是一个国家、一个民族发展中最基本、最深沉、最持久的力量，没有高度文化自信、没有文化繁荣兴盛就没有中华民族伟大复兴”，进一步确立了在新的历史进程中持续加强历史文化遗产保护的意义所在。

其次，我国通过法律政策等，发挥政府主导和引领作用，逐步构建了一个多层次的城市历史文化遗产保护体系，具体分为文物保护单位、历史文化街区、历史文化名镇名村、历史文化名城等。

从地方各级系统对政策的延伸和执行来看，自 1982 年建立历史文化名城保护制度以来，如北京、上海、西安等城市在文化遗产保护的机构设置、法律框架和遗产登录制度等方面积累了丰富的实践经验，并且逐渐建立起扩展至城市历史文化遗产的保护制度和保护体系。其他一些城市借鉴了名城评估标准，构建历史城市的评估指标体系，对历史城市进行全面评估，通过评估的结果提出针对自身城市的资源禀赋和具体情况，探索如何保护、如何引导文化与经济社会的全面发展，着手建立自己城市文化遗产保护制度或体系。

从政策法规的覆盖面和纵深度角度看，延续着历史名城制度的确立，我国又逐步形成了涵盖名城、历史街区、文物、非物质文化遗产等多种文化遗产在内的多层次保护体系。不仅丰富了保护体系中宏观层次的保护内容，充分表明了处理经济发展和文化遗产保护的关系时应遵循的基本原则和态度，也在政策推进和实践的过程中，一步步构建起空间全覆盖、要素全囊括的城乡历史文化保护传承体系。

自 1982 年建立历史文化名城保护制度至今，我国历史文化名城保护制度已走过 40 年。从最开始只有悠久历史文化的 24 座古城到现在范围扩大到历史文化名镇、名村、历史文化街区和传统村落，保护体系更加完整，141 座城市、799 个镇村、6819 个村落被列入中国传统村落保护名录，形成了世界上规模最大的农耕文明遗产保护群，并在快速城镇化进程中抢救和保护了一大批珍贵的历史文化遗产。中国已有 56 项世界文化和自然遗产列入《世界遗产名录》，“北京中轴线”也将作为我国 2024 年世界文化遗产申报项目。

新的社会发展时期，名城保护、历史文化遗产保护也有了新的课题，虽然《中华人民共和国城乡规划法》《中华人民共和国文物保护法》《中华人民共和国非物质文化遗产法》和《历史文化名城名镇名村保护条例》等法律法规不断从实际出发，对历史文化遗产进行全方位的保护，但拆真建假、拆旧建新、开发式保护、割裂式保护等现象还时有发生，应进一步建立责任追究和惩处制度，对于破坏历史文化名城的行为严管狠罚。城市化发展和遗产的保护要统一起来，应避免“一刀切”，既要避免“千城一面”失去城市特色，又要“以人为本”让居民生活切实得到改善，在传统与现代中找到平衡。既尊重历史，又兼顾实际，既传承文化，又与时俱进，让保护成果惠及广大人民群众。①

日臻完善中国历史文化名城保护制度和一系列旨在保护城市文化遗产的政策法规，一定能让更多文化遗产得到的应有的保护，为后世留下丰富的精神食粮。

（二）地方政策法规推动

1. 北京

北京自 1982 年被确定为全国第一批历史文化名城，2005 年北京市制定了关乎北京历史建筑和文化遗产保护的《北京历史文化名城保护条例》，并在 2021 年公布了修订版。根据《北京城市总体规划》所体现的时代演变，从 1983 版的点状保护到 2016 版的全域保护，北京名城保护 40 年的努力探索让保护对象逐步扩大、保护手段更加多元，更让全社会对名城保护的认识不断提升。2018 年制定的《首都功能核心区控制性详细规划（街区层面）（2018 年—2035 年）》及国务院对这一规划的批复，都特别强调了北京首都老城核心区内北京老城的系统性保护问题，提出要“以中轴线申遗保护为抓手，带动重点文物、历史建筑腾退，强化文物保护及周边环境整治”的整体保护和整治思路。

基于北京市特殊的城市功能定位和遗产保护现状，北京市对物质城市文化遗产的保护相当程度上仍遵循着整体保护的理念展开，对老城的保护措施日益充分完善。北京市第十五届人民代表大会第四次会议于 2021 年 1 月 27 日通过《北京历史文化名城保护条例》，已实施 15 年的《北京历史文化名城保护条例》正式通过修订案。《北京历

① 《人民艺起评：要像爱惜生命一样保护好城市历史文化遗产》，载人民网：https://baijiahao.baidu.com/s?id=1744536717417915722&wfr=spider&for=pc，2022 年 9 月 21 日。

史文化名城保护条例》的主要内容包括建立健全工作机制、明确保护范围并落实应保尽保、完善保护制度和措施、促进活化利用、强化公众参与以保护促民生、展示传承传统文化。至此，北京东西城的成片传统平房区将“禁止破坏”“应保尽保”，要进行“有机更新”，留住传统风貌。对北京历史文化名城保护到底“保什么”“谁来保”“怎么保”“怎么用”，给出了更加明确的答案：有价值的历史建筑不得随便损坏随便拆，对于产权不明的历史建筑秉持谁试用谁保护的原则，历史文化街区核心保护范围内不得随意新建改扩建，依据“正负面清单”指导历史建筑可利用可开放。①

《首都功能核心区控制性详细规划（街区层面）（2018 年—2035 年）》是北京市人民政府制定的首都功能核心区控制性详细规划。该规划提出，塑造平缓开阔、壮美有序、古今交融、庄重大气的总体城市形象，划定三类特色风貌分区，实施严格的建筑高度管控，强化特色风貌街巷塑造，并推动公共空间精细化与艺术化塑造。2020 年 8 月，中共中央、国务院关于对《首都功能核心区控制性详细规划（街区层面）（2018 年—2035 年）》的批复中，明确提出要加强老城的整体保护，注重街区保护更新。鉴于“核心区是全国政治中心、文化中心和国际交往中心的核心承载区，是历史文化名城保护的重点地区”，“批复”对于北京首都功能核心区中的城市文化遗产做了明确定性：

北京老城是中华文明源远流长的伟大见证，具有无与伦比的历史、文化和社会价值，是北京建设世界文化名城、全国文化中心最重要的载体和根基。严格落实老城不能再拆的要求，坚持“保”字当头，精心保护好这张中华文明的金名片。加强老城空间格局保护，保护好两轴与四重城廓、棋盘路网与六海八水的空间格局，彰显独一无二的壮美空间秩序。以高水平的城市设计强化老城历史格局与传统风貌，形成传承蕴含深厚历史文化内涵、庄重典雅的空间意象。扩大历史文化街区保护范围，保护好胡同、四合院、名人故居、老字号，保留历史肌理。以中轴线申遗保护为抓手，带动重点文物、历史建筑腾退，强化文物保护及周边环境整治。涉及的中央党政机关及部队驻京单位要带头支持，统筹做好文物保护、腾退开放和综合利用，做到不求所有、但

① 《北京名城保护 40 年，解读〈北京历史文化名城保护条例〉》，载《中国青年报》：https://baijiahao.baidu.com/s?id=1722477444749154093&wfr=spider&for=pc，2021 年 1 月 20 日。

求所保，向社会开放。

最值得一提的是近年来北京中轴线文化遗产（以下简称“北京中轴线”）保护工程。北京中轴线是指北端为北京鼓楼、钟楼，南端为永定门，纵贯北京老城，全长7.8公里，由古代皇家建筑、城市管理设施和居中历史道路、现代公共建筑和公共空间共同构成的城市历史建筑群。这一区域集中了大量北京老城的历史文化遗产。2011年，北京市启动中轴线申遗工作。2012年，国家文物局将北京中轴线列入中国世界文化遗产预备名单。联合国教科文组织《保护世界文化和自然遗产公约》及其操作指南确立的世界遗产保护制度，对申报世界文化遗产提出了较高的标准，要求国家和地方级的立法、规范措施应确保遗产保护完好。为了保护中轴线这一重要文化遗产，北京市采取了一系列措施，进行规划设计、文物腾退、街区整修等工作，还原中轴线历史原貌，同时北京市专门出台了多项法律法规，让中轴线保护有法可依。北京市第十五届人民代表大会常务委员会第三十九次会议在2022年5月通过了《北京中轴线文化遗产保护条例》，根据《首都功能核心区控制性详细规划》和《中华人民共和国文物保护法》《历史文化名城名镇名村保护条例》等法律、行政法规，结合北京市实际情况，以行政立法的形式确立了对北京中轴线的系统性保护。

习近平总书记指出，“中轴线申遗是件大事”，要“以中轴线申遗保护为抓手，带动重点文物、历史建筑腾退，强化文物保护和周边环境整治”。未来，北京中轴线还将继续严格遵循《北京中轴线保护管理规划（2022年—2035年）》等相关法律法规要求，坚持长期维护北京中轴线的完整性和真实性，促进历史文脉的传承和可持续发展，不断增强社会公众的文化自信、文化自觉，使“古都之脊”绽放时代新韵，使北京老城焕发勃勃生机。

2. 上海

上海十分重视历史文化、历史风貌和文化遗产的保护，在近三十年的城市历史文化遗产保护进程中，上海结合自身的特点，逐步形成了一套适应于上海文化遗产资源现状和自身发展特色保护内容体系，并推行了一整套有力、有效的法律政策和管理机制，使发展、保护和城市更新管理实现有机统一。

作为上海城市遗产保护的核心机制，上海的“历史风貌保护”制度从20世纪90

年代开始建立，并在2000年后逐步完善，在旧城改造阶段起到了非常重要的作用，有效保护了上海大量宝贵的历史文化遗产。上海依据住建部2005年颁布的《历史文化名城保护规划规范》和上海自身的现状特点，开创性地在中心城区划出了11片各具特色的历史风貌保护区，探索出适合海派文化多元荟萃的城市特色的历史风貌区保护措施。2002年，通过地方立法，上海颁布了《上海市历史文化风貌区和优秀历史建筑保护条例》，提高了城市遗产保护的法律地位，将保护内容从过去1949年以前的近代建筑，扩大到包括各类产业建筑在内的30年以上的历史建筑，从而正式在法律上明确了历史文化风貌区的保护。2019年，《上海市历史文化风貌区和优秀历史建筑保护条例》修订更名为《上海市历史风貌区和优秀历史建筑保护条例》，进一步扩大城市遗产保护范围，确立了"点、线、面"结合的保护对象体系。与上述历史风貌区和城市遗产保护相匹配的，还有包含领导机构、协调机构和执行机构三方在内的遗产保护管理制度，建立了确保城市遗产保护科学专业度的"历史文化风貌区和优秀历史建筑保护专家委员会"，为市政府提供相关决策咨询意见。

眼下上海划定了44个历史文化街区（历史文化风貌区）、397条风貌保护道路（街巷）和84条风貌保护河道，其中历史文化街区总用地面积41平方公里。除此之外，上海市现有全国重点文物保护单位29处、上海市文物保护单位238处、优秀历史建筑五批共1058处。此外，在非物质文化遗产保护方面，上海已公布五批、十大类、四百余处非物质文化遗产，包括着重体现海派文化的昆曲、沪剧等传统戏剧，滑稽戏、海派木偶戏、浦东说书等曲艺，海派面塑艺术、海派剪纸艺术等民间美术和豫园灯会、龙华庙会、罗店龙船等民俗，以及体现本地民俗文化的江南丝竹、青浦田山歌等民间音乐。

上海是"人民城市"理念的发源地。作为党的诞生地、中国共产党人的初心始发地，上海尤能体会"人民城市人民建，人民城市为人民"的厚重意义所在。2019年11月，习近平总书记在上海考察时着重指出："文化是城市的灵魂。城市历史文化遗存是前人智慧的积淀，是城市内涵、品质、特色的重要标志。要妥善处理好保护和发展的关系，注重延续城市历史文脉，像对待'老人'一样尊重和善待城市中的老建筑，保留城市历史文化记忆，让人们记得住历史、记得住乡愁，坚定文化自信，增强家国情怀。”自从1986年上海被列为第二批国家历史文化名城起，经过三十多年的努力，已经建立健全全覆盖、全囊括的城市文化遗产保护政策法规体系，让城市遗产保护事业与城市文化建设相映生辉。近些年，上海也充分意识到历史风貌区的保护和活化，对提升城市文化软实力、建设和打造国际文化大都市的重要意义，形成了“以保护保留为主，以保护为原则，拆除为例外”的整体城市更新原则。①试图走出一条将保护城市文化遗产与打响城市文化品牌、提升城市文化软实力相结合的道路，以此贯彻“人民城市人民建，人民城市为人民”的人民城市发展观。

3. 广州

广州在城市文化遗产保护方面也搭建了一系列法规政策为之保驾护航，形成了包括文物保护、历史名城保护、历史建筑保护多个层次在内的保护体系。在文物保护方面，广州市1994年颁布了地方性法规《广州市文物保护管理规定》，初步确立了广州市的文物保护管理方法。为进一步加大保护力度、夯实文物保护工作基础、加强文物保护机构和队伍建设、强化文物修缮保护和活化利用、大力推进城市考古和遗产保护，广州市在2013年进一步颁布了《广州市文物保护规定》。2019年，广州市文化广电旅游局印发了《广州市文物活化利用试行办法》，通过明确文物活化利用的基本要求和管理机制，发布文物活化利用技术措施指引，规范文物活化利用行为，调动社会各方参与文物活化利用的积极性。在历史文化名城保护方面，广州市作为第一批历史文化名城，在1999年颁布了第一版《广州历史文化名城保护条例》，是全国最早颁布历史文化名城保护条例的城市之一。2015年，针对历史文化名城保护出现的问题，结合2014年批复的《广州历史文化名城保护规划》，出台了自2016年5月1日起施行的《广州市历史文化名城保护条例》。在历史建筑保护方面，近年来广州市相继印发《广州市历史建筑修缮监督管理与补助办法》《广州市促进历史建筑合理利用实施办法》，《广州市历史建筑修缮监督管理与补助办法》明确了历史建筑修缮技术咨询、修缮计划制定、工程审核和许可、施工审批、竣工验收和修缮补助等全流程监督管理。《广州市促进历史建筑合理利用实施办法》在合理

① 上海市城市规划设计研究院：《上海历史文化风貌整体保护的规划体系研究与实践》，载微信公众号“上海规划资源”：https://mp.weixin.qq.com/s/sZhQlcs_nP-csG5jg6rxcg，2021年3月4日。

利用方式、土地出让环节管控、行政审批管理、消防安全保障等方面明确促进历史建筑合理利用的具体办法。①

目前我国的城市文化遗产保护仍处在“进行时”，仍暴露出一些当下发展阶段所不可避免的难题。

一方面，全国城市文化遗产保护传承工作还没有形成全国一盘棋的局面。中国城市文化遗产保护意识主要借助政府强势力量加以推广，但发展逻辑与价值理念呈现多元碎片的形态，尤其是具备增资价值的文化遗产始终存在着保护与发展上的矛盾，导致城市文化遗产保护模式不但缺乏自发的合理性，连带的结果是，尽管保护体系乍看之下相对稳定，但具体的实施成效却未必彰显。因而坚持顶层设计仍有其必要性，要建立完善建城市历史文化遗产保护管理体制，坚持国家统筹、上下联动，充分发挥各级党委政府在城市历史文化保护中的组织领导和综合协调作用。

另一方面，我国城市文化遗产保护模式具有“后发外生”的发展特征。保护制度和保护体系建设依然是靠政府决策驱动，政府依然通过发展改革来主导文化遗产保护体系建设，导致了相应的社会力量略显不足，参与的力度和广度都不够深入。当文化遗产保护与城市更新项目共同推进时，经常模糊了城市的保护与更新到底“为了谁”和“服务于谁”的问题，因而能否借助全过程民主的路径，试图规避以往过于倚重“决策驱动保护”模式中的某些弊病，也将成为未来中国城市文化遗产保护事业尤为值得关注的方面。

现今，中国城市文化遗产的保护也开始转向公共政策，日益强调城市文化遗产保护事业在目的和过程中的文化意义。基于文化视野的保护理念体系，走出了一条坚持文化导向推动运行城市文化遗产的保护路径。人们越来越意识到，过去从西方的理论、学术观点、原理、概念、标准出发来对待中国文化遗产保护与发展的思路，往往使遗产保护发展在理念要求上与实际要求相出入，结果使得大量理应得到有效保护的文化遗产非但没有得到很好的保护，文化遗产的文化、社会和经济价值也未必真正得到充

① 广州市城市更新规划研究院策划部：《更新研究·研究 | 城市更新过程中历史文化遗产保护政策梳理》，载微信公众号“广州市城市更新规划研究院”：https://mp.weixin.qq.com/s/nODxN8ftFr4v4hX-SQ5Vqw，2022年8月30日。

分彰显，文化遗产保护的可持续发展也未能收到很好的效果。

第二节　中国城市文化遗产的实践案例：比较与反思

一、历史街区的更新经验及活化

街区通常是国外城市进行历史文化遗产保护的重要地理单位，这与外国城市有机形成的历史和文化背景及其街道肌理的街区化特征有直接关系。以街区作为城市文化遗产保护的基本单位，这一思路与近年来国内部分城市设立历史文化街区、风貌区的保护措施有异曲同工之妙。

考虑到国外城市的发展历史，同样值得注意的是，城市文化遗产保护总是与以街区尺度展开的城市更新相同步。从20世纪50年代开始，伴随着城市核心区域的产业更替和功能改变，内城衰退问题在一些经历过早期现代化的国外城市中日渐凸显。这些在产业和功能上陷入衰退的内城，通常也是位于城市核心区域的历史文化风貌区，这些街区、区域如何适应当今城市发展的要求，由此日渐成为城市规划和改造的重要议题。

对此，不同城市结合自身特征，提供了多种试图激活、活化和更新历史街区的方案。通过综合考察一些国内外城市保护和改造历史风貌区，我们发现城市历史风貌区如若保护得当，这些原本功能过时、外观老旧的街区时常可以转换为新的城市活力增长点。

通览一些位于城市核心区域的历史风貌区建设，将这些具有浓郁历史和人文价值的街区转换为城市活力大体上遵循着以下三种路径：

第一，重新激发街区经济活力。史蒂文·蒂耶斯德尔在探讨城市历史街区复兴时曾经指出，“(城市历史街区)保护的要求最终一定是一种合理的经济和商业目标的选择”，恢复历史风貌区的经济活力是支撑和推动历史街区保护的前提和基础。近几十年世界各个城市出现的内城衰退问题，在很大程度上源于城市产业格局的改变，在这样的背景下，历史街区的功能与当代需求严重不一致，直接导致街区经济活力的匮乏。

第二，提升街区社群活力。历史街区保护的主体是人，历史街区的活力和生气必须是真实而非刻意设计的，这就要求历史街区保护和规划充分顾及居住、生活和工作在其间的社群，这个群体是激发历史风貌街区活力的源泉。

第三，焕发街区文化活力。文化构成了历史风貌街区的底蕴，凝聚着街区的灵魂，街道承载着一个都市的文化记忆和公众记忆。然而如何深入挖掘城市各个重要历史风貌街区的文化价值，使这些珍贵的文化记忆得到更多的关注和了解，时常是历史风貌街区保护和转型过程中的难点。

【案例 1】香港“活化历史建筑伙伴计划”

历史建筑见证了城市的社会发展，是联结城市社区、加强居民身份认同的重要文化遗产。香港作为中西文化交汇地，同时也是商业高度发达的国际都会，在城市发展过程中，定然会出现经济价值与文化价值的拉锯与矛盾。“活化历史建筑伙伴计划”通过邀请非牟利机构参与政府历史建筑的开发和更新，在这个机制下，大批历史建筑得以在保护的同时获得新生，并承诺开放给市民使用。

2006 年底，香港特区政府为了经济发展的需要，打算拆除两座具有历史价值的码头建筑：天星码头和皇后码头。此举引发了香港民众的强烈反对，部分香港居民为保护历史建筑，发起了维持与保护本地历史文化传统和唤起香港本土意识为目的的“文化保育运动”，这项运动从单纯要求保护本地文物、古迹，演变为指向城市规划和政府制定决策的制度性问题，背后的核心诉求是要求政府不应为了经济发展追求一种忽视文化和集体记忆的城市发展策略。于是 2007 年初香港特区政府正式启动“文物建筑保护政策检讨”的公众咨询程序，并在政府公共事务论坛和立法委会议中展开讨论，同年成立负责香港文物活化工作的香港发展局。之后，“活化历史建筑伙伴计划”也就成为香港最具代表性的城市文化遗产保护的制度化路径。

2007 年发起的“活化历史建筑伙伴计划”的模式并非单纯依靠政府公共部门行为或单纯交给市场商业运作，而是政府采取与非政府机构共同合作的方式进行。这项计划从而成为一种更加灵活、可持续发展的历史建筑保护方式，通过引进民间和公众的智慧，将历史文化遗存加以重新利用，最终起到保护本土古建筑、守护本地居民历史记忆的文化目的。与此同时，“计划”因地制宜地根据每一栋建筑的特点制定最适宜的保护方案，积极摸索多元化、多途径的保护模式也是这项保护计划特别值得注意的方面。

表 4-2-1　第一期活化历史建筑伙伴计划政府资金资助金额及进度

历史建筑	活化后用途	建设成本（港币：百万元）	营运资助（港币：百万元）	项目进度		
				动工	完工	开始营运日期
前北九龙裁判法院	萨瓦纳艺术设计学院（香港分校）	无需资助	无需资助	2009 年 12 月	2010 年 7 月	2010 年 9 月
旧大澳警署	大澳文物酒店	69.13	无需资助	2010 年 3 月	2011 年 12 月	2012 年 3 月
雷生春	香港浸会大学中医药学院——雷生春堂	29.16	2.56	2011 年 1 月	2012 年 1 月	2012 年 4 月
前荔枝角医院	饶宗颐文化馆	270.31	4.57	2011 年 1 月	2013 年 9 月	2012 年 6 月（文化馆）2014 年 2 月（其他）
芳园书室	圆玄学院“芳园书室”、旅游及教育中心暨马湾水陆居民博物馆	10.71	2.96	2011 年 5 月	2012 年 9 月	2013 年 3 月
美荷楼	YHA 美荷楼青年旅舍	220.33	5	2010 年 12 月（拆卸工程）2011 年 7 月（主要工程）	2013 年 8 月	2013 年 10 月
政府总资助小计		599.64	15.09			

以第一期活化历史建筑伙伴计划中位于深水埗区的美荷楼为例，美荷楼是目前仅存的位于香港深水埗地区的第一代徙置公屋。20 世纪 50 年代，香港九龙半岛人口激增，狭窄的居住环境造成了 1953 年圣诞夜的石硖尾大火，火灾使五千多人丧失家园。为了安置灾民，香港政府在第二年兴建了徙置大厦，其中就包括了美荷楼，这批建筑由此成为香港首个公共屋邨。因为美荷楼作为香港仅有的 H 型徙置大厦，见证了 1954 年开始香港公屋建造和政策施行的历史，在 2010 年被古物咨询委员会评选为二级历史建筑。2008 年，美荷楼入选活化历史建筑伙伴计划，由香港青年旅社协会负责活化。活化后成为 YHA 美荷楼青年旅社，提供了 129 个由原公屋单位改建的房间，美荷楼生活馆则利用旅社部分空间营造免费开放的展厅，展览美荷楼街坊口述史和旧照、旧物等，亦保留了美荷楼在 50—80 年代间隔单位的复制场景，并向公众宣讲美荷楼活化计

划的基本情况。美荷楼项目也因此被认为是文物保育的成功案例，“YHA 美荷楼青年旅社能保证入住率维持项目运营的同时，还透过美荷楼生活馆向市民和旅客传播香港的传统文化和社区历史”①。活化历史建筑伙伴计划将原来的仅具备居住功能的老公房，拓展为包括居住、活动、展览等在内的多功能的复合型建筑。这一改造思路和模式或许值得用于部分“棚户区”的改造，鼓励发动居民的网络参与、放开社会组织和力量的介入，在进行科学慎重的修复和更新设计之后，而这种改造也需要一个渐进、连续、有机更新的过程，并且在整个过程中，始终将维持和存续城市历史和文化记忆作为更新的重点。

迄今为止，活化历史建筑伙伴计划已经推出 6 期，共计 22 处历史建筑被纳入活化项目，其中一半左右已经投入服务。香港政府推动的活化历史建筑伙伴计划的优势是十分明确的：一是采用“伙伴”式运作方式，政府与非政府机构共同合作，并在其中加大公众参与的力度；二是资金上的措施既减轻了政府的财政支出，又对参加计划的社会机构的运营进行了扶持，在财务上保证项目能顺利进行下去；三是设立了专门的咨询委员会对相关工作进行咨询与监督，保证了计划的合理性、合法性及科学性；四是组织方将该计划所有流程在官方网站上予以公布，一方面能加大公众参与的力度，另一方面可以扩大该计划的影响力。②

综合来看，香港的历史建筑保护主要在外立面和某些局部，为了永续利用往往对内部功能进行置换。即便如此，在维持城市发展和文物保育的平衡、主打“创新”为活化的主调、以服务民众为目标、在原有建筑功能的基础上修复和更新设计方面，香港的历史建筑保护计划反映出一种更加灵活、可持续发展的历史建筑保护方式，而通过引进民间和公众的支会，将历史文化遗存加以重新利用，不失为一种有效可行的方法。

【案例 2】上海愚园路历史文化风貌区

愚园路是位于上海西区的一条著名道路，从最东端的静安寺一直延伸到最西段的

① 美荷楼活化计划：https://www.yha.org.hk/zh/our-services/mei-ho-house-revitalisation-project/heritage-mei-ho-house/。

② 王珺、周亚琦：《香港“活化历史建筑伙伴计划”及其启示》，《规划师》2011 年第 27 卷第 4 期。

中山公园一带，横跨静安、长宁两区，总长约2775米的道路上聚集着108幢老洋房、60幢优秀历史建筑和11处文保单位。因而愚园路被确立为“永不拓宽”的64条道路之一，在《上海市城市总体规划（2017—2035年）》中，愚园路周边面积达223公顷的区域被划定为愚园路历史文化风貌区，成为上海市44个历史文化风貌区之一。以历史文化风貌区实现对城市文化遗产的成片区保护，延续了街道界面和空间特色，既保持了道路宽度、线型和尺度，维护和梳理了人行空间，又在整体规划上确定了交通组织排布的原则，有利于以街区为单位对城市遗产丰富的区域进行整体性、系统性保护，并在此基础上塑造宜人的环境和优美的景观。

作为上海中心城内规模最大、优秀历史建筑数量较多的历史文化风貌区，愚园路的固有优势在于，风貌区内留存了大量历史遗迹，充满了值得细细品读的人文内涵。风貌区内街道尺度适宜，以愚园路等风貌道路承载起的特色建筑及其群体空间，沿线弄堂、街巷格局丰富，建筑类型多样，经过半个多世纪的演化，整体历史风貌仍保存较好，因此愚园路历史文化风貌区也成为上海市“建筑可阅读”项目的重点区域。为此，愚园路上的在地常驻居民组织起了志愿的解说队伍，定期向热爱上海历史建筑的游客讲解愚园路上的人文历史，这也使得愚园路成为上海颇具代表性的吸纳在地居民参与街道公共文化建设的典型案例。

同时，愚园路因为沿街铺面的成功更新和优质的商业化运营，在今天成了一条闻名上海的“网红路”。如今愚园路的沿街铺面以面向年轻群体的业态为主，包括了精品餐饮、画廊、酒吧、咖啡馆、乐器店、礼品店等①，这些店铺和业态不仅平时就是年轻游客热衷追逐的“打卡点”，这些店铺联通愚园路的几处公共区域，还不时成为商业品牌营销的选址点，几乎每个月在愚园路上都有不同品牌发起的“快闪”活动，为整个街道增添了不同以往的商业活力。在高度依赖媒介进行城市景观塑造和传播的当下，愚园路不断被游客发掘出新的“打卡”景观，如2023年4月曾一度火爆“小红书”的愚园路木香花打卡点，也以新媒体的形式为整个街道的当代传播和阐释提供新的可能性。

① 徐锦江：《理论视域下的愚园路空间生产研究》，《上海文化》2022年第211卷第8期。

整体而言，愚园路的开发仍是面向游客的，不论是介绍愚园路自身的历史人文景观，还是通过更新新型业态吸纳青年群体造访，这种将街道整体作为“内容”不断对外输出和推广的“外向”型的开发理念，固然在很大程度上激活了历史文化街区的整体活力，但也不可避免带来一些新的问题。例如被认为代表了“在地性”和观光功能相结合的愚园市集，坐落在愚园路上的“宏业花园”弄堂内，弄堂靠近愚园路一侧遍布着多家备受青年人喜爱的“网红店”，使得原住居民必须忍受游客嘈杂的烦恼。同时，眼下愚园路原住居民已经很难承担起街道振兴和更新的要求，必须引入外部游客的到访才能使街道活力得到彻底的提振。正如所有历史文化街区都会遭遇保护与发展的矛盾一样，愚园路在今日日益“网红化”的更新与开发，与街道自身的保护及街区原住居民的生活意愿之间，必然存在着一定的冲突和错位。

或许相比之下，愚园路相对“幸运”的地方在于，愚园路不仅是一条路，从整体的生产和生活的生态角度看，愚园路自身功能的改造和更新，离不开周边街道配套的功能转变。当愚园路变成一条“外向”型的“网红街道”时，许多用于满足原住居民生活需求的空间，就转移到了周边毗邻的宣化路、东诸安浜路和定西路一带，这种“后街效应”恰恰调和了愚园路上开发与保护的矛盾，也尽最大可能保护了原住居民的生活状态。问题在于，是否所有历史文化风貌区和历史保护街道都具有同样的“幸运”，却是未知数。例如毗邻愚园路的武夷路 Mix320 地块的更新改造，就显得太过考虑游客（尤其是年轻游客）的消费习惯，将过去服务于街坊邻里的菜场改建得过于“高大上”，将从前菜场的在地消费者“驱赶”到武夷路临近的其他街巷去购买生活物资。这样过于强调“网红地点”的改造思路或许在当下颇为盛行，却未必是一条具有可持续性和发展性的更新路径。

结合城市的历史风貌街区保护和建设案例可知，找准历史风貌街区的产业基础、激发历史风貌区的经济活力是历史风貌街区多方位的“活化”的重要前提；居住、生活和工作在这些历史风貌街区内的社群是激发起街区活力的源泉；挖掘历史风貌街区深邃的文化底蕴、寻觅文化记忆的特色与亮点，则能源源不断地焕发出古老社区的文化活力。总之，对于这类特殊街区的妥善规划和保护完全可能激发和唤醒核心地区的城市活力，让历史街区得到保护的同时展现出令人惊喜的新风貌。

二、城市旧城遗产的整体保护疑难

在城市化加速发展的今天，一些城市中的古老城区被具有多种城市功能的现代化城市吞并和包围①，新城区与老城区不仅在城市景观、风貌上存在反差，在具体城市功能上也截然不同。逐渐在老旧城区出现了局部状况有改善和整体环境持续恶化并存的窘境②，而从城市整体来看，则普遍存在着老城区拥挤、繁忙、混乱与新城区宽松、繁荣、舒适的强烈反差③。在现代化大都市中，古城、老城和旧城所代表的“传统”城市内容该何去何从？经过近几十年来的城市发展实践，围绕现代都市中的“传统”城区的保护与开发已经存在着多种成熟的模式：

一种是将现代都市中的旧城当作“历史博物馆”加以保存。这种旧城保护与开发的极端形态是弗吉尼亚州的威廉斯堡，作为英国移民初期总督府所在地，这一地区同时保护旧城区的建筑外形和室内装饰、陈设，试图详细记录下美国早期殖民地历史和生活的“视觉载体”④。与之相比，相对宽松的保护方式则是尽最大可能保留旧城建筑和城区的外部景观，在城区功能上也尽可能地保留旧城的特色，但这种保护的目的仍旧是展示、展览旧城为主，在我国，将清宫皇城改造成“故宫博物院”可以视为这一思路下的产物。

另一种保护则是让旧城的整体改造、更新与城市中心区的复兴相同步，通过引入新业态、设立历史风貌街区、对原有建筑进行功能性改造等方式，重新激活旧城区的城市活力。最常见的新业态无疑以文化创意产业为主，旅游业更是成为历史文化风貌区尤为着力开拓的业态。许多现代都市中的历史文化风貌区为了提高旅游容量，兴建、改建了多种体验式的旅馆，同时置入了大量面向游客的、以创意类型店铺为主的商业

---

① 北京市哲学社会科学规划领导小组办公室编：《城市环保问题》，北京市哲学社会科学规划领导小组办公室1985年，第138页。

② 魏寒宾、唐燕、边兰春：《首尔市韩屋保护制度的演变及其启示——以北村韩屋密集区为例》，《现代城市研究》2020年第1期。

③ 董观志、梁增贤：《RBD对老城区功能改造的模式研究》，《规划师》2008年第7期。

④ 彭长歆：《“活着的历史博物馆”——殖民地威廉斯堡的保护》，《新建筑》2014年第3期。

铺面。

这种保护模式在21世纪第一个十年中在国内许多城市得以实践，目的在于以历史建筑和街区的功能提升为主，形成符合现实需求的商业游憩区①，其代价通常是旧城区的居住功能因此被彻底破坏。其典型案例可以列举北京的南锣鼓巷，这一地区被誉为“北京850多年都城史的载体”，在经过改造之后，南锣鼓巷成了著名的历史风貌景区和旅游胜地，于是旧城区在一定程度上成了仍在使用中的“活着的文物”②。在上海，保留了石库门建筑风格的地标风貌区“新天地”的改造模式也延续了类似的思路，然而由于“新天地”地区的改造过于商业化，围绕着“新天地广场是否只保护了建筑的一层皮”、商业功能开发是否完全淹没了石库门里弄应有的文化氛围和生活气息等问题产生了许多质疑③。

【案例1】北京南锣鼓巷的有机更新

南锣鼓巷是与元大都同期建成的一条街巷，距今已有740余年的历史。南锣鼓巷及其周边地区不仅拥有众多典型的北京四合院建筑，还保留着元代传承至今的街巷格局，是北京850余年都城史的载体，是仍在使用中的“活的文物”。20世纪90年代初，南锣鼓巷地区作为北京市可考历史最久、最典型的传统民居区，被列入北京市政府批准的第一批25片历史文化保护区。为了避免街区景观僵化、居民被迫迁出、产业迅速衰退等历史街区改造中的常见问题，北京市东城区交道口街道办事处充分调动社会多方力量，积极探索尝试，在短短几年时间内形成了“以保护促进发展、以发展加强保护”的渐进式、可持续发展模式，这一时期的“旧城可持续再生模式”得到了社会各界的广泛认可④。

1995年，吴良镛反思过去北京旧城改建，提出了四个方面的突出问题：对旧城居住区的保护未加重视，旧城居住区改建未从传统环境出发，寄托于大拆大改，以及住房管理问题有待改善。为此，吴先生提出了“有机更新”的理论，认为对于北京这样

① 董观志、梁增贤：《RBD对老城区功能改造的模式研究》，《规划师》2008年第7期。

② 吕斌：《南锣鼓巷基于社区的可持续再生实践——一种旧城历史街区保护与发展的模式》，《北京规划建设》2012年第6期。

③ 罗小未：《上海新天地广场——旧城改造的一种模式》，《时代建筑》2001年第4期。

④ 北京大学城市规划设计中心编制：《南锣鼓巷保护与发展规划（2006—2020）》。

古老的城市，在旧城改造进程中，住宅、城市基础建设都需要不断地有机更新，保留、维修大体完好的，逐步剔除破烂的，而以新房替之。也即采用适当规模、合适尺度，依据改造的内容与要求妥善处理目前与将来的关系，不断提高规划设计质量，使每一片改建区的环境均与古都整体风貌保持相对一致，使旧城重新走向新的有机秩序，重振古都风貌。[①]与此同时，关于旧城保护和更新也形成了可持续发展的观念，即所谓“场所可持续、机制可持续、资金可持续、业态可持续”。

可以说南锣鼓巷街区的整体保护反映了当时最具代表性的一系列城市物质遗产保护的理念和想法。当时很清楚地认识到，历史街区文化在景观上可以视之为包含多元要素的有机体，其中可以分为物质形态要素和非物质形态要素两类，物质形态要素包括了自然条件、空间结构、建筑群落、节点空间在内的四个部分，非物质形态要素则包括了历史文脉、社会经济、生活结构、业态组成。历史街区文化景观的形成要素则包括自然条件、社会因素和思想观念三个方面，并且认为历史街区文化景观具有历史文化、社会经济、生态环境和街区美学等多种价值。[②]南锣鼓巷作为案例，典型地展示了在这种有机更新认知下，通过文化途径引向内城再生规划实践的特征和过程，尤为强调在关注物质建成环境的同时，突出地方人文环境的重要价值，尤其是作为文化载体的“人”的作用——识别地方不同文化群体，并鼓励其充分参与、多元合作；强化地方文化认同感，明确再生规划的目标；通过物质空间策略保护地方历史文化氛围的完整性和原真性。最后，通过文化网络策略发挥社会资本的支持作用，突出商会在组织地方文化活动、促进文化阶层交流方面的作用。[③]

从保护与发展的模式来看，南锣鼓巷的更新保护颇有借鉴意义。文章从融资、风貌整治、业态调整和社区管理四个方面归纳总结了南锣鼓巷地区改造的保护与发展模式：从项目融资角度看，选择争取政府拨款启动、依靠社会赞助维持运营的“两步走”融资模式，形成了“街区越好投资越多、投资越多街区越好”的相对良性运作；从风貌整治层面看，整体保护与小规模更新结合的风貌整治，以循序渐进的手段代替一次性改造；

① 吴良镛：《旧城整治的“有机更新”》，《北京规划建设》1995 年第 3 期。
② 韩聪：《北京历史街区文化景观保护与更新对策研究》，北京建筑大学硕士论文 2017 年。
③ 赵晔、姚萍：《从上海新天地看历史遗产的保护利用》，《中国建筑学会 2007 年学术年会论文集》。

从业态调整方面来看，以文化创意产业为先导，创出了独特的业态模式的同时又为未来产业升级做了铺垫；就社区管理而言，社区治理实践中构建出“政府主导、专家指引、居民参与、社会协作”的多主体参与工作机制。在20世纪90年代，这项改造为奠定良好商业基础、提升居民生活环境质量、实现当地业态的全面调整、开放式公众参与的社区治理机制和联合管理方面均提供了极好的参考①。

转型期中国大城市快速郊区化的同时，内城却出现了传统产业衰退、城市景观缺乏活力和居民生活环境质量下降等衰退初兆，寻求内城再生的有效途径成为当代中国规划领域面临的重要课题。在有机更新理念的引领下，文化途径的内城再生途径，有机结合了地方的物质环境和人文环境，它的意义不仅在于结合地方历史文化资源推进“城市中心”的复兴，而且在于通过提升内城的吸引力避免了内城衰败和大城市郊区的无序蔓延。

然而从三十年后回看南锣鼓巷的有机更新，却会发现三十多年前适合的业态，可能在数十年后又会面临业态僵化和持续更新的问题。至少在“古镇”“古街”开发热度减退的今天，作为经典项目而被反复效仿的南锣鼓巷，会否随着这股古建筑开发热潮而被淹没在开发同质化的困境之中，以及如何应对同质化开发理念以实现城市更新的可持续发展，是今时今日需要郑重思索的问题。

通常来说，对于现代都市中的旧城、古城、老城的保护与开发同时涉及街区地段的改建和单体建筑的保护②，但是这些“镶嵌”在现代都市中的传统城市建筑、街区即便经过改造，充满了古建筑的旧城区非但从视觉和物理上与现代新建筑群形成鲜明反差，从建筑和街区在整体城市中扮演的功能而言，以往的改造与更新更关注如何使这些老旧城区服务于当代城市功能的需求，而这种改造通常以剥离老旧城区内的原有功能为前提，更遑论保护这些旧城区作为整体居住和生活空间的意义和价值。不论是作为历史博物馆进行整体的、时空封闭式的保护，还是试图引入特殊新业态进行街区激活，许多老旧街区过去的居住功能很难被纳入现代都市的旧城改造，老旧城区市民居

① 吕斌：《南锣鼓巷基于社区的可持续再生实践——一种旧城历史街区保护与发展的模式》，《北京规划建设》2012年第6期。

② 中国城市规划设计研究院情报所编：《国外城镇建设考察报告汇编》，中国城市规划设计研究院情报所，1987年印，第229—230页。

住区的保护与新城区建设、新业态发展之间更涌现了许多新矛盾。

三、城市非物质文化遗产的保护

城市非物质文化遗产经常随着现代城市社会的发展而受到多方面的解构和冲击。首先，“城市街区功能格局的更替、城市人口结构的迅速变迁及文化市场的瞬息万变”，使得非物质文化遗产得以延续的土壤处于动态的大变局中。城市的社群网络关系和纽带是孕育城市独特非物质文化遗产的基础，但这种与城市街区格局、传统商业形态和行帮制度、技艺传承体系等由社会环境所定义的文化系统，在城市近代化转型过程中日益消解，而近三十年来城市更新的加速推进又导致了保留非物质文化遗产的大量城市街道、街巷等肌理被破坏，最典型的是一大批依托街市、庙会等节庆形成的大量非物质文化遗产，孕育其生存发展的城市街区和社群组织基本荡然无存。其次，城市化进程使得城市人口结构伴随着移民涌入而被改变——“伴随着城市本地人口的结构性稀释，新城市居民看待本地‘非遗’的态度和动机具有复杂性”，新移民在给城市文化发展带多元性的同时，事实上也在形成自身的非物质文化形态，不可避免地对传统原住居民的非物质文化遗产造成冲击。再次，文化市场需求变化也是造成城市“非遗”生存困境的重要因素。一些曾经流行于街巷里闾的杂艺因市场的萎缩、衰退而退出历史舞台，同时也有一些非物质文化遗产却得以在城市急剧变迁过程中找到新的机遇而顽强生存下来。①

20 世纪 90 年代开始，数字技术也开始应用于非物质文化遗产的保护领域，非物质文化遗产的数字化保护也逐渐为人们熟知和运用。2003 年，联合国教科文组织发布了《保护数字遗产宪章》，谈到了一系列与遗产空间、实践和非物质维度相关的保存、展示及可持续发展的新议题，认为数字化技术为增强历史资源的可用性带来了机遇。

鉴于数字化技术可以实现对非物质文化遗产数据的大规模存储和管理，实现对非物质文化遗产项目，传承人、生态保护区的监测评价，对利用数字化保护成果，开展更为广泛的宣传弘扬和传承，中华人民共和国文化部在 2010 年提出将“非物质文化遗

① 黄仲山：《论文化生态视域下城市非物质文化遗产保护理念与策略》，《福建论坛》（人文社会科学版）2021 年第 345 卷第 2 期。

产数字化保护工程”纳入“十二五”规划。工程建设目标中，明确要构建统一规范的非物质文化遗产数字化保护标准体系，建立一个类别齐全、内容丰富的中国非物质文化遗产资源数据库群。同时，还要建设符合工作实际需要、兼顾各地实际的业务应用系统，实现非物质文化遗产保护工作业务处理自动化、资源服务多样化、决策管理科学化。

利用数字化技术保护非物质文化遗产，主要采用数字采集、数字储存、数字处理、数字展示、数字传播等技术，将非物质文化遗产转换、再现、复原成可共享、可再生的数字形态，并以新的视角、方式和需求，对非物质文化遗产加以解读、保存和利用。数十年间，大量非物质文化遗产通过种种数字化形式得到了“新生”：通过触摸屏查询地方庙会的古史传说、利用数字长卷复原包括《清明上河图》在内的各类展现民俗和城市文化遗产的场景、交互式地“感知”并“触摸”非物质文化遗产的内容、配备虚拟解说员、虚拟试穿和试戴等。展现出截然不同的表达、传播非物质文化遗产的形式。

然而在非物质文化保护方面，取得成绩最显著的仍是通过数字化手段传播和推广一些非物质文化遗产，让非遗更“潮”，使它们重新赢得了大众特别是年轻群体的喜爱。例如国产网络游戏《梦幻西游》自 2019 年 10 月开始与敦煌博物馆、中央美术学院进行合作，在游戏中融入敦煌的文化元素，让玩家在游戏时潜移默化地了解敦煌文化。2019 年，抖音 App 推出“非遗合伙人”计划。平台覆盖 1275 项国家级非遗项目，覆盖率达 93%，相关视频获赞 31 亿次。在“非遗抖起来”账号上，用户能看到各种与非遗相关的内容：从基础知识介绍，到非遗传承人的访谈，再到各种平时难得一见的非遗作品制作流程，喜欢玩短视频的年轻人和大批海外用户，在这里发现了中国传统之美。①

总之，历史文化遗产保护需要在保护中创新。非物质文化遗产的数字化保护与传播代表了技术和发展的时代要求，为新时代城市非物质文化遗产保护带来了新的可能性，指明了一条可能的发展之路。借助现代先进科技，让历史文化遗产实现数字化高

① 《网络时代非遗传承离不开数字化和网络手段——“互联网 +”激活非遗生命力》，载中共中央网络安全和信息化委员会办公室：http://www.cac.gov.cn/2020-01/22/c_1581231113331668.htm，2020 年 1 月 22 日。

保真呈现，让更多公众在互联网上体验文物的全貌，为实现云游文化名城带来新体验，让那些不会说话的文物艺术品、历史建筑、工艺艺术等在掌上“活起来”，将千年的历史故事娓娓道来。

可以看到，对于非物质文化遗产的保护相对而言要晚起于城市街区、旧城、建筑等物质文化遗产。要实现非物质文化遗产的可持续活化，不仅需要从政策、法规层面予以完善和保护，也需要充分调动社会潜能参与其中。同时，过去数十年从技术角度已经实现了对各种有形文化遗产进行数字化的手段，而通过数字化技术建构文化主体体验、塑造共同文化记忆的功能也被大家所认可。然而现阶段文化遗产数字化保护的主要问题在于，仍旧强调文化遗产的静态保护，保护的范围也相对局限于已经纳入体制化管理的物质和非物质遗产。在数字化保护过程中，也产生了技术导向强于文化导向、数字化服务是否遍及社会全体人群等新问题。如何将以人民为中心的理念渗透于文化遗产数字化保护的过程中，以及如何更好地平衡数字化技术与保护文化遗产所力图达到的文化目标之间的关系，仍是未来需要不断去厘清的问题。

综合世界范围内城市文化遗产保护的案例，可以看到，城市文化遗产保护已经进入综合性、多元化保护的时代。围绕以建筑、街区、旧城等物质文化遗产，和包括手工艺、节庆、曲艺等在内的非物质文化遗产的综合保护，不同国家和城市的实践，在长达数十年的发展过程中已经提出了多种方案和主张，也不断形成了一些基本的共识。

第一，城市建筑、街道、街区的保护势必要不断为之注入新的城市活力，以确保城市文化遗产在保护之余实现地点质量的提升，使遗产真正“活在当下”；第二，尊重城市居民尤其是保护地区在地居民的利益，充分调动居民对城市文化遗产保护与更新事宜的参与度，过于简单粗暴的更新模式已经过时；第三，注意协调保护与发展的伦理矛盾，既不能使保护阻碍城市必要的发展、更新，也不能让不适宜的城市化和城市更新过度地侵蚀和破坏既有的人类文化遗产；第四，城市文化遗产保护也面临着可持续发展的问题，过去的更新和保护模式，伴随着城市的进一步发展也会面临新的困境；最后，应以恰当的方式引入数字化技术手段，传承、保护和传播城市文化遗产，拓展城市文化遗产保护的可能面向。

但是城市文化遗产保护仍存在一些具有共性的问题有待解决。

第一，在关于城市文化遗产保护的具体问题上经常暴露出不同利益方的矛盾，如何充分尊重各方人民利益，妥善疏导矛盾症结，恰恰反映了城市治理的质量和水平；第二，在过去数十几年间，各地的城市文化遗产保护难以做到因地制宜，从而呈现出高度同质化的景观搭建，使城市文化遗产保护“悬浮”于人民日常生产生活之上，不够“接地气”的同时更缺乏地方特色，而实现对城市文化遗产保护的精准规划和治理，或许正是下一阶段需要不断去努力的方向之一；第三，引入商业资源激活城市街区和旧城遗产，在过去一段时间被认为是一条以商业带动更新的路径，但事实证明过度商业化和资本化的运作，有可能模糊城市文化遗产保护的意图，而文化与商业结合的路径能否经得住可持续发展的考验，越来越成为严峻的议题；最后，在地居民对城市文化遗产保护的参与度和积极性仍有较大的调动空间，如何发挥地方基层组织的力量，确保人民群众提出问题、参与分析问题和解决问题的权利，应当作为城市文化遗产保护的内在问题加以关注。

第三节　“人民城市”理念下的城市文化遗产保护

城市是人类文明发展到一定阶段所形成的功能机构齐全的符合生态系统，城市伴随着科技和经济发展，不断形成、更新出自身发展的时代因素，形成与经济基础相符合的城市发展逻辑。作为人与自然有机结合的整体，一直以来，城市中堆积、沉淀了大量由人类创造的优秀文化，凝聚着一座城市自身发展而来的历史记忆。

城市也是我国政治、经济、科技、文化和教育发展的中心。在社会主义现代化建设中，城市发展水平在一定程度上反映了国家发展的水平和质量。如今，我国城镇化率已经超过60%，不仅有一批大型、超大型城市在世界城市舞台之上拥有举足轻重的地位，大量已经实现城镇化和正在进入城镇化发展的区域，更不断面临着统筹区域和城乡协调发展的问题。在以城市群、都市圈为依托构建大中小城市协调发展格局，推进以县城为重要载体的城镇化建设的理念下，结合加大文物和文化遗产保护力度、加强城乡建设中历史文化保护传承的要求，做到高质量的城市文化遗产保护，既能体现一个社会的文明程度，也反映出中国文化软实力建设的水准和高度，更展现着中国式现代化建设的优越性所在。

党的十八大以来，习近平总书记多次强调“文化是城市的灵魂”，围绕城市工作发表了一系列重要论述，明确了城市文化发展的价值观与方法论，深刻揭示了中国特色社会主义城市发展规律，为中国特色城市文化理论的构建提供了基本遵循。“人民城市”理念为城市文化生产的人民性提供了鲜明的实践指引，充分彰显了中国特色城市文化理论的价值取向。

党的二十大报告为今后一段时间的城市发展确立了方向：坚持人民城市人民建、人民城市为人民，提高城市规划、建设、治理水平，加快转变超大特大城市发展方式，实施城市更新行动，加强城市基础设施建设，打造宜居、韧性、智慧城市。在“人民城市”理念的引领下，要确立“人民城市”理念下的城市文化遗产观，推动城市文化遗产保护的全过程人民民主实践，构建城市文化遗产保护的中国方案与中国话语。

当城市治理沿着“人民城市”的道路前进，就必须建构和遵从“人民城市”的建设规律。而推进文化自信自强，铸就社会主义文化新辉煌，激发全民族文化创新创造活力，更好构筑中国精神、中国价值、中国力量，必须进一步加大城市文化遗产保护力度。同时也要将文化遗产保护同加快国际传播能力建设、向世界讲好中国故事、促进人类文明交流互鉴结合起来，使之成为提升国家文化软实力、中华文化影响力的重要抓手。

一、人民城市为人民：目的与宗旨

“历史文化是城市的灵魂”，历史文化遗产则是这灵魂的载体，与整座城市息息相通。对历史文化遗产的保护与发展，对一个城市意义重大，应从传承中华文明的战略高度进行认识，处理好城市改造开发和历史文化遗产保护利用的关系，做到在保护中发展、在发展中保护。保护历史文化名城、传承历史文化遗产，就是守护中华民族的魂，就是在传承中华文脉。中华民族历史悠久，许多中国城市都拥有数量可观的宝贵的历史文化遗产，然而，这些文化遗产却很容易在高速发展的进程中变得脆弱不堪乃至岌岌可危。伴随着过去数十年高速的城镇化进程，一些城市文化遗产遭遇到商业化、城镇化、工业化等因素的冲击，外加城市建设和规划过程中的不当判断，遭受了不可挽回的损失。

在“人民城市”理念的指导下，城市文化遗产保护在观念上也呈现出新的特点和内涵。“城市的核心是人”，2015 年 12 月，习近平总书记在中央城市工作会议上强调：“做好城市工作，要顺应城市工作新形势、改革发展新要求、人民群众新期待，坚持以人民为中心的发展思想，坚持人民城市为人民。”2020 年 4 月，在中央财经委员会第七次会议上，习近平总书记再次强调，“我国城市化道路怎么走？这是个重大问题，关键是要把人民生命安全和身体健康作为城市发展的基础目标”。“人民城市”理念强调以人民为中心，注重人民的参与和利益，而城市文化遗产观则是在这一理念基础上探讨城市文化遗产的保护、传承和利用问题。

“人民城市”理念下的城市文化遗产观强调保护和传承城市的历史和文化遗产。城市作为人类活动的中心，承载着丰富的历史和文化内涵。在“人民城市”理念的指引下，城市文化遗产被视为城市发展的重要组成部分，应得到充分的保护和传承，这意味着必须“保留城市历史文化记忆，让人们记得住历史、记得住乡愁，坚定文化自信，增强家国情怀”。这不仅是对城市历史的尊重，更能让人民更好地了解和感受城市的文化根基，增强文化认同感和归属感。

“人民城市”理念下的城市文化遗产观强调以人民为中心的利益和参与。习近平总书记曾指出，“城市工作做得好不好，老百姓满意不满意，生活方便不方便，城市管理和服务状况是重要评判标准”。城市文化遗产的保护和利用应服务于人民的需求和利益。人民应成为城市文化遗产保护的主体，能够参与相关决策和管理，享受城市文化遗产带来的福利。同时，城市文化遗产的利用也应回应人民的需求，提供教育、娱乐、旅游等多样化的服务，为人民创造更多的文化价值和经济价值。

“人民城市”理念下的城市文化遗产观强调创新和可持续发展。“要更好推进以人为核心的城镇化，使城市更健康、更安全、更宜居，成为人民群众高品质生活的空间。”传统的城市文化遗产保护模式往往偏重于保守和保护，忽视了创新和可持续发展的重要性，也忽视了城市的本质是为人民群众营造的高质量生活空间。在“人民城市”理念的指导下，城市文化遗产的保护和利用应与城市的现代化进程相结合，创新保护方法和技术手段，提升城市文化遗产的价值和可持续能力，从而在整体上使城市成为“宜业、宜居、宜乐、宜游，让人民有更多获得感，为人民创造更加幸福的美好生活”

的场所。这既能够保护传统文化的独特性和完整性，也能够满足现代社会的需求和社会主义城市发展的要求。

“人民城市”理念下的城市文化遗产保护始终强调以人民为中心，注重保护和传承城市历史和文化遗产的理念；强调人民的利益和参与；旨在实现城市文化遗产的全面保护、有效利用和可持续发展。在实践中，城市文化遗产的保护传承仍存在一定程度的问题：纵向隶属关系的“上有政策，下有对策”，横向协同关系的“势均力敌，互不退让”，各行为主体的“事不关己，高高挂起”。解决这些问题，需要在坚守“保护”底线思维前提下，充分尊重、遵循“人民城市”的理念，始终牢记城市建设和发展依靠谁、为了谁，从这一根本出发，寻求突破保护与利用协调发展的“博弈困境”。

具体而言，首先，要厘清人民群众的多种利益诉求，科学、细致地辨析不同主体边际贡献与边际收益，制定权责清晰、绩效明确的法律法规、规划方案，调动各方积极性解决“非合作博弈”困境。其次，在决策中充分尊重与协调人民群众的各方需求，从多学科视角出发明确城市未来发展定位，科学处理遗产保护同城乡建设的关系，尤其是要充分考虑人民的切身利益，形成立足实际、多方协同、科学评估、及时调整的科学决策方式。再次，要让文化遗产保护进一步融入社会发展，通过“以用促保”，积极同乡村振兴、脱贫攻坚等国家战略相对接，实现“人民城市为人民”的发展宗旨。在活化利用的过程中，还可将其同城市文化建设、生态保护相衔接，构建集“城市+文化+生态”于一体的“文化公园城市”，实现文化遗产的保护传承和城乡建设的协调发展。

总之，综合考量不同城市的文化遗产资源及发展特点，应根据具体城市的特点和需求，制定相应的政策和措施，充分尊重人民的利益和需要，强化人民在城市文化遗产保护事业中的参与基础，这样才能更好地促进“人民城市”理念下的城市文化遗产观的实施，让城市的历史和文化在人民心中生根发芽，绽放更加璀璨的光彩。

二、全过程人民民主：途径和手段

全过程人民民主是社会主义民主政治的本质属性，是最广泛、最真实、最管用的民主。在城市文化遗产保护过程中发展全过程人民民主，必须通过广泛的民主参与和决策机制，实现公众在保护、管理和利用城市文化遗产方面的权利和责任，这样才能在城市建设、保护与发展等重大命题上，确保人民当家作主的根本。这种中国特色的民主实践，还旨在打破过去由专家和政府主导的保护模式，促进社会各界的广泛参与，使城市文化遗产保护在程序、途径和手段上走上一条更为民主、公正和可持续发展的道路。

全过程民主实践要求公众参与城市文化遗产保护的决策和规划过程。“我国全过程人民民主不仅有完整的制度程序，而且有完整的参与实践。”传统上，城市文化遗产的保护和管理往往由政府和专家主导，而在全过程民主实践中，充分尊重“人民城市人民建”的客观事实，让人民群众有权利和机会参与到城市文化遗产的保护决策中，包括制定保护政策、规划城市空间布局、参与保护项目的选择和实施等，最大程度确保城市文化遗产保护满足人民群众的根本利益。

全过程民主实践强调公众在城市文化遗产保护过程中的知情权和参与权。公众应得到充分的信息，以了解城市文化遗产的价值和保护措施。同时，公众还应该有机会参与城市文化遗产保护的监督和评估，确保保护工作的合法性和效果。这需要建立起有效的信息发布渠道，提供易于理解和获取的文化遗产信息，并开展相关的教育和宣传活动，提高公众对城市文化遗产保护的认知和参与度。

全过程民主实践强调社区参与和社会组织的作用。要做到民事民提、民事民议、民事民决、民事民办、民事民评。社区是城市文化遗产的重要组成部分，社区居民应该在保护过程中发挥积极的作用。社区居民可以通过成立文化遗产保护协会、参与保护项目的管理和维护、开展社区活动和教育等方式，积极参与城市文化遗产保护工作。同时，社会组织如非政府组织、文化机构和专业团体等也可以发挥重要作用，提供专业知识和技术支持，推动城市文化遗产保护工作的开展。

全过程民主实践需要建立健全的监督和评估机制，确保城市文化遗产保护工作的公正性和效果。政府应加强对城市文化遗产保护工作的监督和管理，确保政策的执行和资源的合理分配。同时，独立的第三方机构可以对城市文化遗产保护工作的进展和效果进行评估和监测，为公众提供更多信息和参考。

2019 年 11 月 2 日，习近平总书记在上海市长宁区虹桥街道考察时指出：“我们走的是一条中国特色社会主义政治发展道路，人民民主是一种全过程的民主。”推动城市文化遗产保护的途径和手段同样基于此，作为一种重要的理念和方法，全过程民主实践能够促进人民群众参与和监督，加强社区和社会组织的作用，从而确保城市文化遗产保护工作最终服务于人民。

结语：以中国式现代化统领城市文化遗产保护

城市文化遗产是当今中国城市发展的重要组成部分，对于传承历史记忆、塑造城市形象、提升居民幸福感和获得感具有重要意义。中国式现代化勾勒了新时代守护城市文化遗产的诸多基本原则，为未来事业划定“底线”和“基准”。作为中国式现代化的进程中的一项重要任务，城市文化遗产的保护与利用一方面在“人民城市”理念的引领下，以全过程人民民主贯穿城市文化遗产保护的实践，另一方面也为城市文化遗产保护提出了更多要求，包括充分尊重历史文脉、注重人文关怀、追求可持续发展和促进文化创新等。

充分尊重历史文脉。中国式现代化强调传统文化的传承与发展，对城市文化遗产的保护提出了新的要求。不仅要保护城市中的古建筑、文物和历史街区，还要重视历史记忆的传承，通过展示历史变迁和城市演进的故事，使居民和游客更好地理解和认同城市的文化底蕴。此外，城市规划与建设应与历史文化相协调，避免对城市历史环境的破坏和城市空间的破碎化，努力保持城市整体的历史风貌。

注重人文关怀。中国式现代化强调人的价值和幸福感，对城市文化遗产的保护应注重人文关怀。保护和改善居民的生活环境，提升城市的宜居性和美感，让居民在城市中感受到文化遗产的魅力和价值。鼓励社区居民参与文化遗产的保护与管理，增强他们对城市文化的认同感和自豪感。通过举办文化活动、组织志愿者参与保护工作等方式，加强居民与文化遗产之间的联系，推动文化遗产保护成为社区共同的责任和义务。

追求可持续发展。中国式现代化强调可持续发展，对城市文化遗产的保护也应考虑其可持续性。注重文化遗产的维护与修复工作，确保其长久保存和传承。保护工作应采取科学的技术手段，注重材料选择和工艺技术，使文化遗产能够适应现代社会的需求和环境变化。将文化遗产与城市发展相结合，通过开发利用文化遗产资源，促进旅游业和文化创意产业的发展，为城市经济增长和就业创造新的动力。加强对文化遗产保护的法律和政策支持，为可持续发展提供坚实的制度保障。

促进文化创新。中国式现代化强调创新驱动发展，对城市文化遗产的保护也需要与创新相结合。通过现代科技手段和创意设计，将传统文化与现代生活相融合，创造出新的文化产品和体验，提升文化遗产的吸引力和影响力。促进文化创意产业的发展，培育具有市场竞争力的文化创意企业，推动文化产业与城市经济的良性互动。加强对年轻一代的文化教育，弘扬和传承优秀传统文化，培养创新意识和文化自信。

习近平总书记在学习贯彻党的二十大精神研讨班开班式上发表重要讲话强调："中国式现代化蕴含的独特世界观、价值观、历史观、文明观、民主观、生态观等及其伟大实践，是对世界现代化理论和实践的重大创新。"在城市化进程中，我们要坚持保护和利用城市文化遗产的原则，充分发挥其在城市发展中的重要作用，让城市文化遗产成为人们生活的一部分。同时，需要政府、学界等社会各界的共同努力，加强制度建设、宣传教育和国际合作，共同推动城市文化遗产保护工作向更高水平迈进，为子孙后代留下丰富且珍贵的文化遗产。

第五章　公共文化服务体系建设与城市文化的公共性

2021年11月，党的十九届六中全会审议通过《中共中央关于党的百年奋斗重大成就和历史经验的决议》，提出“以中国式现代化推进中华民族伟大复兴”①，强调“党领导人民成功走出中国式现代化道路，创造了人类文明新形态，拓展了发展中国家走向现代化的途径，给世界上那些既希望加快发展又希望保持自身独立性的国家和民族提供了全新选择”②。2022年10月16日，中国共产党第二十次全国代表大会在北京隆重开幕，习近平总书记代表第十九届中央委员会向大会作报告，再次强调“以中国式现代化推进中华民族伟大复兴，统揽伟大斗争、伟大工程、伟大事业、伟大梦想”，③并庄严宣告：“从现在起，中国共产党的中心任务就是团结带领全国各族人民全面建成社会主义现代化强国、实现第二个百年奋斗目标，以中国式现代化全面推进中华民族伟大复兴。”④在党的二十大报告中，深入阐述了“中国式现代化”的五个核心内涵，即“中国式现代化是人口规模巨大的现代化”“中国式现代化是全体人民共同富裕的现代化”“中国式现代化是物质文明和精神文明相协调的现代化”“中国式现代化是人与自然和谐共生的现代化”“中国式现代化是走和平发展道路的现代化”。⑤“中国式现代化”的本质，是中国共产党领导的社会主义现代化，既有各国现代化的共同特征，更有基于国情的中国特色，其意义不仅是中国社会变革的实践和探索，更为人类实现现代化提供了新的选择，为解决人类面临的共同问题提供了中国路径，为人类和平与发展事业做出了新的贡献。

---

① 《中共中央关于党的百年奋斗重大成就和历史经验的决议》，人民出版社2021年版，第24页。

② 同上书，第64页。

③ 习近平：《高举中国特色社会主义伟大旗帜　为全面建设社会主义现代化国家而团结奋斗：在中国共产党第二十次全国代表大会上的报告》，人民出版社2022年版，第7页。

④ 同上书，第21页。

⑤ 同上书，第22—23页。

中国式现代化，是我国在改革开放长期探索的基础上，经过党的十八大以来在理论和实践方面不断创新的结晶。中国式现代化是全面发展和全面进步的伟大事业，没有社会主义文化的发展和繁荣，就没有真正的中国式现代化，因为文化对于构建中华民族向心力，构建人类命运共同体具有重要的认同意义和纽带作用。中国式现代化的科学内涵、鲜明特色和本质要求，为我国健全现代公共文化服务体系提出了战略方向和理论引领，而中国公共文化事业的发展，公共文化服务的不断完善，也是中国式现代化的有机组成部分。系统梳理、把握新时代在建设文化强国的总体格局中，现代公共文化服务体系的建立健全与城市文化公共性的关系，以及党的十八大以来公共文化服务体系建设的创造性实践，能够为丰富中国式现代化的内涵提供鲜活的实践案例，为健全现代公共文化服务体系的政府决策提供支撑，为城市文化的创新发展做出贡献。

第一节　中国特色公共文化服务与公共性的关系

一、对于“公共性”的认识

“公共性”一词诞生于西方，作为一个历史悠久的观念，在西方哲学和政治思想中频繁出现。本节将从“社会”和“文化”两个维度来认识“公共性”。

（一）社会的“公共性”

公共性是一个萌生于西方的术语。在古希腊时代，公共性意味着社会中的个体能够超越自身利益去考虑群体中其他人的利益，同时，还意味着个人具备了公共精神和公共意识，能够参与城邦事务，是希腊公民社会成熟的标志。在古希腊和古罗马共和时代，基于对公民身份和公共生活的重视，人们将公共性视为良善生活的本质内容。后来，随着城邦的解体和帝国的建立，公共生活的重要性被削弱。在文艺复兴时期的意大利，小型共和城市的短暂繁荣曾推动了公共性观念的复兴。到了近代，西方占据主导地位的自由主义思潮更强调个人生活中的自由和权利，而非公共生活的价值。在社会利益方面，也更加强调私人利益的追求对于实现社会经济繁荣的正面意义，而国家则仅限于提供基本的法律秩序和其他公共品。西方现代社会在国家和社会分离的基础上，试图为人们的公共参与建立一个稳定的制度框架。德国著名哲学家哈贝马斯提出的“公共领域”，就是一个介于国家和社会之间的领域，在这个领域，市民可以自由发表言论，对公共事务进行协商。在哈贝马斯看来，公共领域的基础源于社会再生产和政治权力的分离，随着市场经济的发展，等级政治的冲破，市民社会才得以在底层生成，资产阶级的公共领域才得以确立。① 哈贝马斯所讨论的公共性是以不同立场、意见的并存为前提，这种公共性重视的是人与人之间的差异，通过基于差异的沟通，维持、整合社会整体。现代社会中，西方公共性是建立在“个体性”和“差异性”的基础上的，正如肖瑛所言：“从现代性角度看，（西方）公共性的基石是个人主义，是个体基于自身利益和权利的保障而参与公共生活，营造公共精神。”②

反观我国，在古代的典籍中，虽然没有“公共”这个术语，但是却不乏对“公”的表述。在中国文化传统中，“公”的基本含义是与“私”相对的，并由此演化出“公正”“公平”“公开”“共同”等引申意义。从“天下为公”“端心向公”“公生明，偏生暗”等表述中，不难发现，在中国传统思维脉络中，“公”强调的是人与人之间、人处理事务及社会关系时的“共性”而非差异，小浜正子将这种“共性”概括为“以社会的一元化共同意识、一体感为前提，谋求社会全体的利益”。③ 不仅如此，健全的“公”这个观念的价值还同时体现在“制度”和“个人德行”两个方面，并且在两者的关联中共同维系和整合着中国传统社会。

通过对公共性的梳理，我们发现，中国和西方对公共性存在不同的认识。当代中国引入了来自西方的“公共性”这一术语，在接受市场经济内在的个人主义伦理、承认个人自由的基础上，更尊重中国传统历史和思想中传达的共同体意识。在公共性这个概念中，实现了“传统的创新性转化”——把个人的理念引入中国的价值体系，在此基础上，理性地结合中国传统的伦理规范，使之成为中国人精神气质和民情的核心成分，让传统的价值观仍然能够在现代中国发挥规范社会的功能。中国当代“公共性”的建构，是对中华传统文化内涵的补充、发展和完善，发挥了两方面的作用：“一方面可以有效地在制度和伦理两个层面厘清公和私的边界，另一方面又用传统伦理美德来

① ［德］哈贝马斯：《公共领域的结构转型》，曹卫东等译，学林出版社 1999 年版，第 8—25 页。
② 肖瑛：《公共性及其实践：中西古今之间》，中国社会科学出版社 2021 年版，第 85 页。
③ ［日］小浜正子：《近代上海的公共性与国家》，葛涛译，上海古籍出版社 2003 年版，第 2 页。

防止个人主义向原子论以及利己主义的滑落。”①

21 世纪以来，随着中国社会建设的不断推进，学术界越来越关注从国家管理的角度考察公共性，认为公共性是国家和政府最根本的特性——国家和政府的主要职能是向社会提供基本的公共服务，这是当代中国社会最基本的公共性，也是公共文化服务体系建设的前提条件。

（二）文化的“公共性”

文化是群体共有的而非个体性的，公共性是文化的本质特征之一。文化的公共性，不仅表现为共时性的群体之间的分享，同时也表现为历时性的，可以被不同时代的主体所共享。国家、地区之间的文化交流证明，文化的部分内容和精神可以超越民族和地域的局限，为全世界、全人类共享。文化的共通与共享，源于人类是社会性的动物，在长期的生产和生活实践中形成了社会性的群体，并且借助群体的力量才能使自身的需要获得满足，离开群体，个体的生命难以得到根本性的保障。在群体生活中，个体要学会尊重群体中其他个体的权利，遵守群体的规约，而文化就是以一种柔性的方式，强化了这种规约。

在一个国家内部，文化凭借强大的认同功能，构建了全民族共同的精神家园，成为联系全民族命运共同体的纽带，文化是国家之魂，也是民族凝聚力之源。因此，在当代中国，文化的公共性体现在：“要守正创新，固本培元，推进中华优秀传统文化与当代文化相融通，用刚健厚重先进质朴的社会主义先进文化滋养民族气质、引领社会风尚，不断汇聚实现中华民族伟大复兴的精神力量。”② 这也是中国现代公共文化服务体系建设的使命。

二、现代公共文化服务体系的构建

在西方，长期以来只有“公共服务”的概念，而“公共文化”是中国的创造。1978 年，中国开始探索改革开放之路；21 世纪初叶，在中央关于“十一五”规划的建

① 《公共性及其实践：中西古今之间》，第 261 页。

② 傅凯华：《推动中华优秀传统文化创造性转化创新性发展》，载《中共中央关于党的百年奋斗重大成就和历史经验的决议辅导读本》，人民出版社 2021 年版，第 290—291 页。

议中，首次出现“公共文化”这一表述，意味着在社会主义市场经济发展到一定程度之后，政府越来越关注文化建设问题。通俗地说，“先有市场经济，后有公共文化服务体系”①。在计划经济时代，政府以大包大揽的方式办文化；在社会主义市场经济条件下，政府在文化领域一方面不再包办一切，另一方面却需要强化兜底性保障人民群众最基本的文化权益，“公共文化”就是在这样的背景下诞生的。

“公共文化服务”作为现代公共文化服务体系的核心概念，是在中国特色社会主义建设过程中创新性提出的。《中华人民共和国公共文化服务保障法》第二条明确规定，公共文化服务，“是指由政府主导、社会力量参与，以满足公民基本文化需求为主要目的而提供的公共文化设施、文化产品、文化活动以及其他相关服务”②。公共文化服务，是丰富人民群众精神文化生活、传承中华优秀传统文化、弘扬社会主义核心价值观、增强文化自信、提高全民族文明素养的有效支撑。“公共文化”这个概念，本身就是在文化领域，立足于中国国情的理论创新。

当前，构建现代公共文化服务体系是高质量前景下的现代化，是全体人民共同富裕背景下的现代化，是物质文明和精神文明相协调下的现代化。在推进中国式现代化进程中，用高质量的公共文化服务，满足人民群众精神文明的新期待，丰富人民精神世界，铸就社会主义文化新辉煌，推进文化自信自强。

三、公共文化服务与公共性的关系

公共文化服务这一概念的核心是“公共性”，是社会公共性和文化公共性的有机统一，现代公共文化服务体系的构建，意在以文化的公共性守护社会的公共性。

首先，公共文化服务强调文化的公共性对社会共同价值的构建作用，也就是说，公共文化建设需要有公共关怀。所谓公共关怀，包括三个方面：第一，公共关怀的对象是普通民众；第二，公共关怀的内容是从公共立场而非私人立场出发思考公共利益；第三，公共关怀的范围是公共生活、公共事务。中国社会亟待通过文化的公共关怀推

---

① 《王锦萍访谈录》，载黄凯锋主编：《现代公共文化服务体系建设：上海的实践与思考》，学林出版社2017年版，第163页。

② 《中华人民共和国公共文化服务保障法》，中国法制出版社2017年版，第3页。

动社会公共性的建设，进而在中国新的历史时期形成新的社会公共性。从目前国内形势看，随着我国经济、政治与社会的深刻变革，人们的价值观念呈现出多样化、多元化甚至多变的趋势，其积极意义在于，体现现代社会对于个人和个体的尊重，其消极影响在于，有可能加剧社会的碎片化，甚至加深经济转型时期社会的撕裂，进而对于发展繁荣社会主义事业构成挑战。就文化建设与中国社会公共性的关系而言，迫切要求文化建设能够使先进文化和主流文化获得整个社会的广泛认同，确保社会主义文化发展和繁荣的正确方向，同时，文化建设需要不断增强中国特色社会主义共同理想和价值观的凝聚力、感召力，只有这样，在新时期利益诉求多元化的背景下，中国才能真正拥有产生社会共识的思想基础，并在这个共识的基础上产生一致的认知和共同的行动，中国式现代化才能持续、有效推进。

其次，公共文化服务要坚持文化的公益性属性。作为保障人民基本文化权益的服务，公共文化服务应把社会效益放在首位，坚持发展为了人民，发展依靠人民，发展成果由人民共享，使文明的人生观、道德观被社会广泛认同，并融入广大人民群众的生活实践，真正实现文化的公共性。

再次，只有充分发挥文化的公共性，社会的公共性才能得到有效保障。社会公共性的形成是以文化的公共性为前提条件的，并非所有人的所有活动都能增进社会公共性，只有公共维度内的文化现象、文化活动才能促进社会公共性的实现，进而推动城市公共性的建设，最终促进社会的科学和良性发展。社会公共性的发展，很大程度上取决于文化公共性的成熟度。正是基于这样的认识，中国共产党顺应综合国力竞争的新趋势和人民群众的新期待，把文化建设作为现代化建设总体布局的重要组成部分，指出中华民族伟大复兴必然伴随着中华文化的繁荣兴盛，要更加自觉、主动地推动文化大发展大繁荣，并就提高国家文化软实力、兴起文化建设新高潮做出一系列重大战略部署，为中国特色社会主义事业的发展提供强有力的思想保证和精神动力，也为新时代通过文化建设再造中国社会的公共性提供理论指引。

综上所述，公共文化服务是体现文化关怀、保障人民基本文化权益的服务，鼓励全社会广泛参与，发展成果由人民共享，将有助于通过文化建设重构中国社会的公共性，既可以为中国社会转型提供一种新的路径选择，也有助于从文化角度培育中国民众的公共精神，为中国式现代化注入持续的活力。

第二节　中国特色公共文化服务体系的主要特征

中国特色的公共文化服务，以促进社会公平正义、增进人民福祉为出发点和落脚点，具有四个鲜明的时代特征：

第一，以人民为中心。这是构建中国特色的现代公共文化服务体系的出发点和落脚点。习近平总书记指出："人民对美好生活的向往，就是我们的奋斗目标。"①2019 年 11 月 2 日，习近平总书记在考察上海时，提出"城市是人民的城市，人民城市为人民。无论是城市规划还是城市建设，无论是新城区建设还是老城区改造，都要坚持以人民为中心，聚焦人民群众的需求，合理安排生产、生活、生态空间，走内涵式、集约型、绿色化的高质量发展路子，努力创造宜业、宜居、宜乐、宜游的良好环境"。② 构建现代公共文化服务体系，是城市生活中一件造福于民的事业，必须将全心全意为人民服务的精神贯穿始终，真正实现文化发展为了人民、文化发展依靠人民、文化成果由人民共享，让人民群众有更多的获得感，为人民创造更加幸福美好的生活。

第二，以均衡发展为要求。这是中国特色的现代公共文化服务体系的基本特点。改革开放以来，中国经历了世界上规模最大、速度最快的城镇化进程，城市发展带动经济社会发展，城市建设成为现代化建设的强劲引擎，取得了举世瞩目的成就。但是，城镇化在快速推进中也积累了一些矛盾和问题，例如进城的农民工难以完全融入城市，没有享受到与城市居民平等的公共服务和相关权益；仍然存在的城乡二元结构还在阻碍社会公平和共同富裕的实现。社会主义的本质要求是消除两极分化，最终达到共同富裕。习近平总书记反复强调"要建立健全城乡基本公共服务均等化的体制机制，推动公共服务向农村延伸、社会事业向农村覆盖"③，"要着力解决人民群众最关心最直接

① 习近平：《人民对美好生活的向往，就是我们的奋斗目标》，载《论把握新发展阶段、贯彻新发展理念、构建新发展格局》，中央文献出版社 2021 年版，第 22 页。

② 《习近平在上海考察时强调：深入学习贯彻党的十九届四中全会精神　提高社会主义现代化国际大都市治理能力和水平》，载新华社：https://baijiahao.baidu.com/s?id=1649178695992634792&wfr=spider&for=pc，2019 年 11 月 3 日。

③ 习近平：《把乡村振兴战略这篇大文章做好》，载《论"三农"工作》，中央文献出版社 2022 年版，第 279—280 页。

最现实的利益问题，不断提高公共服务均衡化、优质化水平”。[①] 当前公共文化服务体系建设中，地区间、城乡间和不同群体间的差距仍然很大，影响了文化惠民的效果。因此，构建现代公共文化服务体系，必须将工作重心放在基层，着力加强老少边穷地区、农村地区公共文化服务体系建设，实现均衡发展，切实保障全体人民群众的基本文化权益。

第三，以改革创新为动力。这是构建中国特色的现代公共文化服务体系的活力源泉。党的十八大以来，在习近平总书记的公开讲话和报道中，“创新”一词反复出现，他强调“创新是一个民族进步的灵魂，是一个国家兴旺发达的不竭动力，也是中华民族最深沉的民族禀赋。在激烈的国际竞争中，惟创新者进，惟创新者强，惟创新者胜”。[②] 坚持创新发展，就是要把创新摆在国家发展全局的核心位置，让创新贯穿国家一切工作。对于公共文化领域而言，创新意味着要理顺政府和公益性文化事业单位之间的关系，加快转变政府职能，完善管理体制和运行机制，优化配置各方资源，提升公共文化服务的整体效益；同时要促进文化与科技深度融合，推动文化事业和文化产业协调发展，不断丰富公共文化服务的新内容和新形式，不断提升公共文化服务质量和效能。

第四，以公共文化立法为保障。这是构建中国特色的现代公共文化服务体系的战略基石。习近平总书记指出：“全面贯彻依法治国基本方略，依法规划、建设、治理城市。要坚持依法治国、依法执政、依法行政共同推进，坚持法治国家、法治政府、法治社会一体建设，促进城市治理体系和治理能力现代化。”[③] 制定并出台《中华人民共和国公共文化服务保障法》《中华人民共和国公共图书馆法》《博物馆条例》等作为其中最为重要的标志，推动现代公共文化服务体系形成了以宪法为根本，以公共文化服务基本法律、专门法律和行政法规为主干，以地方性法规和行政规章为补充的、与时俱进的现代公共文化服务法律体系，为公共文化服务的现代化保驾护航。

---

① 习近平：《浦东要努力成为更高水平改革开放的开路先锋》，载《论把握新发展阶段、贯彻新发展理念、构建新发展格局》，第 437 页。

② 习近平：《在欧美同学会成立一百周年庆祝大会上的讲话》，载人民网：http://politics.people.com.cn/n1/2016/0301/c1001-28159755.html，2013 年 10 月 21 日。

③ 习近平：《在中央城市工作会议上的讲话》，《习近平关于城市工作论述摘编》，第 84—85 页。

第三节　中国特色公共文化服务体系的创造性实践

2002年11月，党的十六大报告中，首次厘清了文化事业和文化产业的关系。在随后的五年间，兴起了21世纪中国公共文化设施建设的新高潮，全国大中型文化设施建设项目显著增加，其中中央重点文化设施建设项目总建筑面积62.18万平方米，概算总投资90.71亿元；中央补助1186个基层文化设施建设项目共计5亿元，此举带动各地对图书馆、文化馆建设的投入，地方配套资金达到14亿元，基本实现了县县有图书馆、文化馆的建设目标。[①] 党的十七大以后，国家高度重视公共文化服务体系建设，制定了一系列重要政策措施，各地政府和文化部门按照中央的战略部署，以建立覆盖全社会的公共文化服务体系为目标，以保障群众基本文化权益为着力点，以重点文化惠民工程为抓手，以文化设施为载体，以文化服务为核心，公共文化服务体系建设呈现出蓬勃发展的良好态势，覆盖城乡的公共文化设施网络基本建成，公共文化服务体系框架基本建立。[②]

2011年，由原文化部和财政部共同开展国家公共文化服务体系示范区创建工作，此项工作历经“十二五”和“十三五”建设阶段，横跨十余载，先后共有4批120个城市（地区）通过验收并获得“国家公共文化服务体系示范区”称号，覆盖了31个省、自治区和直辖市。各示范区创建城市将创建实践与制度设计研究和制度成果转化有机结合，探索了重大文化惠民项目的科学建设路径，并在基础设施建设、公共文化产品和服务供给、社会力量参与、数字化智慧化建设、体制机制改革等方面进行了创新实践，形成了突破性制度成果，初步构建了公共文化示范区制度体系，深化了公众对公共文化服务的认知，丰富了公共文化服务的内涵，形成了独具中国特色的公共文化服务建设经验。公共文化示范区为全国公共文化服务体系建设提供了示范，也向国际社会展示了现代治理格局下中国特色的现代公共文化服务体系建设的“中国经验”和“中国样板”，在全国范围内鼓励各城市在公共文化领域进行创造性探索，为国家公

---

① 董敬畏：《十六大以来文化建设与社会公共性问题研究》，浙江工商大学出版社2012年版，第87页。
② 同上书，第101—102页。

共文化服务体系建设探索了路径、积累了经验。①

党的十八大以来，公共文化建设深入参与中国式现代化的历史进程，全国上下紧扣中央关于文化和旅游公共服务改革发展的决策部署，深入贯彻新发展理念，突出公共文化服务体系重点领域和关键环节，引领中国公共文化服务体系建设开新局、谋新篇。"十二五"到"十三五"时期，《中华人民共和国公共文化服务保障法》《中华人民共和国公共图书馆法》《博物馆条例》及《国家基本公共文化服务指导标准》《国家基本公共服务标准（2021 年版）》等发布实施，有力地保障了群众基本文化权益。"十四五"以来，《关于推动公共文化服务高质量发展的意见》《"十四五"公共文化服务体系建设规划》等重要政策文件的出台，也为新发展格局下公共文化服务高质量发展明确了具体方向。尤其是 2022 年 10 月，党的二十大胜利召开，又对健全现代公共文化服务体系进行了全面部署，明确要求在新的历史发展阶段，推动现代公共文化服务体系的主要方面、核心要素进一步均衡发展，进一步走向完善，以更好地满足人民群众日益增长的精神文化需求，与时俱进地充实体现新发展理念，形成面向文化强国战略的新要素、新内容。近十年来，针对我国在建立健全现代公共文化服务体系进程中存在的一些突出短板与问题，主要进行了以下几个方面的创造性实践：

一、公共文化服务城乡一体化发展

城乡一体化发展，是我国工业化、城镇化、农业现代化发展到一定阶段的必然要求，是国家现代化的重要标志。城市和乡村是相互依存的，处理好城乡关系，关乎中国式现代化建设的全局。习近平总书记指出，推进城乡一体化是从我国城乡发展不平衡、不协调和城乡二元结构的现实出发，"把工业和农业、城市和乡村作为一个整体统筹谋划，促进城乡在规划布局、要素配置、产业发展、公共服务、生态保护等方面相互融合和共同发展"，② 城乡一体化的目标是"逐步实现城乡居民基本权益平等化、城乡公共服务均等化、城乡居民收入均衡化、城乡要素配置合理化，以及城乡产业发展

① 刘晓东：《打造公共文化服务创新实践的示范样板——国家公共文化服务体系示范区创建的成效、经验与创新意义》，《图书馆论坛》2021 年第 7 期。

② 习近平：《努力形成城乡发展一体化新格局》，载《论"三农"工作》，第 157 页。

融合化”。[①] 上述要求落实到文化领域，明确了建设现代公共文化服务体系的首要问题是推动公共文化服务的城乡一体发展。各地始终贯彻落实党中央、国务院的战略部署，紧密结合本地区实际，以均衡发展为目标，形成了具有中国特点、时代特色的公共文化发展之路。

（一）以标准化为引领和保障

党的十八届三中全会提出“促进基本公共文化服务标准化、均等化”的奋斗目标。2015 年初，由中共中央办公厅、国务院办公厅联合发布的《关于加快构建现代公共文化服务体系的意见》中指出，按照一定标准推动实现基本公共文化服务均等化，促进城乡基本公共文化服务均等化。其中，《国家基本公共文化服务指导标准（2015—2020 年）》作为其附件，是一份补短板、兜底线、体现政府责任的公共文化服务标准。公共文化服务体系标准化建设得到中央前所未有的重视，引发了全社会的广泛关注。各地方政府纷纷响应，加强顶层设计，先后制定出台了符合当地实际的基本公共文化服务实施标准[②]。此后，《国家基本公共服务标准（2021 年版）》的制定出台，均为各地实施标准的制定提供了指引。标准化制度成为压实政府主导责任、实现城乡均衡供给、推动公共文化服务城乡一体化发展的基础。到 2020 年，我国基本建成了以保基本、兜底线、促公平为主要标志的现代公共文化服务体系。

以此为契机，各地以标准化的思路推动城乡一体，用标准化手段提升公共文化服务整体质量，并通过构建上下衔接、成龙配套的保障标准，形成了一系列切实有效的公共文化服务标准体系。如浙江全省各市、县（市、区）按照省委、省政府的要求，每年制定《基本公共文化服务标准化均等化年度责任分解》，把推进基本公共文化服务标准化工作列入重要议事日程，采取积极有效举措全面推进。2019 年，浙江省文化和旅游厅组织开展《浙江省基本公共文化服务标准（2015—2020 年）》完成情况认定工作，87 个县（市、区）通过认定，占总量的 97.8%，在全国率先实现了基本公共文化服务标准化[③]。

---

① 习近平：《努力形成城乡发展一体化新格局》，载《论“三农”工作》，第 157 页。

② 冯佳：《公共文化服务标准中的公共图书馆》，《中国图书馆学报》2016 年第 3 期。

③ 浙江省文化和旅游厅：《走在共同富裕的道路上：浙江省公共文化服务高质量发展的创新实践》，浙江人民出版社 2021 年版，第 31 页。

（二）以总分馆制为措施和手段

2015年1月，中办国办印发《关于加快构建现代公共文化服务体系的意见》，在促进城乡基本公共文化服务均等化的部署中，提出了“以县级文化馆、图书馆为中心推进总分馆制建设”的重点任务，这是在宏观政策层面首次把总分馆制由图书馆领域扩展到文化馆领域。2016年12月，文化部、国家新闻出版广电总局、国家体育总局、国家发展改革委、财政部联合印发《关于推进县级文化馆图书馆总分馆制建设的指导意见》，在总结以往经验的基础上，明确了今后文化馆图书馆总分馆制建设新的目标任务。此后，中央一系列文化领域的重要文件，均将建立县级文化馆图书馆总分馆制作为完善乡村公共文化服务体系的重要抓手。特别是2016年6月的《“十四五”公共文化服务体系建设规划》中还专门提出“探索创新基层图书馆运营模式，结合总分馆制建设，试点推进建设一批管理先进、特色鲜明、与社区融合共生的主题性阅读场所”等新思路。

截至2022年6月，全国分别有2674个县（市、区）建成文化馆总分馆制、2642个县（市、区）建成图书馆总分馆制，在全国县（市、区）一级占比分别达94%和93%①，形成了全国省、地（市）、县（市）三级财政投入保障总分馆制建设，并打造出凝结行业共识的以广东省佛山市禅城区为代表的垂直管理模式、以浙江省嘉兴市为代表的多级投入和集中管理的“两员”制度模式、以重庆市大渡口区为代表的“双向委托”模式、以广东省中山市为代表的“分馆+”模式，以及以湖南省长沙市和深圳市等为代表的中心馆—总分馆等多样化建设模式，极大地推动了优质公共文化服务向基层延伸。

（三）以农村基层发展为关键和重点

习近平总书记曾指出，“把广大农民对美好生活的向往化为推动乡村振兴的动力”。② 在现代公共文化服务体系构建及全面推进乡村振兴战略进程中，农村作为提

① 王彬：《公共文化服务这十年：让百姓文化生活更有获得感》，载《中国文化报》：https://mp.weixin.qq.com/s?src=11&timestamp=1680748438&ver=4451&signature=-3*jAjxUyal3klUKqEsGfbKcyeldIKbdMoED6PUtqOgdMquIBtE49OSl8CVWAoNy-I*xPPpYN5LjHLPVTZR9iE96GL2nFd83-m3BsNTvGlHhwPmB2GpP3Dm-8C1sMmAJC&new=1，2022年10月10日。

② 习近平：《把乡村振兴战略这篇大文章做好》，载《论“三农”工作》，第274页。

升公共文化城乡一体化水平的薄弱地区，经历了从补短板、脱贫攻坚，到全面促进乡村振兴，再迈向满足农村居民“基本文化需求与增强精神力量相统一”的发展新阶段。

在此背景下，各地积极繁荣发展农村基层文化，推动公共文化服务城乡一体化发展，充分挖掘乡村特色文化资源，推动优质地方特色资源的创造性转化、创新性发展，形成了宁波村歌、丽水村晚、银川广场舞等乡村节日民俗活动。各地还依托传统的重大“文化惠民工程”，紧密结合美丽乡村建设，深化“中国民间文化艺术之乡”“艺术乡村”“戏曲进乡村”“民族民俗文化旅游示范区”及“乡村网红”培育计划等，重塑乡村文化生态，实现农村基层文化的重点突破发展。

（四）以城市文化新空间建设为抓手和亮点

近年来，特别是“十四五”以来，围绕“公共文化服务圈”的建设发展，各地备受关注的“城市书房”“文化驿站”等有特色的新型公共文化空间如雨后春笋般涌现，以迅猛的发展速度散布于城市的各个角落，让百姓够得着、用得上，充分体现了公共文化服务的实效性，极大地增强了公共文化新空间服务效能。不仅涌现出如浙江省“15 分钟品质文化生活圈”、重庆市渝中区“10 分钟文化圈”、广东省佛山市南海区“城乡 10 分钟文化圈”等典型案例，不少农村地区还围绕“公共文化服务圈”的建设发展，探索出安徽省安庆市农村区域文化中心等农村文化枢纽设施建设模式，形成了区域文化新枢纽的统筹规划。

二、推动公共文化治理体系和治理能力现代化

中国式现代化发展道路对新时代的文化创新提出了更高要求，不仅要有更加自觉的文化自强意识，还要有更加科学的文化治理水平和文化创新能力[①]。公共文化服务的治理逻辑及其现代化路径可以说是对中国式现代化的积极响应。

为充分激发全社会公共文化的发展活力，各地积极探索，通过政策扶持、社会主体培育等形式促进社会力量捐建场馆、参与服务和运营管理等，推动文化要素与

① 祁吟墨：《以文化自信自强铸就社会主义文化新辉煌——“学习贯彻二十大精神　文化建设专题理论研讨会”综述》，《图书馆论坛》2022 年第 11 期。

经济社会各领域融合发展，形成政府、市场、社会之间的良性互动。其中，以上海市为代表，高标准推进社区文化活动中心社会化专业化管理，不断完善社会运营主体考核机制，建立多种形式的公共文化共建机制，增强基层公共文化设施服务效能，形成“政府主导、社会参与、各方协商、志愿服务、群众受益”的工作格局，推动公共文化服务将最好的资源留给人民，将最好的时段交给群众，将最优质的服务效能释放出来。

（一）文采会精彩纷呈

党的十八大以来，我国公共文化服务体系建设在保持制度优势、强化政府责任的同时，积极探索社会化发展新路径①，各地按照社会化、专业化的发展方向，秉承政府、市场、社会共同参与，积极推进体制机制创新，公共文化服务效能显著提升。为大力推进公共文化服务社会化发展，各地持续加大政府购买公共文化服务力度，鼓励和支持公民、法人及其他组织等社会主体参与公共文化设施建设、运营和管理，引导支持各类主体推出丰富多样、内容优质、效益双赢的文化产品和服务。各地积极创新政府向社会力量购买服务模式，在公共文化产品采购大会举办方面进行了一系列有益探索，形成了以上海、成都和东莞等区域为代表的文化产品交易平台，并带动安徽省马鞍山市等地相继开始探索适应本地的“文采会”市场化模式，初步实现了文艺作品生产、流通、评价的良性循环，推动了公共文化供给从封闭式向开放式转变。

（二）文旅志愿服务蔚然成风

近年来，全国文旅行业的志愿服务活动在丰富群众精神文化生活、推进基层文化建设、参与社会治理等方面发挥了积极作用。各地通过制定规章制度、建设服务体系、设立行业协会、打造品牌项目等方式，持续实施“春雨工程”“阳光工程”“圆梦工程”等示范性志愿服务项目，不断探索志愿服务新机制，形成了一大批立得住、叫得响的志愿服务品牌，使文旅志愿服务在全国蔚然成风，越来越多的群众通过文旅志愿服务，参与社区建设和城市文明实践。这些文化志愿服务，尊重市民对城市发展的知情权、参与权、监督权，鼓励企业和市民通过各种渠道参与城市建设和管理，使社会治理的

---

① 李国新、李斯：《现代公共文化服务体系实现跨越式发展 / 非凡十年》，http://www.china.com.cn/opinion2020/2022-10/13/content_78463588.shtml，2022 年 10 月 13 日。

三大主体——政府、社会、市民在文化服务中共同发挥城市建设的积极性，在共建共享过程中，实现城市共治共管。

与此同时，各地积极推进文旅志愿服务工作规范化、制度化，如天津市河西区制定《河西区文化志愿者招募与管理办法》《河西区文化志愿服务制度》《河西区文化志愿者监督管理制度》等一系列制度文本，福建省厦门市颁发《厦门市公共文化管理制度》《厦门市文化志愿者招募管理办法》《厦门市文化志愿者管理办法》《关于加强文化志愿者工作的通知》《厦门市公共文化服务志愿者管理制度》等一系列文件。此外，北京市东城区、浙江省嘉兴市、河南省郑州市、湖南省长沙市等地，通过设立各级服务中心、服务点等方式，打造各具特色的多级文化志愿服务与组织管理体系。广东省东莞市则通过孵化，形成了覆盖全市的文化志愿服务体系，培育了共计405个文化和旅游志愿服务组织及业余文艺社团，推动了各级公共文化场馆组建文化志愿服务团队、开展志愿服务活动。

三、公共文化数字化建设

习近平总书记非常重视科技在提高城市发展持续性方面的作用，强调“大数据在保障和改善民生方面大有作为。要坚持以人民为中心的发展思想，推进‘互联网＋教育’‘互联网＋医疗’‘互联网＋文化’等，让百姓少跑腿，数据多跑路，不断提升公共服务均等化、普惠化、便捷化水平”。[①] 加强文化与科技融合，推进公共文化数字化建设，是构建现代公共文化服务体系的重要内容。党的十八大以来，各地持续推进公共文化服务和数字技术融合发展，积极布局公共文化领域的“新基建”，不断提升数字文化服务能力。十余年间，我国公共文化数字化建设不断加强，从“云端”到“指尖”，文化服务全时在线。截至2021年底，中央财政累计支持建设全民阅读资源2497.98TB、全民艺术普及资源1346TB，国家公共文化云平台累计访问量达8.8亿人次。“十四五”期间，全国智慧图书馆体系建设项目和公共文化云建设项目启动实施，借助各类数字化服务，优质的文化艺术资源无阻传输，城乡群众能够同步分享文艺展演、专题讲座、

① 习近平：《在十九届中央政治局第二次集体学习时的讲话》，载《习近平关于城市工作论述摘编》，第111—112页。

艺术慕课等公共数字文化产品，公共文化智慧化不断升级[①]。

（一）加强云平台建设

伴随新技术应用的日新月异，全国多地主要通过“一站式”文化云平台的建设与完善，不断丰富线上文化产品供给，让广大市民足不出户就能享受到丰富多彩的公共文化服务。一方面，各地纷纷启用了文化云新平台，并作为一站式综合平台，基本囊括了业务资讯、场馆约定、活动预约、艺术鉴赏、行业管理、数据分析与展示等诸多功能，且与国家公共文化云实现资源贯通对接，数字供给得到量级提升。另一方面，优化完善已有平台功能，推动各地基本实现了“线上全覆盖、线下有试点”和线上线下“一站式”综合数字文化服务。

（二）强化数字资源建设

为满足公众日趋多元、个性化的数字文化需求，各地持续加大数字资源建设资金投入力度，并通过加快地方特色资源建设、加强跨机构合作、丰富全民艺术普及资源等方式，推动数字文化资源实现大幅增长，推进公共数字文化创新发展。首先，地方文化资源得到丰富。各地在推动公共文化设施馆藏资源数字化基础上，还建设了各种非遗资源库、老照片数据库、地方文献数据库等地方特色专题数字资源库群。其次，跨机构合作共建提升服务能级。除公共文化机构与数字企业签订战略合作框架协议、获赠各类数字资源外，跨区域、跨系统的数字资源也实现了共联共享。再次，艺术慕课开发受到普遍关注。各类艺术慕课资源、艺术“中央课堂”、微视频等免费线上艺术培训形式得以推出，为全民艺术普及创造了便捷条件。

（三）打造智能化应用新场景

在技术创新和数字资源的支撑下，各地积极创新数字文化领域的应用转化，加强数字艺术、沉浸式体验等新型文化业态在公共文化场馆的应用，着力打造内容更丰富、服务更便捷的公共文化智慧场馆，增强公共文化服务的互动性和趣味性。

近年来，在中央政策指引和新技术手段支撑下，各地纷纷推出融合实体和虚拟的

---

① 王彬：《公共文化服务这十年：让百姓文化生活更有获得感》，载《中国文化报》：https://mp.weixin.qq.com/s?src=11&timestamp=1680748438&ver=4451&signature=-3*jAjxUyal3klUKqEsGfbKcyeldIKbdMoED6PUtqOgdMquIBtE49OSl8CVWAoNy-I*xPPpYN5LjHLPVTZR9iE96GL2nFd83-m3BsNTvGlHhwPmB2GpP3Dm-8C1sMmAJC&new=1，2022 年 10 月 10 日。

各类型数字文化体验馆和数字文化体验空间，为用户带来前所未有的交互新体验。同时，多地还运用高科技手段，将传统文化文物等进行全方位呈现。如北京市东城区通过数字沉浸式体验空间来解锁传统胡同、“非遗”、博物馆、老字号等新玩法；河南省郑州市博物馆运用高科技手段和声、光、电等全方位展现馆藏文物的厚重感、神秘感；海南省澄迈县罗驿村数字博物馆建设完成并入驻中国传统村落数字博物馆；重庆市渝中区各大博物馆和陈列馆均开通了AR展馆功能和文物扫码阅读服务；陕西省渭南市启动“非遗”研究基地和“非遗”重点实验室建设、构建“华夏文明之根”AR及VR讲解和展示体系，开启了公共文化服务的新样式。

四、公共文化融合发展

现代公共文化服务体系的构建不是文化部门一家的工作，应广泛吸纳社会力量共同参与，利用最先进的技术和管理方式，解决公共文化部门“单打独斗”的局面，让公共文化服务释放出更大的能量。党的十八大以来，各地深化开放理念，促进不同区域、不同领域、不同业态的联动与合作，实现资源互通，促进功能融合，提高综合效应。特别是党的二十大报告以“大文化事业”的理念部署繁荣和发展文化事业，公共文化融合发展之势愈发凸显，并取得了多方面的探索与实践经验。

（一）文旅融合促进新消费

文化是旅游的灵魂，旅游是文化的载体。文化和旅游服务融合发展是文旅深度融合的重要内容，但也是实践中的难点之一。全国各地紧抓文旅融合新机遇，在制度保障的同时，通过文旅小镇打造、文旅节庆活动、景区景点植入文化元素等“嵌入式”发展，文化和旅游公共服务机构功能融合试点单位、国家文化和旅游消费示范城市和试点城市、国家级夜间文化和旅游消费集聚区，以及长城国家文化公园、大运河国家文化公园、长征国家文化公园及黄河国家文化公园等文化工程建设，助力地方经济迸发活力，推进、破冰文化和旅游双向促进。

在推进城乡一体化建设的大背景下，新时代基层公共文化服务的开放融合发展路径也日益清晰，各地抓住发展机遇，积极行动，在促进公共文化服务与旅游相融合过程中，大力推动乡村文化场馆升级，推动基层公共文化设施与旅游公共服务设施融合发展，形成乡村文旅融合的新阵地。如湖南省长沙市在有条件的乡镇完善综合文化站设施和服务，增设乡村旅游咨询服务中心职能，实现游客延揽接待、景点线路推介、人文故事讲述、土特产品展陈等多种文旅公共服务有机整合；海南省保亭县在县图书馆内设立“旅游咨询点”提供旅游咨询服务等，并在乡村打造书院民宿、牛栏咖啡屋、村史博物馆，升级改造乡镇综合文化站为“综合文化和旅游服务中心”等，丰富了旅游产品，提高了幸福指数。

此外，为深入推进文化旅游融合发展，加快文化资源创造性转化，各地打造各类文化主题旅游品牌，培育具有影响力的文化旅游项目，推动城市丰富文化内涵，提升文明形象。如天津市河西区精心设计与海河游船河西航线互为补充的文化博览游、都市风情游线路；上海市徐汇区和浦东新区在“建筑可阅读”项目的基础上重点梳理地方特色建筑阅读线路；江苏省苏州市打造“书香文旅”“流动的博物馆”等“苏州好行”旅游专线；河北省廊坊市建设了一批以挖掘保护传承非物质文化遗产资源和民俗文化为重点的文化小镇；新疆建设兵团石河子市逐步把融合军垦文化建设的老旧小区建成景区景点，克拉玛依市持续打造“红色地标”导览工业旅游、研学旅游等；广东省东莞市长安镇构建出“图书馆＋生态游”“图书馆＋智造游”，从图书馆出发即可轻松了解本土产业优势和特色；四川省成都市因地制宜建设了一批文化院坝、乡村戏台、非遗传习场所、乡史村史和社区博物馆等，将丰富的公共文化服务与乡村旅游、民宿等旅游业态相结合，构建了主客共享的文旅公共空间。

（二）机构融合推动新业态

长期以来，我国公共文化机构各自为政、单打独斗的现象难以适应社会公众对公共文化服务综合性、多样化、一站式的要求，也难以形成服务合力与综合效能。“十四五”以来，各地在深化事业单位改革的基础上，根据中央的决策部署和地方的总体安排，整体性、系统性推进机构改革，统筹公共文化机构，各项事业稳步推进，有力推动了公共文化高质量发展。如江苏省苏州公共文化中心“多馆合一”，浙江省嘉兴市嘉善县图书馆、文化馆、博物馆“三馆融合”，广东省佛山图书馆与青少年宫“馆宫合作”，江苏省江阴市公共文化艺术发展中心机构合并等，还有上海市浦东文化艺术指导中心、南汇分馆、南汇博物馆、惠南镇文化中心四家文化单位联合建立“惠民艺盟”，都成为区域内公共文化机构服务联建的范本。

（三）区域融合实现新发展

在中央区域协同发展政策的大背景下，地缘相接、人缘相亲、文化互通成为推动公共文化一体化建设得天独厚的优势。各地以构建跨区域文化合作机制为抓手，加强区域性联动和协调发展，推动公共文化服务向更高水平、更深层次、更宽领域的全新拓展。

围绕京津冀都市经济圈、长江三角洲城市群、粤港澳大湾区、成渝双城经济圈，各地形成有效联动发展，破解发展不均衡难题。而在其他区域合作与发展方面，围绕胶东经济一体化、“襄十随神”（襄阳、十堰、随州、神农架）、长株潭城市群、沿黄九省区、东北三省、川东北五市、北部湾经济区、天山北坡经济带等国家及区域战略，各地共同打造支撑地区文化高质量发展的联盟列阵，有效提升了区域性公共文化服务的交流发展与品牌建设。特别是在落实国家公共文化示范区城市（项目）文化交流联动工作基础上开展的示范区联动，也极大地推动了各地公共文化服务典型经验的示范与推广。如山东省烟台市积极开展与青岛、东营、威海等示范区城市的区域交流活动，内蒙古包头市先后同新疆克拉玛依市、陕西省渭南市、安徽省铜陵市、西藏山南市、山东省东营市、河南省新郑市、重庆市北碚区、广西南宁市、浙江省宁波市等20余个示范区城市之间开展了公共文化交流与区域文化联动，促进了交流互鉴。

第四节　中国特色公共文化与城市文化理论建构

一、公共文化建设的顶层设计

党的十八大以来，依法治国方略在公共文化领域扎实落地，公共文化法治建设取得了历史性、突破性成果。在国家强有力的顶层设计的支撑与保障下，我国的公共文化服务以构建现代公共文化服务体系和推动公共文化服务高质量发展为主题，以改革创新为动力，在取得巨大成就的同时，呈现出持续快速发展、品质全面提升、城乡共同繁荣、人民群众文化获得感和幸福感显著增强的新局面。从2013年起，在短短的十年间，党中央、国务院及国家相关部门不断出台促进公共文化发展的法律、法规和政策性文件，已经形成了较为完善的公共文化制度保障体系。

（一）“十二五”时期公共文化发展的战略部署

2013 年 11 月，党的十八届三中全会通过《中共中央关于全面深化改革若干重大问题的决定》，在这一纲领性文件中，最早出现了“现代公共文化服务体系”的概念，该文件不仅提出构建现代公共文化服务体系的战略任务，并将构建现代公共文化服务体系作为推进文化体制创新的重要内容。

2015 年初，中共中央办公厅、国务院办公厅印发《关于加快构建现代公共文化服务体系的意见》(以下简称《意见》)，贯彻落实党的十八届三中全会的战略部署，全面系统地阐述了具有中国特色的现代公共文化服务体系的总体要求、基本原则、主要目标，明确了现代公共文化服务体系建设的重点任务，描绘了现代公共文化服务体系建设的目标蓝图，开启了我国现代公共文化服务体系建设的新征程。《意见》将现代公共文化服务体系的核心内容概括为标准化、均等化、社会化、数字化和体制机制改革等“四化一改革”。而作为《意见》附件的《国家基本公共文化服务指导标准（2015—2020 年）》首次发布，提出共计三大类 14 项 22 条基本公共文化服务国家标准，并要求地方各级政府以国家标准为依据，结合本地区实际，出台具有地方特色的基本公共文化服务实施标准。《意见》的颁布，表明现代公共文化服务体系建设更加注重以创新为动力，顺应文化发展的时代趋势，有序推进符合文化发展规律的公共文化服务标准化、均等化、社会化、数字化建设，以及更加适应我国国情和市场经济要求的体制机制改革。

2015 年 10 月，国务院办公厅印发了《关于推进基层综合性文化服务中心建设的指导意见》，提出要发挥基层综合性文化服务中心的终端平台优势，整合分布在不同部门、分散孤立、用途单一的基层公共文化资源，实现人、财、物统筹使用，强调今后和未来一段时间，要把建设基层公共文化中心作为一项重点改革任务，为打通公共文化服务“最后一公里”提供了制度遵循。

2015 年 11 月，原文化部、国务院扶贫办等七部门联合印发《“十三五”时期贫困地区公共文化服务体系建设规划纲要》，对“十三五”时期全面建成小康社会进程中贫困地区的公共文化服务体系建设作出了专项规划、具体安排。

（二）“十三五”时期公共文化建设的制度安排

2016 年 12 月，全国人大常委会审议通过《中华人民共和国公共文化服务保障法》，这是我国文化领域第一部具有基础性、全局性、综合性的法律，构筑起了我国公共文化服务法律保障制度的四梁八柱，奠定了维护和保障人民文化权益的法律基石。

几乎与此同时，原文化部、国家新闻出版广电总局、国家体育总局、国家发展改革委、财政部联合印发《关于推进县级文化馆图书馆总分馆制建设的指导意见》，并在总结以往经验的基础上，提出“到 2020 年，全国具备条件的地区因地制宜建立起上下联通、服务优质、有效覆盖的县级文化馆、图书馆总分馆制”，明确了文化馆、图书馆总分馆制建设的目标任务。

2017 年 9 月，中宣部、原文化部等七个部门联合印发《关于深入推进公共文化机构法人治理结构改革的实施方案》（以下简称《实施方案》），提出“加强党对公共文化机构领导，按照政事分开、管办分离要求，以公共图书馆、博物馆、文化馆、科技馆、美术馆为重点领域，推动公共文化机构建立以理事会为主要形式的法人治理结构，吸纳有关方面代表、专业人士、各界群众参与管理，落实法人自主权，进一步提升管理水平和服务效能”。《实施方案》还为公共文化机构法人治理结构的具体推进实施提出明确的目标，推动全国市（地）级以上规模较大、面向社会提供公益服务的公共文化机构，基本建立以理事会为主要形式的法人治理结构。

2017 年 10 月，党的十九大胜利召开，作出我国社会主要矛盾转化的战略判断，提出中国经济社会已步入高质量发展阶段，公共文化服务的内容由“有没有”向“好不好”转变，公共文化服务由“社区”向“社群”延伸，持续十多年的全国文化信息资源共享工程也在“十三五”期间开始向公共数字文化服务转型，数字图书馆推广工程带动全国县级以上公共图书馆全部具备数字服务能力，数字文化馆试点项目开启了文化馆数字化建设快速发展新历程，为满足人民群众的文化需求展现出新景象。

2017 年 11 月，全国人大常委会审议通过《中华人民共和国公共图书馆法》，这是我国第一部针对具体公共文化服务机构的国家专门立法，为公共图书馆充分发挥传承文明、传播知识的社会功能，充分发挥推动、引导和服务全民阅读的重要作用，提供了法律依据和保障。地方性公共文化法律制度建设与国家立法协同推进，为建立健全公共文化服务法律体系迈出了坚实步伐。①

2018 年 3 月，中华人民共和国文化和旅游部批准设立。在文旅融合的背景下，全国各地文化和旅游机构陆续改革，公共文化服务和旅游公共服务融合发展破题，文化和旅游公共服务机构功能融合试点稳步推进。

2020 年 10 月，党的十九届五中全会明确了到 2035 年基本实现社会主义现代化的远景目标，提出建成文化强国；国民素质和社会文明程度达到新高度；国家文化软实力显著增强的战略任务。此次全会表明，在中国共产党第二个百年征程新起点，我国的公共文化服务体系建设正朝着具有文化强国底蕴、品质和气派、具有中国特色世界一流水平的宏伟目标扎实前进。②

（三）“十四五”时期公共文化服务的高质量提升

在“十三五”时期快速发展的基础上，高质量发展成为公共文化服务体系在“十四五”新时期建设的主旋律。为顺应“十四五”时期公共文化服务从外延扩张到内涵提升的重大环境变化，在新的形势下更好推动公共文化服务实现高质量发展，2021 年 3 月，文化和旅游部、国家发展改革委、财政部联合印发《关于推动公共文化服务高质量发展的意见》。坚持以习近平新时代中国特色社会主义思想为指导，坚持以人民为中心和新发展理念，明确了推动公共文化服务高品质发展、均衡发展、开放发展、融合发展的四条原则，紧紧围绕公共文化服务发展中的重点领域和关键环节，主要从六个方面提出了具体工作任务，确定了“十四五”时期推动公共文化服务高质量发展的基本政策措施和实施路径。③

2021 年 4 月，文化和旅游部印发《“十四五”文化和旅游发展规划》，其中，健全现代公共文化服务体系作为“一个工程、七大体系”的重点任务之一，要求重点统筹公共文化设施软硬件建设，创新实施文化惠民工程，加快公共数字文化建设，提高公共文化服务的覆盖面和实效性，成为“十四五”时期公共文化推动加快建设社会主义文化强国的任务书。

---

①② 李国新、李斯：《现代公共文化服务体系实现跨越式发展 / 非凡十年》，http://www.china.com.cn/opinion2020/2022-10/13/content_78463588.shtml，2022 年 10 月 13 日。

③ 《〈关于推动公共文化服务高质量发展的意见〉解读》，https://mp.weixin.qq.com/s/hiGBGbo7jtokNFfDuCmv5A?，2021 年 3 月 31 日。

2021年6月，文化和旅游部印发《“十四五”公共文化服务体系建设规划》，提出要以文化繁荣助力乡村振兴，精准对接人民群众文化需求，推动公共文化服务数字化、网络化、智能化建设，为当前和今后一段时期的公共文化服务体系建设明确了时间表和路线图。

2022年，中办国办印发《关于推进实施国家文化数字化战略的意见》，指明了我国文化数字化的发展方向，提出了公共数字文化建设跃上新台阶的总要求。统筹推进国家文化大数据体系、全国智慧图书馆体系和公共文化云建设，构筑物理分布、逻辑关联、全景呈现的中华文化数据库，打造更多老百姓身边的线上线下一体化、在线在场相结合、大屏小屏相补充的沉浸式、体验式公共阅读和艺术普及数字场景，明确了公共文化数字化建设的新方向、新任务。

二、新时代公共文化发展的使命担当

（一）增进民生福祉，提高人民文化生活品质

为中国人民谋幸福是中国共产党立党和执政的本质要求。公共文化建设的出发点和落脚点是以人民为中心，要实现好、维护好广大人民群众的根本利益，首先应该保障人人平等享有文化的权益。未来公共文化发展要进一步深入群众、深入基层，采取更多文化惠民、情暖人心的举措，着力解决人民群众最迫切的文化需求，健全公共文化服务体系，提高文化服务水平，提高人民文化生活品质，为中国式现代化提供坚实的文化支撑。

（二）践行社会主义核心价值观，提升全社会文明程度

社会主义核心价值观是公共文化建设的内在灵魂，是凝聚人心、汇聚民力的精神力量。未来公共文化领域将进一步深入开展围绕社会主义核心价值观的宣传教育，坚定中国特色社会主义共同理想，着力培养勇于担当民族复兴大任的时代新人。新时代公共文化服务还要与公民道德建设相结合，弘扬中华传统美德，提高全民族道德水准和文明素养；统筹推进文明实践和文明创建，推进城乡文明建设融合发展，培育社会新风貌，为中国式现代化提供坚实的精神支撑。

（三）推进文化自信自强，增强中华文化的传播力影响力

中国式现代化的发展道路，是在世界舞台上展现中国实践和中国智慧。党中央强

调，“中华优秀传统文化是中华民族的突出优势，是我们在世界文化激荡中站稳脚跟的根基”，[①] 这就要求我们务必坚持中国特色的社会主义文化发展道路，坚守中华文化立场，为民族立魂，激发全民族的文化创造力和文化活力。公共文化服务将坚定文化自信，在凝练和展示中华文化的精髓方面发挥更加积极的作用，通过丰富的公共文化活动和公共文化产品，向人民群众，也向全世界讲好中国故事，传播中国声音，展现良好的中国文化形象，深化文明交流与互鉴，推动中华文化走向世界。

中国作为世界上最大的发展中国家，要想掌握自己的前途命运，必须立足本民族的实际，突出中国特色，依靠自己的文化力量，形成自己的文化优势，坚定走自己的文化发展道路，以文化自觉的态度增进文化自信，并通过文化建设最终达到文化自强。在这个漫长的历史征途中，公共文化正在发挥着举足轻重的作用，也必将以新的历史使命和担当，全面融入探索中国式现代化的伟大事业，为中华民族的伟大复兴贡献强大的文化力量。

① 《中共中央关于党的百年奋斗重大成就和历史经验的决议》，人民出版社 2021 年版，第 46 页。

第六章　中国特色文化产业发展与城市空间文化赋能

随着人类生活轨迹的延伸、扩张及生活方式的变迁，城市研究逐渐从对城市形态的关注转向对城市文化的深入剖析。文化，是城市的灵魂，促进城市文化繁荣是当今城市建设的核心趋向。而文化产业作为文化经济和文化创意的载体，已成为全球城市建设和国力竞争的新范式。任何一种旨在发展城市文化或完善城市空间的建设都离不开文化产业的参与。近年来，习近平总书记围绕城市工作发表了一系列重要论述，为城市文化发展指明了新的方向，严格实行五个统筹原则，使政府、社会、市民三大主体，运用改革、科技、文化三大动力，历经规划、建设、管理三大环节，参与到生产、生活、生态三大布局中，改善空间、规划、产业三大结构。根据城市资源禀赋，培育发展各具特色的城市产业体系，强化城市间专业化分工协作，增强城市创新能力，营造良好就业和生活环境。[①] 在城市快速发展过程中，能否形成符合当地实际、体现资源禀赋、文化特色的城市发展空间结构、规模结构、产业结构，直接关系城市发展全局。[②] 因此，结合中国特色社会主义理论，探究文化产业与城市空间的潜在关联，挖掘两者间的作用机制，发展独具中国特色的城市文化与文化产业，打造宜居、韧性、创新、智慧的城市，能够为回应建设怎样的城市、怎样建设城市、怎样发展城市的时代命题助力。

第一节　文化产业与城市空间赋能的文化溯源

城市空间为文化产业提供了场所设施、交通便利、人才资源与市场需求乃至使文化产品生效的制度结构、社会网络与资本运作模式。文化产业自城市空间中诞生，并

---

① 习近平：《论“三农”工作》，中央文献出版社 2022 年版，第 57 页。

② 《十八大以来重要文献选编》(下)，中央文献出版社 2014 年版，第 79—80 页。

随着城市的发展逐渐成为城市文化建设的新发展范式，成为城市软实力的重要构成部分。

一、文化产业与城市空间赋能发展的缘起

文化产业一词来源于文化工业。文化工业出自法兰克福学派阿多诺和霍克海默的著作《启蒙辩证法》一书。法兰克福学派认为文化工业所生产的文化产品都表现出标准化、齐一化、程式化，以类似于工业生产的方式，采用大规模机器进行印刷和复制，按照一定的标准、程序批量生产、机械复制。自 18 世纪 60 年代伊始，工业革命在全球范围内崛起，掀起了建设大规模工厂的浪潮，直接促进了近代城市化。城市成为面积大、人口密、工厂多的人类居住区，不但享有政府自治权，还是贸易、运输、防御、制造业与文化生产的中心。与此同时，信息科技的革新使得大众媒介得以广泛传播，进一步推动文化产业与大众文化的兴起，一同汇聚在城市空间中，形成了城市文化雏形。文化产业的业态发展同城市经济的发展也具有正相关性，一般而言，城市经济越发达，文化产业也越繁荣，反之亦然。原因之一是城市空间能够为文化产业提供发展支持和环境保障，原因之二是文化产业能够驱动城市空间改造与城市文化创新。

城市空间在场地交通、人才资源、市场需求、政策红利、社会网络等方面为文化产业提供了强有力的支持与保障。文化产业偏好于城市空间内集聚，这源于城市空间提供的制度、相关产业和基础设施的正外部性、城市交通便利性，以及稳定的文化贸易及消费市场，尤其是城市空间提供的多样化创意文化氛围与创意人才网络，能进一步促进社会关系的成型及知识外溢效应。城市空间提供的多样性场所，为不同类型的文化产业提供了成长的空间，市政府推出的文化产业红利政策在文化产业进驻空间的选择中同样发挥了重要作用。① 无论是城市公共文化空间、历史文化遗址空间还是文化产业集聚空间，城市总能为文化产业提供适宜的发展环境和必要的发展条件，为文化产业的发展和繁荣进行全方位的保驾护航。

文化产业是城市空间与城市文化发展的驱动引擎，能够推动城市空间改造与城市

① 黄斌：《北京文化创意产业空间演化研究》，北京大学博士学位论文 2012 年。

文化创新。文化产业为城市空间提供了更好的创新环境和创新生态，文化产业的从业者即创意阶层，他们散布在城市的各个角落，乐此不疲地进行着各项文化创意实验和实践，从而有力地推动文化的发展和创新，为城市的经济、社会、文化发展注入新动力。创意阶层的核心成员一般包括科技、建筑、设计、教育、艺术、音乐及娱乐等领域的工作者，他们创造新理念、新技术和新创意内容。创意阶层的所有成员，都重视创造力、个性等创意精神。在《创意阶层的崛起》一书中，美国经济学家理查德·佛罗里达（Richard Florida）详细描述了创意阶层如何参与到城市文化建设中。他认为，创意阶层能够赋能城市空间与城市文化建设。

从历史溯源来看，文化产业与城市空间自诞生起便具有天然的、内在的关联性，彼此相互影响与相互赋能，且这种正向联系随着技术革命和创意革命的到来而越加紧密。当下，文化产业与城市空间文化赋能是一种不断以创新的方式应对城市问题，改善市民生活品质，提升城市建设质量，吸聚文化、投资、商业、劳动力资源的可行性路径。

二、文化产业与城市空间赋能的相关综述

自 20 世纪 90 年代起，伴随文化经济的兴起，特别是 90 年代后期以来文化产业研究在全球范围内受到了关注，众多学者从经济学、地理学、城市规划、社会学等学科角度对文化产业与城市空间关系进行了一系列研究。在这些研究中，主要有如下三条重点研究路径。

路径一：关于文化产业空间集聚及其影响机制的研究。近年来，以新增长理论、新产业区理论和新经济地理学理论以及政治经济学和社会学的空间生产、后现代城市主义等理论对文化产业在城市空间内的集聚进行了大量研究，主要关注文化产业的城市空间集聚机制及其演化动力等。艾伦·J. 斯科特关注文化经济要素与地理环境的聚合动因与地区性的发展特性，他认为文化企业和劳动力市场在形成过程中促进了生产制度和地理环境的汇集，所产生的高回报现象进一步促进了聚合的趋势。① 产业空间

① ［美］艾伦·J. 斯科特：《城市文化经济学》，董树宝、张宁译，中国人民大学出版社 2010 年版，第 3—5 页。

集聚理论始于马歇尔和韦伯对区位的研究，在后福特制生产取代了传统的工业生产后，“新产业区”的研究逐渐兴起，从企业的区位选择、专业化分工、企业间的投入产出关系、运输成本、交易成本等经济方面探讨了影响产业集聚的因素。经济地理学中的梯度推移理论、增长极理论和地域生产综合体理论，以及制度经济学中的交易费用理论、网络组织理论等对产业集聚分析有所贡献。① 皮埃尔和赛伯从企业与其所处的社会环境之间的互动关系入手研究集群的形成动因，即柔性专业化生产和生产系统的垂直分离。②

路径二：关于城市文化与文化产业人文主义机制的研究。文化产业是后福特时代以来弹性生产的重要产业，是经济与文化、技术的结合，其产业组织与传统产业有较大不同，具有人力资本积累、创新、知识外部性等几方面的优势和特征，能够引发新的市场需求、具有持续的高增长率，且产业链长、产业关联大，对其他产业具有直接或间接的诱发功效，有助于推动经济增长。③ 城市是创意阶层释放自身创造力和生命力的舞台，是城市发展进程中塑造城市文化的核心软因素。由于创意阶层对于城市生活的舒适和便利程度要求要高于其他阶层，因此，洁净的生活环境、稳定的社会治安、完善的公共设施、便捷的交通和通信，将成为城市吸引创意人才的重要条件，使城市与文化产业相互促进，形成创造财富与价值的“决定性竞争优势”。

路径三：关于创意城市、智慧城市与文化产业融合发展机制的研究。创意城市与智慧城市作为新兴概念载体，是近年来城市文化研究的重点。在技术创新与产业转型升级的背景下，创意城市、智慧城市在各学科思想火花与各理论范式的碰撞下孕育发展。创意城市的广义概念指为适应时代发展要求，通过创造性的思维和实行和行动实现的综合城市发展策略，狭义概念指以创意经济为主导开展的城市更新改造活动，涉

① 倪卫红、董敏、胡汉辉：《对区域性高新技术产业集聚规律的理论分析》，《中国软科学》2003 年第 11 期。

② 苗长虹：《“产业区”研究的主要学派与整合框架：学习型产业区的理论建构》，《人文地理》2006 年第 6 期。

③ 顾江：《全球价值链视角下文化产业升级的路径选择》，《艺术评论》2009 年第 9 期。

及产业发展策略、文化资本策略、地域营销策略等。① 创意城市是推动文化经济、打造知识经济的关键，通过创意产业的兴起赋予城市新的生命力和竞争力，以创意方法解决城市发展的实质问题。智慧城市是物联网、云计算、大数据、空间地理信息等新一代信息技术的创新应用与城市转型发展的深度融合。② 智慧城市的核心是在市民生活和互动的生态系统的每一实体中引入智慧，城市的智慧化已经成为当今城市发展的重要趋势和主要特征。在中国智慧城市的创建中，文化产业受益于技术的变革，其产业形态也发生着巨大的改变，越发呈现出产业融合明显化、生产方式智能化、传播渠道多元化、消费方式人性化的特征。③ 智慧城市建设为科技与文化的融合提供了新的契机，将促进传媒产业和媒体艺术产业全面转型升级，改变图书出版、报刊发行、广播电视及电影、动漫、游戏、音乐等的产业链构成和市场运营模式。在新的产业形态之中，数字内容成为关键文化产业的新兴业态。④

综上所述，文化产业与城市空间赋能的相关研究主要以区位集聚、文化因素及技术创新三维度为主，多关注外部环境与技术条件对文化产业与城市空间的影响，对于文化产业与城市空间深度的文化赋能研究有所不足。因此，本文以文化赋能为切入点，对文化产业与城市空间的文化与精神内核进行多方面的阐释，并结合我国当下的国情，即国内城市产业发展升级及城市增长从增量空间转向存量空间的转变，都使得文化产业与城市空间赋能的深入研究格外重要与必要。

三、现有文化产业与城市空间文化赋能的不足

我国的文化产业和城市空间在近年来得到了较为快速的发展，但同时也面临着诸多问题和挑战，文化产业遭遇了规模小、结构紊乱、市场需求错位、缺乏创新能力等困境，城市空间面临着文化单一化、同质化、空壳化等难题。

文化产业结构不合理，城市空间建设趋向同质化。传统文化业态在互联网时代饱

① 甘霖、唐燕:《创意城市的国际经验与本土化建构》,《国际城市规划》2012 年第 27 卷第 3 期。
② 房毓菲、单志广:《智慧城市顶层设计方法研究及启示》,《电子政务》2017 年第 2 期。
③ 陈东:《智慧城市中的文化产业新业态思考》,《山东行政学院学报》2014 年第 1 期。
④ 房勇、王广振:《智慧城市建设：中外模式比较与文化产业创生逻辑》,《河南师范大学学报》(哲学社会科学版）2017 年第 44 卷第 6 期。

受观众流失、经营下滑的困境，崛起的网络文化产业则面临内容碎片化、模式同质化与运营监管难的瓶颈。在许多城市中，以观光为主的文旅文化产品仍占据主导地位，新型休闲度假产品尚处于培育期，已建、在建、计划建设项目众多，能够凸显城市文化特色的龙头文化产品缺失，艺术欣赏、高端文化产品与服务消费不足，文化质量不高的休闲娱乐产品供大于求，造成城市文化市场供给存在着较为严重的供需结构性失衡。文化产品的单一化也造成了城市空间建设的同质化。中小型城市，尤其是中西部城市，其城市景观、标识建筑、文化布局、产业类别乃至产品生产都原模原样地复制国内大型城市或国外城市，反而导致了自身特色城市文化流失，不仅难以吸引外来旅游者，更造成本地市民缺乏文化认同感与文化归属感。

文化专业人才较为匮乏。放眼全球发达城市，城市中文化产业的从业人员即创意阶层，在整体工作人口中的占比在逐年上升，纽约占比 12%，伦敦和东京的比例更高，为 14% 及 15%。对比之下，我国的超大型城市如北京及上海，创意阶层比例还未达到千分之一。文化专业人才缺口大，优质人才资源匮乏，储备人才不足。超大型城市尽管能为文化创意阶层提供良好的发展环境及包容的生态氛围，但房价过高，生活成本大，创意人才流动频繁进一步加剧了这一困境。与此同时，文化产业中既有企业单位也有事业单位，事业单位作为公共文化产品和服务的提供者，有利于对文化资源的保护，但也因此在市场中缺乏竞争意识，缺少转型动力，提供的文化产品和服务缺乏创新创意，制约了文化产品和服务的竞争力。未来需要积极适应新时期市场变化，实施“盘活存量、创新增量”策略，深化文化产品和服务供给侧结构性改革。

文化产业缺乏原创能力，优秀城市文化资源优势亟待转化。一方面，文化产业以内容和原创为生命线，这需要企业及个人主体发挥自身能动性，不断思考、挖掘创意并进行转化开发。目前，我国文化原创力缺失，导致了同质化、低端化经营问题严重，产业链整合能力较低，直接造成了文化资源的流失和浪费。部分企业沉迷于模仿和复制，只关注一时的经济利益，而忽视了长线的文化品牌生产与设计，终被市场所淘汰。另一方面，文化资源因其属性的特殊，分属不同管理部门，容易出现多头管理、条块分割的现象，城市部门之间管理目标的差异、资源产权的复杂使得资源整合难以形成合力，制约了文化资源的开发利用，单向流动以至于造成了城市文化资源的浪费，许多优秀的城市文化资源亟待发现、开发和转化。

第二节 文化产业与城市空间赋能的文化升级

当前中国文化产业和城市空间发展接连遭遇了发展瓶颈与发展困境，这表明之前照搬西方发展经验与发展模式的行动无法适应我国目前的发展现状，亟须跳出以往的西方城市文化建设思维，依据我国国情，建构具有中国特色的城市文化理论，进一步促进文化产业与城市建设的可持续发展。

一、新时代文化产业与城市空间文化赋能的重点

古人云，“城，所以盛民也”。近年来，习近平总书记针对城市工作发表了一系列重要论述，指出了新的发展重点和发展痛点。通过引入中国特色社会主义相关理论，在理论上能够进一步升级现有的城市文化及文化产业指导理论，在实践上能够指导城市经济转型升级、丰富城市文化生活、弘扬中华文化、增强文化产业软实力和城市文化软实力等，是跳出西方城市发展思维禁锢的有效方式，是避开城市病等发展陷阱的有效举措。

中国特色社会主义理论下的城市工作主要包括五个统筹维度：其一，统筹空间、规划、产业三大结构，根据城市资源禀赋，培育发展各具特色的城市产业体系，强化城市间专业化分工协作，增强城市创新能力，营造良好就业和生活环境。① 各城市应依据自身的发展情况和内在潜力，制定出符合本地特点的策略来促进城市经济的发展。其二，统筹规划、建设、管理三大环节，提高城市工作的系统性。城市工作要树立系统思维，从构成城市诸多要素、结构、功能等方面入手，对事关城市发展的重大问题进行深入研究和周密部署。② 其三，统筹改革、科技、文化三大动力，增强城市持续发展能力。③ 深化城市改革，包括推进城市科技、文化等诸多领域改革。优化创新创业生态链，让创新成为城市发展的主动力，特别是要把互联网、云

① 《论“三农”工作》，第 57 页。
② 《十八大以来重要文献选编》(下)，第 81 页。
③ 《做好城市工作的基本思路》，第 79—80 页。

计算等作为城市发展的主动力，促进基础设施互联互通，释放城市发展新动能。其四，统筹生产、生活、生态三大布局，提高城市发展的宜居性。把握好生产空间、生活空间、生态空间的内在联系，实现生产空间集约高效、生活空间宜居适度、生态空间山清水秀。① 其五，统筹政府、社会、市民三大主体，提高各方推动城市发展的积极性。城市发展要善于调动各方面的积极性、主动性、创造性，集聚促进城市发展正能量。②

因此，将习近平总书记对于城市工作的指导及中国特色社会主义理论相结合，可以构建新时代文化产业与城市空间文化赋能发展的重点方向。即增强文化自信与传统文化传承、繁荣发展城市文化事业与文化产业、促进城市文化产业新兴业态竞争力。第一，增强文化自信与传统文化传承。习近平总书记在党的二十大报告中对“推进文化自信自强，铸就社会主义文化新辉煌”作了全面系统阐述，为新时代新征程上社会主义文化强国建设指明了前进方向、提供了根本遵循。文化自信，是更基础、更广泛、更深厚的自信，是更基本、更深沉、更持久的力量。近年来，全党全国各族人民文化自信明显增强，全社会凝聚力和向心力极大提升，为新时代发展中国城市建设与文化产业建设提供了思想保证和精神力量。第二，繁荣发展文化事业和文化产业。坚持以习近平新时代中国特色社会主义思想为指导，以社会主义核心价值观为引领，确保文化事业和文化产业始终沿着正确方向发展。以社会主义先进文化、革命文化、中华优秀传统文化培根铸魂、启智润心，提升群众思想觉悟、道德水准、文明素养和全社会文明程度。③ 第三，提升城市文化产业新兴业态竞争力。新兴文化业态作为与传统文化产业相对的概念，主要是指基于技术要素的内容产业。它与传统文化产业最大的不同在于现代科学技术特别是现代信息技术的运用。推动新兴文化业态发展的动力主要来自两个方面，一方面是技术创新与进步，另一方面是文化内容的创意与创新。文化新业态将会为文化产业的发展创造巨大的产业规模、经济效益和发展潜力。数字化、创新化、多元化将成为城市文化产业发

① 习近平：《论坚持人与自然和谐共生》，中央文献出版社 2022 年版，第 125 页。
② 《十八大以来重要文献选编》（下），第 91 页。
③ 徐国宝：《扎实推进文化事业和文化产业繁荣发展》，《理论导报》2023 年第 2 期。

展的必然趋势。

二、构建新时代文化产业与城市空间的文化赋能机制

文化产业与城市空间是相互影响与相互促进的。城市空间是文化产业的发展场所和载体，文化产业通过生产文化产品和提供文化服务，为城市空间注入文化元素和活力，提升城市的文化品位和文化吸引力。两者具有天然的内在关联性，两者都强调通过文化赋能促进城市的建设和发展。

赋能，最初起源于管理学中“empower”，常授权联系在一起使用（empowerment），意指在激烈的市场竞争中，企业减少层级，采取扁平化的组织结构，激励员工不断学习与创新的一种有效手段。此后赋能一词泛用化，可以适用于更多的场景与语境，其含义可理解为赋予能量或赋予能力，是主体挖掘和释放潜能的关键。当前，我国城市发展已经进入了新的发展时期。通过结合中国特色社会主义理论及习近平总书记对于城市工作的重要论述，从文化赋能的维度切入，尝试构建文化产业与城市空间文化赋能机制，解析文化产业与城市空间如何在现代城市中相互影响与相互促进，进而推动这一机制的普及与运行，为国人打造宜居、韧性、创新、智慧的城市生活。

文化赋能包含文化溯源、文化升级、文化协同与文化赋值四个层次。从文化溯源来看，文化产业诞生于城市空间中，是近代城市化的重要组成部分，城市空间能够为文化产业提供发展支持和环境保障，文化产业能够驱动城市空间改造与城市文化创新，文化产业发展已经成为当下城市文化发展的新范式；从文化升级来看，现今中国文化产业遭遇了规模小、结构紊乱、市场需求错位、缺乏创新能力等发展瓶颈，城市空间面临着文化单一化、同质化、空壳化等发展困境。文化产业结构不合理，城市空间建设趋向同质化、缺乏原创能力、城市文化资源亟待转化等问题亟待解决。因此，需要跳出以往的西方城市建设思维，依据中国国情，结合中国特色社会主义理论与习近平总书记对于城市工作的“五个统筹”等论述，建构具有中国特色的城市文化理论；从文化协同来看，从产业到空间协同、从空间到产业协同两种模式是当下文化产业与城市空间的重要协同方式，前者是城市文化的自上而下的自发协同，后者是城市文化的从上到下的扶持协同，两种文化协同方式的结合才能够更好促进文化赋能效用的最大

化；从文化赋值来看，城市空间与文化产业文化赋能有形象、品牌和软实力三个维度，对城市空间的文化建设与城市文化产业发展起到核心驱动的效用。最后，通过优化政策细则，加大对文化产业与城市空间赋能的支持力度，集聚新兴业态，加快建设文化产业与城市空间赋能的品牌化集群，紧抓前沿技术，加强研发文化产业与城市空间赋能的数字化创新这三个优化路径，升级文化产业与城市空间的文化赋能机制，推进具有中国特色的城市文化建设与实践。

构建新时代文化产业与城市空间的文化赋能机制，能进一步增强大众的文化自信，通过将中华优秀传统文化融入文化产品，传承和发扬中华文明，推动现代文化创新，促进文化自信和文化自觉，提升社会自信心与凝聚力；构建新时代文化产业与城市空间的文化赋能机制，能有效促进城市经济发展，提升文化产业在城市经济发展中的占比。因文化产业具有较高的附加值和创新性，能够促进城市经济的多元化和转型升级，提高城市的综合竞争力；构建新时代文化产业与城市空间的文化赋能机制，能积极增进城市民生福祉。文化产业能够提供丰富多彩的文化产品和文化服务，满足人民群众对文化消费和精神需求，增加人们的幸福感、获得感和归属感；构建新时代文化产业与城市空间的文化赋能机制，能持续推进城市文化发展，增强城市文化软实力。文化产业能够通过城市规划、建筑设计、公共艺术等方面对城市进行文化赋能，提升城市的文化品位和文化吸引力，并打造文化品牌，提高城市文化软实力，吸引国内外游客和投资者，促进城市的经济和社会发展；构建新时代文化产业与城市空间的文化赋能机制，能高效增强全球多样文化与中国文化的交流与融合，促进不同文化群体之间的交流和融合，增强国家和民族之间的文化交流，推动世界文化多样性的发展和交流。

第三节　文化产业与城市空间赋能的文化协同

文化产业与城市空间的文化协同围绕着城市空间结构是如何形成、空间结构是如何影响文化产业发展、文化产业反过来如何影响城市空间这三个问题展开。文化产业与城市空间的文化协同通常有两种模式，前者是多样文化产业与城市空间的协同，是文化产业自发孕育而成后集聚而成的城市空间；后者是多重城市空间与文化产业的协同，是短时间内通过政策红利或龙头企业入驻后集聚而成规模庞大的文化产业。

一、多样文化产业的城市空间协同

文化产业会影响城市空间形态，能促进旧城再生，推动城市文化的消费化与符号化，营造多元的后现代城市文化景观。以文化、艺术、创意等为核心内容，以技术创新为表达手段，文化产业在城市空间内的表现形式呈现多样化态势，大体包括文化内容产业、公共文化服务、文化遗产保护、文化旅游产业等。文化内容产业涉及新闻传媒、广告设计、时尚设计、工艺美术、影视制作、动漫游戏、音乐舞蹈等各个内容创作领域。公共文化服务是为城市居民提供，建有各类文化中心与文化设施，如博物馆、美术馆、剧场、影院等。文化遗产保护产业是保护和传承城市文化遗产的产业，如古建筑、历史文化街区、文化遗址等。文化遗产以独特的历史和文化价值，为城市空间增添了特有的文化氛围，为城市的文化传承和历史保护做出了贡献。文化旅游产业以城市文化和历史为主要资源，为游客提供各项旅游服务，包括城市旅游路线、旅游文化节庆、旅游产品设计等。多样的文化产业为城市文化的传承和发展提供了支撑和动力，也为城市经济和社会发展注入了活力和创新力。

文化产业与城市空间的协同，是从文化产业萌芽到规模化城市空间生产的重要路径，是文化产业自发孕育集聚而成的新城市空间。798 艺术区是我国知名的当代艺术区之一，位于北京市朝阳区酒仙桥街道大山子地区。原军工厂于 1951 年建设，1990 年前后国有企业改制，厂房闲置。2000 年前后，798 艺术区成为我国当代艺术最重要的聚集地，是城市废弃工厂通过文化产业改造升级的典范，是自发生成后被纳入政府管理的文化产业发展样例。798 文化产业区的形成有多方面原因：中央美院的搬迁填补了区内原本并无基础的文化基础设施和教育资源与区位资源，加上知名艺术家和社会活动家的社会网络带动了人才资源入驻，使得文化产业及艺术产业在 798 空间中萌芽。随着展览商、艺术策划人、收藏家的介入，文化产业上下游经济链和价值链得以形成，进一步吸引了国内外产业资源的集聚，最终形成了 798 文化产业空间。2007 年 12 月 19 日，798 近现代建筑群被北京市规划委员会、北京市文物局关于公布为《北京市优秀近现代建筑保护名录（第一批）》。2020 年 12 月 25 日，798 文化产业区被文化和旅游部确定为第二批国家级文化产业示范园区创建园区。798 的案例表明通过对现存的有价值的工业厂房改造利用，能够激发城市文化的多样性发展。著名文化遗产保护专家

控和产业融合发展趋势最为显著的产业模式。鉴于此，解读文化产业与城市空间的文化赋能形式显得尤为重要。依据城市空间与文化产业的赋能形式不同，可分为形象赋能、品牌赋能和软实力赋能三维度，都能驱动城市空间的文化建设与城市文化产业发展。

一、文化产业与城市空间的形象赋能

文化产业为城市空间进行形象赋能，是对城市独有的文化资源进行挖掘、转化、创新、变现的过程。通过将城市本土文化资源转化升级为文化产业，并与城市空间相结合，能够快速形塑独特的城市文化形象，提升城市文化的吸引力与影响力。中国有着浓厚的传统文化资源与多民族文化资源，如何利用特色文化来彰显城市形象成了赋能重点。

将城市的历史文化元素与地域文化特色融入文化产业中，能够打造出具有城市特色和文化魅力的文化产品和文化服务，为城市形象赋能。云南是我国最具多元民族特色的省份之一，融合了不同地域和民族的特色和风情，形成了独具特色的文化传统和艺术形式。文化旅游是结合了云南的历史特征、城市文化空间、民族文化价值等发展而来的文旅产业。通过将云南的民族文化和地域文化融入，文化产业将无形的民族文化资本转化为了有形的文化经济资本，将民族语言、服饰、传说、音乐和舞蹈融入文化艺术活动、文旅演艺产品、文化展览、文化节庆等文旅产品和服务中，增进公众和旅游者对城市文化和城市形象的了解和认同，向世界展示了云南的独特魅力和文化价值。《傣秀》是云南成功的地域性文旅演艺产品，在文化生产及营销策略上都将地域文化、民族文化摆在首位，结合现代的科技手段，打造了真实、原真的民族歌舞为主题的旅游文化产品。《傣秀》的故事自西双版纳千年叙事长诗《孔雀公主》改编而来，辅以西双版纳丰富的自然人文景观为背景展示了云南少数民族的文化风情，于 2019 年 7 月举行公演，并在此后表演中不断加入傣族文化元素，在音乐编曲和建筑服饰上注重重现民族文化，展现场景化与沉浸式的现场表演。尽管历经疫情等不可抗力因素，《傣秀》于 2023 年 4 月 14 日重新焕发活力，新傣秀剧院签约仪式在云南西双版纳旅游度假区圆满举行，预计将于 2023 年 7 月迎来首演。

文化产业、城市形象与民族文化是互为依存、相互成就的关系。通过将民族文化融入文化产品和文化服务，在文化内容和文化形式上直观彰显了城市的地域特色和民族特征，这些文化符号潜移默化地将民族文化和城市形象进行绑定并深入到大众认知中。文旅产品既赋能了城市形象的表达，也丰富了城市文化经济的表现形式。与文旅相匹配的其他文创产品、多功能综合型娱乐剧场、主题公园、周边旅游休闲综合配套区都是城市文化旅游价值链的衍生部分，以上都构成了拥有独特民族文化资源城市的独一的、不可复制的文化优势区间。

二、文化产业与城市空间的品牌赋能

文化产业为城市空间进行品牌赋能，是一种将文化品牌与城市空间相融合的发展模式，通过汇集现有文化资源，打造规模化的生产、制作、营销、消费产业链，逐步建立一站式化服务流程，打造专业的文化品牌，使文化品牌与城市空间进行深度绑定，从而在城市竞争与产业竞争中处于比较优势地位。

将文化产业与城市空间深度绑定并协同发展，在促进文化产业发展的同时能够提升城市的知名度和美誉度，建成独特的城市文化品牌。横店文化影视基地位于浙江，是我国规模最大、设施最完备、产业最成熟、影响最广泛的现代影视拍摄基地，同时也是国家级文化产业示范基地。在文化影视基地建成后，横店不仅为影视行业提供了优秀的拍摄场地和环境，同时带来了巨大的经济效益和文化影响，促进了文化品牌的打造。回顾“横店影视”文化品牌的建成历程，离不开长期的资本投入、优秀的区位设计、完善的空间协同、精准的产业定位、健康的人才流动、完备的上下游产业链建设。横店自1996年发展至今，建城面积与行政区域面积不断扩张，经历了资源整合化、产业规模化、价值链衍生、影视文旅双开花四个发展阶段，吸引了国内外影视产业资源，打造了专业而完善的影视产业空间。一方面，通过对影视拍摄基地、旅游接待服务相关的多家企业的兼并和整合，成立浙江横店影视城有限公司，统一发展策略。在园区内建设大量特色场景与特色建筑便于影视拍摄及制作，吸引大量影视公司及剧组入驻园区，并为业余演员提供大量演出机会，逐步带动了影视制作上游产业链发展。土地、人口和外部资源条件为横店影视产业的发展提供了强力支撑。现今，百余家影视文化产业相关的公司入驻，从事包括创作、拍摄、制作、加工等影视制作各环节，企业间紧密的竞合互动氛围使得园区内已经发展出信息交换平台、社会关系网络与知识共享网络。另一方面，横店因各种影视剧中的场景而被无数观众熟知和喜爱，长三角地区的商贸往来及人口流动为横店提供了大量的人力资源和游客客源。横店自此成为长三角文旅的必去之地，横店影视城的主题公园、电影博物馆等景点，已成为旅游业的重要组成部分。此外，横店注重文化产品的创新与文化品牌营销，推进观光性旅游产品到参与性、体验性旅游产品的转型升级，并通过举办大型影视文化类活动，强化和提升整体品牌形象，积累文化影响力。①

文化产业与城市空间能够通过打造文化品牌而相互赋能。横店以服务于全国乃至全球的影视拍摄为基石而展开的“上游的影视制作产业”加“下游的影视旅游产业”的延伸发展，为其他城市发展文化产业及打造文化品牌提供了可参考的样本。以文化生产和制作为核心的内容产业与城市空间完全融合后将带来源源不断的共享性资源，既能促进产业链延伸，又能够塑造城市品牌。

三、文化产业与城市空间的软实力赋能

文化产业对城市空间的软实力赋能，主要体现在对城市经济和城市文化的转型升级上。文化软实力体现了一个城市基于历史文化底蕴所形成的文化认同感、影响力和引领力，是城市发展水平的反映，也是城市精神的源泉。随着科技变革与技术迭代，信息化、数字化产业逐渐崛起，成为新的城市发展竞争范式。文化产业新业态即数字文化产业，通过赋能城市的文化软实力发展，开创城市发展数字新赛道，促进城市文化数字化转型。

结合游戏、二次元、电竞等流行文化热点，新兴文化产业为一线城市空间赋能数字文化新动能。上海是国内流行文化产业发展过程中重要的城市标杆，掀起了数字文化新消费的热潮。上海数字文化消费以游戏、二次元、会展、电竞赛事等Z时代文化热点为核心，具备高度的创新性、体验性与互动性，突出新场景、新赛道、新体验。

① 邵培仁、廖卫民：《横店：中国影视文化产业集群发展的一个样本——基于共享性资源观理论的案例分析》，《浙江师范大学学报》（社会科学版）2009年第34卷第5期。

一方面，历史因素和产业积淀构成了上海独特的数字文化新消费氛围。自2000年起，上海是中国游戏行业爆发的中心地，涌现了盛大、九城等最早一批游戏公司；2004年游戏盛会ChinaJoy、2005年动漫盛会CCG落沪，上海不但成了二次元产业聚集地，更成了玩家线下聚集点，为后继会展活动、电竞赛事等产业延伸态打下坚实基础。另一方面，数字文化新消费获得了高收益、可持续的经济价值，释放了青春活力的城市文化。2021年上海网络游戏国内及海外总销售收入达1250.3亿元，同比增长3.7%，占全国三分之一。2022年上海电子竞技游戏市场规模为208.7亿元左右，占比国内45.9%，在电竞赛事领域的资源配置集聚和产业资源集聚上占绝对优势。以打造“全球电竞之都”为目标，上海接连发布产业扶持类政策如“文创50条”“电竞20条”等和《电竞场馆运营服务规范》产业规范类政策，从电竞游戏研发、电竞赛事服务、电竞场馆、硬件、电竞教育方面发挥政策红利并合理配置资源，助力城市成为电竞中心；上海发挥城市空间集聚优势，提升电竞全产业链发展能级。上海目前集聚有EDG、Gen.G俱乐部等头部战队，拳头、艺电、动视、腾竞体育、超竞集团、英雄体育VSPN、网映文化等电竞相关标杆企业、总部企业云集。静安区“灵石路电竞中心”以“环上大”为核心区进行辐射，在空间上以“北灵石，南新华”的布局为重点，沿灵石路、平陆路、彭江路打造电竞产业、电竞文化、地区景观等三大横纵轴线，围绕“三赛一中心多场馆”促进电竞研发、比赛、交易、直播、培训等全产业链的发展，构建国际化电竞产业生态圈。

随着数字时代的到来，数字文化产业已经成为城市文化名片与文化软实力不可或缺的部分。数字文化消费衍生而出的流行文化产业既调动了Z时代的热情和潜力，向世界展现了青春、活力、新潮的城市形象，也为“文化数字+”的模式探索出更多可能，使数字文化产业与实体文化产业相结合，打通“线上+线下”联合渠道，助力城市文化建设。

第五节　新时代中国文化产业与城市空间赋能的对策措施

文以载道，文以兴城。文化产业在促进不同文化群体之间的交流和融合的同时，能够为城市空间进行文化赋能，加快文化产业与城市空间的有机融合和相互渗透，建成具有地域特色与文化魅力的城市文化景观，提升城市文化产业的竞争力和创新力。

一、优化政策细则，加大对文化产业与城市空间赋能的支持力度

城市文化发展的核心是为市民提供良好的文化产品与精神服务。加大对城市文化产业的政策支持力度，制定更加有利于文化产业及从业者的政策和规划，能有效促进文化产业与城市空间的文化赋能，加强文化产品和文化市场的开拓与维护，为城市文化及文化产业发展提供更好的发展条件和发展环境。

持续优化城市文化建设相关政策细则，促进文化产业对城市空间的全赋能。一是将文化产业发展的宏观政策体系与城市发展规划并置，推进两方协同发展。由于国内文化政策众多且繁杂，应先确定各个文化政策的优先层级和先后次序，以顶层设计为文化产业发展指导方向，以城市发展为建设指南，合理拓展地缘空间，优先培育重点文化产业，发挥城市空间与文化产业的文化赋能效应。二是优化文化产业与城市空间赋能的制度体系，推动文化产业多元融合发展。文化赋能离不开具有完备制度体系的城市来提供基础发展保障，如鼓励前沿科技应用发展、保证文化市场流通、降低产业准入门槛等，故加快出台一系列制度设计与政策支持，能有效引导文化产业上下游资源汇集，优化空间集聚模式，加之政策红利的支持，为城市文化产业健康发展提供坚实支撑。三是坚持以文化人的政策制定导向，关注企业社会效益及增加对创意阶层的人文关怀。文化企业的经济效益实质上和社会效益呈现正相关，文化企业是真正的社会责任主体，须履行法律责任、社会责任与伦理责任，在符合国家法律法规的前提下发展生产，创造优质的、市场占有率高的产品，并满足社会对企业的伦理和道德期望。优质的、市场占有率高的文化产品往往是社会效益和经济效益俱佳，因此文化企业应在发展中应逐步完善企业责任体系建构。创意阶层是城市文化创新的源头活水，是必不可少的人才资源。而创意阶层的形成离不开城市的便利性、宜居性与包容性。城市应通过优惠政策、税收补贴、落户指标等人文关怀政策，为创意阶层提供更加稳定和可持续的发展环境，吸引国内外人才进驻，防止优秀人才资源的流失。

整合城市文化资源配置体系，将特色文化资源赋能产业以破局同质化困境。一是对城市现有文化资源进行摸底调研，掌握文化资源分布态势。中国城市历史悠久，多

民族文化交融汇集，具有极强的文化特色。为了更好地保护和发掘城市已有的文化资源，需对现有的文化资源进行“大调研”，在掌握其数量、种类、属性、布局等情况后，进行分类、分级和整合，放入城市文化资源库，在应用时进行调取。二是以市场为发展导向，促进多主体参与到城市文化空间建设中。坚持文化惠民的发展宗旨，鼓励文化企业与文化事业单位及社会公众等多主体一同参与到城市文化空间建设中，对接文化资源，实现高效协作，健全现代公共文化服务体系，提升城市公共文化空间的服务效能。三是厘清不同城市的发展痛点，推动城市文化产业发展的差异化定位。基于各城市文化生产要素禀赋状况、文化科技资源的开发潜力及新兴产业布局，制定针对各个城市的科学发展规划，实现数字创意产业发展的多元化格局，凸显产业的梯度化建设。北上广深作为国内的最高能级城市，是文化产业发展的引领性城市，应对标世界级城市进行规划，远离同质化和西方化发展陷阱，走出具有中国特色的城市文化建设之路。

二、紧抓前沿技术，加强研发文化产业与城市空间赋能的数字化创新

文化产业的创新能力与综合竞争力构建是城市文化繁荣的根本。科技创新被公认为决定城市经济走势的最关键因素，左右着全球文化产业的竞争格局。鉴于此，以数字技术创新为核心，使文化产业与城市空间相互赋能，探索未来数字文化产业与城市虚拟空间融合的发展导向。

深耕“科技 + 文化 + 创意”，助推城市文化产业价值链攀升。一是加快前沿科技创新与城市文化产业的耦合化、跨界化及智能化的融合。通过深入挖掘科技创新、城市文化与文化产业之间的共性，推进三方在数字化、智能化、虚拟化等领域的融合和交互，打造创新驱动型、文化品质优良、智能化程度高的城市文化产业生态系统。构建以人工智能、大数据、云计算、物联网、VR/AR 等技术为支撑的城市文化产业发展体系，实现科技与文化艺术的融合和创新产业链的协同发展，推动城市传统制造转向文化创造再到创意智造的产业转型。二是促进产学研一体化，打造超级城市的文化产业价值链网络。技术革命使得在文化产业创新与企业发展中，科技应用与实践成为文化产品的生命线。政府与企业应相互合作，促进产学研一体化，保证产业具备足够的

技术支撑与技术储备，在各项技术线与产品线上实现原生化、本土化，提高文化产品和服务的质量和竞争力。同时，建立开放、包容的城市文化，与全球文化市场进行合作和交流，建立起文化产品供应链和销售网络，推动文化产品的国际化和品牌化发展，实现文化产业价值链升级。三是关注科技赋权与技术赋能，注重文化产业与城市空间的赋权方式与赋权路径。数字时代下，流动性的、无主体性的权力架构使得传统文化生产和消费的模式被解构，赋权与自我赋权成为数字文化发展的重要特征。在文化产业与城市空间的数字文化赋能中，需从技术赋权、网络赋权、组织赋权、关系赋权等路径进行探索，关注城市、产业、受众等多个主体间的协同与合作的关系，进一步推进文化赋能机制的健康运行。

优化城市布局和治理能力，探索城市治理与文化产业联动方略。一是借鉴全球发达城市的发展模式与治理经验，提升城市的协同发展能力。从发达国家的实践经验来看，高能级城市正在迅速成为文化生产的中心，对纽约、伦敦、东京、首尔等文化产业发达城市发展模式的科学借鉴，将有助于探索更符合中国地缘特色的城市发展模式和治理体系。二是关注智慧城市建设与文化产业新业态发展，完善城市文化空间基础建设。加大5G通信、智能设施等新型基础设施投入，降低知识搜索和知识溢出成本，培育城市创新生态，引导研发资源向文化产业新业态聚集，将智慧城市建设与数字文化产业建设相结合。推动城市文化空间规划、建设、管理、运营的自动化与智能化，为市民提供更加优质、多元、个性化的文化体验和服务。三是优化城市布局，提升城市现代化治理能力，促进城市数字文化产业与城市更新的相互赋能。随着文化要素、创意要素与数字要素全面融入城市建设，加速城市产业的渗透与融合，数字文化产业呈现更大范围、更高程度的集聚，逐步形成高质量、特色化、线上线下相结合的文化产业创新集聚区，有效地优化了城市文化产业布局，提升了公众对城市文化的认同感。

三、集聚新兴业态，加快建设文化产业与城市空间赋能的品牌化集群

数字文化产业是以数字技术为核心支撑、数字文化为核心特征、数字创意为核心驱动，“数字＋文化＋创意”深度融合的文化产业新兴业态。数字文化产业以技术创新为核心生产力，与智慧城市的技术驱动属性不谋而合，两者相辅相成，都以加快数字

化转型发展、开展数字文化赋能为发展目标。

强化城市集聚优势，推动城市空间与产业创新的赋能发展。一是建成数字文化产业集聚区，培育健康的文化产业圈层。发挥文化产业集聚区的规模经济效应，引入先进文化企业的经营理念和市场运作经验，扶持龙头企业发展，培育中小微企业成长，形成城市的产业集聚空间，并发挥龙头企业的带头作用，实现数字文化产业向外衍生和辐射，带动整个空间的数字文化产业发展。二是优化文化产业结构，集聚数字化、创新化、智能化的数字文化产业新业态。数字文化产业是当前驱动城市经济增长方式转变的本源动力之一，能够实现资源优化再生和生产要素的协同创新，带动企业模式革新和产业结构升级，提升文化产品附加值，促进城市文化新消费，为市民带来沉浸式的科技文化体验。三是促进城市虚拟空间与数字文化产业的虚拟集聚。虚拟集聚是数字经济下产业组织集聚的新趋势。一方面，传统的城市地理空间集聚方式已无法满足数字文化产业对于数据创新使用与数字资源配置的需求。另一方面，数字技术革新和新型数字基础设施的出现使得集聚得以脱离地理因素、区位因素等传统空间集聚的限制。通过结合智慧城市的数字化转型，数字文化产业与数字城市发展相辅相成，在内容新业态、场景新业态和载体新业态三维度协同发展，为城市数字化转型奠定扎实基础。

加强城市数字文化产业竞争力，推进产业集聚向创意集群与品牌集群进化。一是扶持数字文化产业龙头企业和培育中小微企业协同以形成城市集聚效应。发挥龙头企业的带头、聚集和辐射作用，实现数字创意产业向外衍生和辐射，带动区域数字文化产业的繁荣，建立产业知识与共享网络，发挥创新溢出效应，逐步扩大城市数字文化产业创新规模。二是打造城市文化产业集群，从产业集聚迈向创意集群和品牌集群。文化产业与城市空间数字文化赋能发展的关键是助力数字文化产业从产业集聚进化为"产业集群"和"创意集群"，构建文化企业、科研机构、高校、创意阶层等创新主体所构成的城市创新合作网络，营造开放的、包容的文化创新生态，提升城市数字文化集群的核心竞争力。三是聚焦城市文化经典，形塑城市文化形象与文化品牌。充分发掘中国深厚的历史文化资源，立足于传统文化资源禀赋特征，实行创造性转化与创新性发展，积极开发和培育具有国内、国际竞争力和影响力的文化精品，推进游戏、动漫等数字文化产业新业态走出去，强化文化品牌的乘数效应，在展示中国传统文化的同时，形塑新时代的中国城市形象。

结语

文化产业与城市空间存在着天然的、内在的、密不可分的关联性，这种关系能够通过文化赋能作用于城市建设与城市发展。在西方城市文化与文化产业的理论研讨中，学者们多将关注点放在了城市发展的核心驱动力上，有学者认为人才资源决定了城市文化产业发展，有学者则认为城市氛围本身更为重要，但他们在城市文化产业发展由市场决定、自行发展不受政府干预的观点上达成了一致。这体现了西方对于文化产业的资本属性的认同和对于社会属性的忽略。若一味将文化产业的社会效益排在经济效益之后，就有可能发生因追求利益第一位、效率第一位而导致的城市文化单一化、同质化、空壳化、西方化的现象，中国近年来的城市文化建设中多次出现了这种情况。因此，亟须跳出以往的西方城市文化建设思维，依据我国国情，建构中国特色城市文化理论和文化赋能机制。文化赋能将从增强文化自信与传统文化传承、繁荣文化事业与文化产业发展、提升文化产业新业态竞争力等重点方向入手，发挥文化产业与城市空间的文化协同与文化赋值功效，兼顾城市文化产业的社会效益和经济效益，以市场为主，政府为辅，以推进文化产业与城市空间的全面融合为目标，推进文化产业与城市空间的发展能级，构建中国特色城市文化理论体系。

第七章　中国城市民俗研究的变迁与转型

改革开放以来，尤其是党的十八大以来，我国城市化进程明显加快，传统民俗文化的生存空间已经发生了巨大的变化，在现代化与城市化的浪潮中，民俗学者将研究目光转向城市当下的日常生活，积极研究新对象与新问题，开拓新方法，探索新理论。

第一节　国外城市民俗研究的发展与经验

20 世纪六七十年代，城市民俗研究首先在国外兴起，民俗学开始直面城市文化的发展现状，不断扩展研究对象，开拓相应的理论方法，调整学科方向，以应对面临的机遇和挑战。

一、民俗学研究对象的扩展

民俗学对城市民俗的研究是伴随着城市化的进程而逐渐发展起来的，城市化带来的首先是研究对象的变化。20 世纪中叶以后，随着城市化和现代化进程的加快，传统民俗文化在现代化的潮流中不断融合变迁，许多具有“民俗主义”特征的“新民俗”不断涌现。欧美等国开始研究城市中的民俗，并逐渐开拓出都市民俗学[①]这一领域。

（一）从底层民众到中产阶级

当民俗学者将目光转向城市之后，生活在城市底层的民众首先成为他们关注的对象。在都市民俗学奠基时期，城市中的流浪汉、街头小贩、街头艺人、码头工人、船夫、车夫等都成为学者们的研究对象。在此种情况下，一些学者对民俗之“民”的范

① 在国内民俗学界，都市民俗学与城市民俗学基本处于混用状态。因从都市民俗学的发源地英美的（Urban folklore）来看，似乎译为都市民俗学更为贴切，而在民俗学另一发展重地日本，也多表述为“都市民俗学”。故在本文中一般使用都市民俗学这一名称，在引用某些原文时则遵照原作者表述。

围重新进行了界定。1971 年，理查德·多尔逊在《城市有民俗之民吗？》一文中，对民俗的传统定义进行了修正，认为民俗之民是趋向传统的匿名群众，包括真正意义上的乡下人、迁移到城里的乡下人、这种城里人的部分后代。阿兰·邓迪斯将“Folk”（民众）的范围扩大到极限，认为“民众”的概念已不再局限于农民或无产者，所有的人群——无论其民族、宗教、职业如何，都可以构成一个独特的集团，并具有值得研究的相应民俗。[①] 他与卡尔·帕格特在《文书帝国中的都市民俗》中对办公室里的“民俗”进行了研究，传统信件、规章、布告栏里的通知、备忘录、测验问卷、草图涂鸦和双关语等都成为他们的研究对象。阿兰·邓迪斯对民俗的界定，不仅开拓了民俗学的研究领域，也推动了都市民俗学的发展，以往在都市中被忽视的群体都成为有研究价值的对象。

20 世纪六七十年代，美国的郊区化运动与市场联盟建构了新中产阶级。城市中产阶级的崛起是城市化和社会经济迅速发展的结果。虽然各个国家和社会对中产阶级的界定存在一定的差异，但这一群体大体指向城市中介于资产阶级与工人阶级之间、从事专业技术与管理工作、收入中等的阶层，他们普遍受过高等教育，有着良好的文化修养和生活品位。作为消费社会的主体，城市中产阶级引领消费潮流和时尚风俗。城市中产阶级的生活文化逐渐成为民俗学的重要研究对象。如瑞典民族学者奥维·洛夫格伦与乔纳森·弗雷克曼的《美好生活：中产阶级生活史》，对中产阶级的诸多生活特征如“寻求自然”“时间被规训”“严明的社会秩序”等进行了研究，探讨了中产阶级的形成与文化认同等问题。[②] 研究对象扩展到城市中产阶级，是民俗学研究范式转型的典型表现，为城市民俗学的发展提供了机遇。

（二）从传统旧俗到新生民俗

伴随着经济的高速增长和城市化进程的加快，作为传统研究对象的村落社会迅速减少，20 世纪 60 年代后，各国民俗学界开始思考如何应对这些变化。

日本民俗学界反思柳田时期的“常民”“传承”等概念。1973 年，仓石忠彦在《信

---

① ［美］阿兰·邓迪斯编：《世界民俗学》，陈建宪等译，上海文艺出版社 1990 年版，第 3 页。

② ［瑞典］奥维·洛夫格伦、乔纳森·弗雷克曼：《美好生活：中产阶级生活史》，赵丙祥、罗杨等译，北京大学出版社 2011 年版，第 1—8 页。

浓》杂志上发表的《住宅区的民俗》一文，选取了都市住宅小区里的衣食住、信仰和岁时节日民俗，被认为是日本都市民俗学研究的开篇之作。20 世纪 70 年代末，日本民俗学界有关都市民俗的研究成果如雨后春笋般陆续涌现，都市传说、城市祭礼、新兴公寓小区、繁华街区、城下町等都成为研究热点。

美国民俗学界对城市新生民俗等问题同样给予了关注。1973 年在美国印第安纳大学召开了一个题为“现代世界中的民俗学”的国际会议。Barbara Kirshenblatt-Gimblett 指出：“对于产生于城市中或关于城市生活的民俗，目前还鲜有学者关注。”① 这种研究的滞后其实与城市民俗研究的困难有着直接的关联，Robert A. Georges 强调在城市环境中研究民俗需要考虑一些新问题，因为比起乡村来，在城市会有许多不同种类和强度的刺激所引起的广泛和复杂的结果，所以民俗学家在分析他们的传统和民俗时的任务也就更重。② 对于一些基础性的理论探讨，诸如怎样界定城市及城市民俗等问题，一些学者的观点也极具启发性。如 Indra Deva 认为，“亚洲的城市在工业化、现代化社会之前就已存在，在这些城市中，民俗和民间生活方式占据着主导地位。所以‘城市中的民俗’和‘现代世界中的民俗’并不能相互对照，随着工业化的进程，民俗虽然改变但未消失，工业可以控制经济结构也可以对人进行操控。”③ 这次国际会议对美国都市民俗学的发展是一次很大的促进。

民间文学一直是民俗学研究的一个重要领域，随着都市民俗研究的兴起，学者的研究兴趣也从移民保留的各种口头传统和印第安人土著神话等的研究扩展到流传于都市中的各种传说、故事、谚语等。布鲁范德的《消失的搭车客——美国都市传说及其意义》一书是当代都市传说的开山之作，不但第一次从理论上界定了“都市传说”这个新的民俗学体裁，更将民俗学家的眼光从传统古老的神话、传说等体裁扩延到当代崭新的、正在被每个人创造的新民俗现象上。该书从民俗学的角度对八大类都市传说及其诸多异文进行了搜集、分类和分析，并对传说的自然语境和与主题相关联的当代社会生活文化背景进行了探讨，为都市传说的研究提供了极好的范例。后来，布鲁范德又陆续出版了《婴儿列车》《窒息的多伯曼氏短尾狗及其他“新”都市传说》《都市传

①②③ Richard M. Dorson, *Folklore in the Modern World*, The Hague, Mouton Publishers, 1978, pp.4—5.

说百科全书》等多部都市传说著述，成为国际上最著名的都市传说研究者，其著作也被翻译成多种语言。而都市传说这一体裁也成为都市民俗学研究的一个重要领域，在各国城市民俗研究中占据重要一席。

二、城市民俗研究理论方法的探索

随着研究对象由农村的“遗留物”扩展到城市中的新生民俗，传统民俗学的理论方法也日益显露出不足。许多学者在开展城市民俗研究时，也开始探索新的研究范式和理论方法。

欧洲由于工业革命较早，城市化与现代化的快速进程加剧了乡村民俗的消逝。然而欧洲的城市民俗研究却有些迟滞。1961 年，鲍辛格的《技术世界中的民间文化》出版，此书对都市民俗学的研究进行了反思，推动了民俗学从古代文化的理论研究转向当代日常生活的实践研究。1983 年 9 月 26 日至 30 日，德国民俗学会以“大城市：经验研究面面观”为主题在柏林召开了第 24 次会议。会上，黑尔格·格恩特对都市民俗学理论进行了总结和反思，并提出了城市民俗研究的三种方式：一是把它看作包含封闭的日常世界的文化结构；二是把它看作一个文化中转空间或活动场地，日常生活在其中得以展开；三是把它看作一个文化意义场或价值世界。①

美国的城市民俗研究经过 20 世纪六七十年代的萌芽，到 80 年代基本完成了传统民俗学的转型，这种转型使民俗学从“遗留物”的观念中解放出来，使民俗学由研究古物遗俗的过去之学转变为现代之学，民俗学者的目光开始更多聚焦于日益城市化的现代社会。美国都市民俗学的兴起，不仅是研究领域的转移，也是民俗学顺应现代化潮流由传统向现代转化的一种表现，这一方面是缺乏深厚历史传统的美国民俗学在应对迅猛的现代化和都市化浪潮所做出的抉择，另一方面也是美国民俗学关注当下的理论转向的必然。而重视应用的大批公众民俗学者，为政府、NGO 组织、企事业单位所做的现代社会问题研究助推了美国都市民俗学的发展。

20 世纪 70 年代中期开始，日本学者也开始探讨都市民俗学的理论方法等问题。

① 参见 Helge Gerndt, Grossstadt volkskunde—Möglichkeiten und Problem, in Theodor Kohlmann und Hermann Bausinger（Hrsg.）, *Grossstadt. Aspekte empirischer Kulturforschung*, Berlin, 1985。

1976年，仓石忠彦在其《都市与民俗学》中考察了柳田的都市观，提出成立都市民俗学的建议。他设定了作为都市民俗学独特性的三种存在方式：第一，以都市为考察实地，是“从民俗角度看都市生活”，这种场合下“暂时居住的农民也成为考察对象”。第二，通过把都市的生活添加为研究对象，以补充完善民俗学体系。第三，“以都市生活为对象从而形成独立的体系”。此文提出了构建都市民俗学体系的可能性，引起了许多学者的讨论。1977年，宫田登在《通向都市民俗学之路》中提出，都市民俗学有作为区域民俗学的一环而成立的可能性。

21世纪初，韩国的庆熙大学、韩国民俗学会先后召开了多个以城市民俗为主题的学术研讨会。许多学者根据多年来对城市民俗的研究，提出了相关的理论方法。林在海认为应将城市民俗学视作一种时间性、历史性概念的新型研究方法，立足于“文化生成论”，从文化变动角度关注新民俗的出现原因①。他提出“城市民俗学的定位应是站在城市边缘人群的‘城市民众’角度，提倡以探索民俗文化的健康传承与改善民众的现实生活作为主要目标的“民众主义”研究”。②南根佑主张不区分城市与农村共同用民俗主义理论解决城市民俗学的困境，倡导要关注民俗主义的实践现场③。

面对城市中日益涌现出的新民俗、“伪民俗”，如何阐释研究这些现象也成为民俗学者思考的问题。“民俗主义”这一概念的发明和应用，即是一个典型例证。“民俗主义”最早是由德国民俗学者汉斯·莫泽提出的，他在1962年发表的《论当代的民俗主义》中以当代社会中的民歌与民间艺术表演为例，列举了大量的事实来描述一种十分常见的现象，即用“第二手的”、经过加工处理或者甚至重新发明的所谓“传统风俗”来吸引外地游客，为本地区及其文化做宣传的行为。其目的既有可能是政治上的，但更多的却是商业上的。莫泽把这种现象统称为“民俗主义”。后经赫尔曼·鲍辛格的批判性发展，成为城市民俗研究中的一个重要概念。民俗主义的提出不仅可以促进对于民俗在不同发展阶段的变异的研究，而且强调了传统在真实程度上的相对性。

在研究方法上，城市民俗研究初期也沿用了传统乡村民俗研究的一些方法。比如

---

① ［韩］林在海：《民俗学的新领域与方法——城市民俗学的再认识》，《民俗研究》1996年第6期。
② ［韩］林在海：《城市中民俗文化的传承形态与城市民俗学的新纪元》，《实践民俗学》2007年第9期。
③ ［韩］南根佑：《从城市民俗学向Folklorism研究的转型》，《韩国民俗学》2008年第47期。

民俗志作为民俗学的重要研究方法，在城市民俗研究中依然发挥着作用。如 2008—2009 年，韩国国立民俗博物馆与首尔历史博物馆联合对列入旧城改造对象的首尔儿岘区与定陵区进行了民俗调查，并出版发行了 11 部城市民俗志。① 这些民俗志通过深入的田野调查，将个人访谈与个人文书相结合，以“经验性民族志”的记述手法编写，而其对“生活物质文化”的研究，则突破了传统城市民俗学研究城市庆典与城市传说的局限，具有重要的学术意义。当然，源自乡村民俗研究的田野调查方法，在研究城市民俗时也遇到了研究视角、介入方式、访谈深度等方面的问题，需要灵活处理。德国的沃尔夫冈·卡舒巴在谈及欧洲当下的都市民族学研究方法时，就提出“要阅读文本、观察图像和事物、分析象征物和话语，而最重要的，是‘参与观察’‘心智地图’‘访谈和传记性叙事’，并将田野研究定位于‘社会化的人的生活空间和生活习惯之内’”。②

总的来看，都市民俗学是伴随着现代化进程而发展的。早期的都市民俗学仅仅是将研究对象从乡村扩展到城市，作为区域民俗学的一类而与乡村民俗学相对应，在理论方法上，并没有多少创新。然而随着乡村日益城市化，乡村与城市的界限越来越模糊，都市民俗学的研究已经超越了城市这一区域范围，研究对象也由关注传统民俗转为更加贴近当代社会生活，因此有学者建议用现代民俗学的名称代替都市民俗学，此时的都市民俗学是取空间上的城市化与时间上的现代化的并集，不仅研究城市里的民俗，也研究城市化的民俗。两种研究指向前后相继，反映了民俗学从过去之学向现代之学的转变。

第二节　中国城市化进程中的传统民俗变迁研究

改革开放以来，尤其是党的十八大以来，中国城镇化速度进一步加快，城市的快速发展导致了传统民俗的急剧变迁。传统民俗的变迁与其同时具有的稳定性和变异性特征相关，这也是一些学者论述过的民俗文化的相对稳定性。当社会发展和变迁处于

① 转引自高静：《城市化与城市民俗学——韩国民俗学的转型探索》，《西北民族研究》2020 年第 3 期，第 198 页。

② 沃尔夫冈·卡舒巴、安德明：《形象与想象：柏林的都市民族学》，《民俗研究》2010 年第 2 期。

相对较为缓慢的时期，民众的生产生活方式与观念的变化也比较平缓，民俗文化处于相对稳定的传承传播状态中。而当社会发生剧烈变迁，民众的生产生活方式与观念也相应发生剧烈变化，民俗文化也就发生变迁甚至变异。

一、传统民俗变迁的主要特征

随着城市化的发展，中国城市中的传统民俗表现出两种主要的变迁特征：传统民俗的迅速消失或转化和类民俗或新民俗的形成。

随着中国城市化的迅速推进，一部分传统民俗已经彻底消失，另一部分传统民俗也走上了逐渐消失的道路。比如燃放烟花爆竹的习俗在禁放令的推行下在很多城市消失了，对此问题的争论在禁放令推行初期曾相当多。客观来看，完全放任放鞭炮这一经典春节民俗事象消失是对传统文化的不负责任，但如何因势利导对放鞭炮这一民俗事象进行转化，让其既能保持传统特色，为城市生活锦上添花，又能将其危害性降到最低，这是要深入和长期思考的问题。

在大量传统民俗消失和转化的同时，还产生了不少类民俗和新民俗事象。民俗文化的形成是一个不断累积的过程，民俗事象总处于不断的变化发展中。但还有一些民风，出现时间比较短，与日常生活结合不那么紧密，或者只存在于小群体之中，这种民俗事象我们可以称之为“类民俗”事象。这些事象可能最终积淀为新民俗，也可能就此消失。类民俗事象积淀、转化为新民俗事象的一个重要条件就是它必须与民众的生活紧密结合，成为民众生活的一部分，而不是脱离民众生活。

比如产生于20世纪90年代的“光棍节”就逐渐从一个类民俗事象发展为新民俗。因为“1”像一根棍子，与汉语中代表单身的“光棍”一词有形象上的联系。而每年的11月11日是“棍子”最多的日子，因此被年轻人称为“光棍节”。“光棍节”起源于高校，在校生将没有男女朋友的大学生称为“光棍”，并在“光棍节”举行各种娱乐活动。随着这些学生毕业进入社会，“光棍节”的影响逐渐扩大，在不少城市都逐渐流行。“光棍节”的节日内涵也不断扩大，1月1日是小光棍节、1月11日和11月1日是中光棍节、11月11日是大光棍节。光棍节不仅是单身人士的节日，他们举行各种活动，希望“脱光”。随着光棍节的节日内涵广为人知，光棍节与婚庆也产生了联系，不少年轻人选择在“光棍节”结婚，告别单身生活。从2009年开始，11月11日逐渐被以淘宝商城（天猫）为代表的电商演绎为全国性的商业促销购物节，称为“双十一节”，至今已有十多年的历史，且有愈演愈烈的趋势，已经成为一个全民共享的新节日。

又如进入新世纪，新通信技术的应用与传统祭扫习俗的结合，使城市扫墓习俗发生了新变，其中最令人瞩目的变化就是二维码手机扫墓方式的诞生。位于上海青浦区的福寿园最近几年不仅推出了可以查询洗手间、问讯处、服务部、餐饮部的二维码自助服务系统，更推出了二维码扫墓系统。福寿园推出的首批手机扫墓系统中名人墓占九成，其中就包括歌星邓丽君的衣冠冢。邓丽君的雕像下添了二维码，只要用手机对准二维码扫描，就可以进入祭扫系统，通过手机可以直接看到邓丽君的照片及其生平资料。在祭祀系统里还有“来一起共同祝福邓丽君”的按钮，按下按钮，福寿园的大屏幕上立刻显示：为邓丽君送祝福的人又增加了一位。同时，还可以点击手机屏幕右上角的“将祝福页面分享到微信朋友圈”，与不在福寿园的朋友一起祭祀。二维码手机扫墓方式的出现，说明以手机为终端的移动互联网不仅改变了人们通信、购物、消费、社交等领域的生活方式，连清明扫墓这一流传了数千年的传统习俗也被悄悄改变了。手机扫墓系统开发的初衷与上海日益枯竭的土地资源使墓穴占地面积大大降低，不少墓穴没有墓志铭，甚至没有墓碑，后人难以了解逝去的前辈。但二维码记录了墓主人生前的生命历程，包括生前照片、生平介绍及之前祭扫的亲友们对墓主人的印象、思念和祝福，用手机扫描便可获得，同时还可以分享给身处异地的亲友，遥寄思念。可以说二维码扫墓的形式，不仅有利于后人了解前人，寄托哀思，同时也使传统的祭扫形式突破了时间和空间的限制。同时，由于虚拟空间巨大的容量，二维码中不仅保留了墓主人生前的信息，也将不同时间的祭扫内容记录下来，形成祭祀记忆，有利于家庭和睦和家族传统的传承。

二、传统节俗的适应性发展

中国当前的社会发展，尤其是城市化正经历着剧烈的变革，在传统农业社会中发生发展和稳定传承的传统节俗尽管早已进入了中国城市，但在改革开放之前，中国城市的发展速度较慢，传统节俗的变化也较为缓慢。但随着现代城市化的高速发展，传统节俗的变形、变质乃至消失的情况越来越严重。当然，传统节俗也具有一定的能动性，城市中的不少节俗表现出不断适应城市发展大环境的自我调适趋势。以上海豫园灯会为例。豫园灯会作为传统元宵节俗的重要组成部分，早在道光年间就被思想家王韬记录在《瀛壖杂记》中。“文化大革命”期间，豫园灯会被迫停止，到1979年才得以重新举办，但并非每年都有。到1995年，由豫园商城股份有限公司接手组织了元宵灯会，此后的豫园元宵灯会开始了每年一次的举办历程。同时，上海市民到豫园灯会赏灯也逐渐转变为一种城市节俗。20世纪90年代，豫园灯会在传统灯展的基础上融合了现代科技，利用九曲桥的九曲长龙形状，在其中的水面上创作了许多形象生动，以传统文化为题材的大型主题灯展。游客在观灯期间还可以参与很多具有浓郁民族特色的文化活动，受到国内外群众的热烈欢迎。21世纪初，豫园灯会作为展示、传承优秀民俗文化的盛会，被列入国家级非物质文化遗产名录。

中国学者在受国外城市民俗研究影响同时，也感受到本国传统民俗在城市化进程中的种种变化，对新现象与新问题表现出极大的研究热忱。比如李国江对城市化进程中传统节俗的变迁的整体情况进行了讨论。该文强调，在城市化视域下讨论民俗变迁的关注点在于民俗环境和城乡关系，并指出从民俗文化结构来看，“传统节日乡村民俗在我国民俗文化结构中正逐渐失去主体地位，而现代城市民俗在我国民俗文化结构中的优势则日渐凸显，影响传统节俗并发挥主导作用”。① 在此基础上，文章分别从节俗性质、节俗形态和节俗文化特质等三个维度对中国传统节日民俗在城市化语境下的变迁特点进行了阐释与分析。

徐赣丽将传统节日民俗变迁的考察聚焦于当代城市空间，分别从单位、大学校园，以及旅游景区等不同场域中审视传统节日的传承，并指出其呈现出单位行政管理、民俗专家主持、政府引领、市场主导的基本模式。她认为，“伴随着城市化进程和人口流动，传统乡村的孤立状态被打破，传统民俗文化赖以生存发展的空间和以封闭的村落或家族为传承单位的状态逐渐消解，民俗之‘民’已然发生变化；而民俗之‘俗’也

① 李国江：《城市化视域下传统节日民俗变迁特征》，《人文天下》2017年第11期。

超越了传统的定义，由民间文化转向大众文化，由历史文化转向当代文化，由群体内部文化转向公共文化。”[①] 也即是说，以岁时节日民俗为代表的传统节俗，其传承单位与传承空间发生了较大变化，由此引发“民俗”意涵的讨论，即从民间性向大众性转变、从历史性向当代性转变、从内部性向公共性转变。

第三节　中国城市化进程中的非物质文化遗产保护研究

党的十八大以来，习近平总书记高度重视文化遗产保护，多次作出重要指示批示。2019 年 2 月 1 日在北京看望慰问基层干部群众时，习近平总书记强调：“一个城市的历史遗迹、文化古迹、人文底蕴，是城市生命的一部分。文化底蕴毁掉了，城市建得再新再好，也是缺乏生命力的。要把老城区改造提升同保护历史遗迹、保存历史文脉统一起来，既要改善人居环境，又要保护历史文化底蕴，让历史文化和现代生活融为一体。”习近平总书记的重要指示为我们做好城市非物质文化遗产保护工作指明了前进方向、提供了根本遵循。非物质文化遗产是中华文化的瑰宝，也是人类文明的重要组成部分，在城市建设中我们应该把非物质文化遗产精心守护好，让历史文脉更好地传承下去。

一、非遗保护是城市建设的内在需求

随着城市化进程的不断加快，城市非物质文化遗产资源所面临的困境也愈发突出。快速城市化、城镇化在地理面貌上造成了大量乡村聚落、传统建筑的消失，这些正是非物质文化遗产赖以生存的外部环境。但城市化是一种历史的必然，推进城市化就会破坏文化遗产，这也是中国城市化过程中普遍存在的问题。但我们仔细分析会发现，城市化建设与文化遗产保护之间并不存在天然不可调和的矛盾，文化遗产保护对于推进当代中国城市化进程不仅没有妨碍，反而有重要的促进作用和意义。

非物质文化遗产保护是城市建设的内在需求。城市建设势必要打破原来相对封闭的地方文化系统的稳定，由此导致了文化趋同现象的产生，比如相似的城市建筑外观，

① 徐赣丽：《当代城市空间中的民俗变异：以传统节日为对象》，《杭州师范大学学报》（社会科学版）2020 年第 3 期。

随处可见的西式快餐厅，乃至广受年轻人欢迎的洋节。在这种大环境下，城市居民生活方式、行为与心理也逐渐趋同。但非物质文化遗产的存在，对它的强调及保护，使城市从根本上保留了其地方特色。又因为非物质文化遗产中蕴含和传承着城市的集体记忆，这些集体记忆决定了城市居民的认同感。因此保护非物质文化遗产其实就是保持城市居民对城市的认同感，从而增强了城市的凝聚力与向心力；此外，随着城市节奏的加快，竞争压力的增大，个体的城市居民在实现自己物质追求的同时，却很难寻找到精神的家园。而非物质文化遗产在传承城市记忆的同时，也启迪市民反思现代工业文明的负面效应，使他们主动追寻自己的精神家园。以传统民俗节日和庆典为例，民俗节日是时间洪流中的刻度与标记，是具有特殊意义的时间节点。它规律性地出现在日常生活中，赋予日常生活节奏与意义，让民众有机会释放在重复的日常生活中累积的情绪和压抑的精神，从而协调人与人之间的关系并使社会和谐。这些正是非物质文化遗产的重要价值所在。由此，城市建设尤其是城市文化的建设才能保持本民族的文化基因动摇，才能不偏离根本轨道，才能顺利进行并最终取得成功。从这个角度来看，非物质文化遗产保护是城市建设的内在需求。

二、发掘独特的城市非遗资源

过去的非遗保护工作往往将目光主要投诸农村，而忽视了城市所拥有的独特的非遗资源。其实中国有着较长的城市发展史，走过了一段与西方城市发展不同的道路。一部分手工技艺、民间美术、民间文学、传统体育等非遗鲜项目和资源具有浓厚的城市特色，比如南京的云锦、苏州的昆曲等众多可以用“精美”“高雅”等词汇形容的非遗项目都是在城镇/城市中发展成熟的，具有鲜明的城市特色，对当代中国城市的发展有重要价值。

以上海的红色非遗资源为例，红色非遗资源属于红色文化遗产资源，是红色精神文化的有效载体，是具有政治教育、经济发展、文化传播等价值和功能的独特的综合性资源，与民众生活息息相关，而且自产生之日起便拥有广泛的群众基础。上海是红色文化遗产资源的富集地，红色非遗资源主要包括以讲述和传播红色历史、红色风物、红色人物事迹为主要内容的红色传说故事、红色曲艺、红色戏剧等。上海红色非遗资源分布于各个区，且数量众多，涉及民间传说故事、歌谣、曲艺等多种形式，并在20世纪七八十年代的民间文艺集成工作中得到了一定的整理与保存。因为上海的都市性特征，上海红色非遗资源也具有较为明显的城市特色。

比如20世纪初开始的上海戏剧、曲艺的繁荣伴随着中国社会变革的风起云涌，很早就出现了反帝、反封建、宣扬爱国主义的戏剧与曲艺，欧阳予倩等人还以“改良平剧运动”为名义编导了一批具有强烈抗敌思想的戏剧剧目。由此上海成为红色戏剧与曲艺资源的富集地，被称为红色戏剧经典的八大样板戏中就有四部与上海有关；又如红色连环画也是上海具有城市特色的红色非遗资源。20世纪30年代初期，在中共地下党和进步文化的影响下，上海出现了不少具有爱国主义思想、歌颂抗日革命、揭露社会黑暗的红色连环画，如周云舫创作的《大战成家堡》《十三勇士》，赵宏本创作的《桃李劫》《醒狮》《咆哮的许家屯》《扬州十日》等。

红色非遗资源对上海城市发展有着特殊的意义。与红色物质文化遗产相比，红色非遗资源更能直接体现出其中蕴含的红色精神、城市精神与民族精神，体现出“自我”与“他者”的区别。因此，对红色非遗的发掘、保护、开发与利用更方便形成与巩固大众的文化记忆，有利于增强对中华民族的认同感。加强对上海红色非遗的研究与保护，不仅对上海文化遗产保护和城市发展有着重要的指导意义，对全国其他地区的城市红色文化遗产的研究与保护也很有借鉴意义。

三、推动地方非遗保护实践融入国家与地区的重大发展战略

2021年6月10日，国务院发布了《关于公布第五批国家级非物质文化遗产代表性项目名录的通知》，公布了185项国家级非物质文化遗产代表性项目名录和140项扩展项目名录。值得注意的是，在此次公布的325个项目中，有103项来自96个原国家级贫困县，一批服务民生、惠及百姓的非遗项目被列入名录。截至目前，国务院共公布国家级非物质文化遗产代表性项目名录已经突破了1500项，达到了1557项（不含扩展名录）；2021年6月12日是“文化和自然遗产日”，其主题为“人民的非遗人民共享”，口号为“非遗惠万家　关系你我他”“保护人民非遗　共享美好生活”；2021年8月12日，中共中央办公厅、国务院办公厅印发了《关于进一步加强非物质文化遗产保

护工作的意见》，这是中国首次以“两办”名义印发的关于加强非物质文化遗产保护工作的纲领性文件，从坚定文化自信和实现中华民族伟大复兴的全局和战略高度，明确提出了当前和今后一段时期非物质文化遗产保护的总体目标和主要任务。上述这些重要文件和信息无一例外地显示和强调了中国非遗产保护运动的重要动力是强大的国家力量，本质属性是人民性，目的是为建设社会主义文化强国服务。但从2004年8月十届全国人大常委会第十一次会议批准中国加入《保护非物质文化遗产公约》至今的近二十年间，不少非物质文化遗产保护实践逐渐偏离了人民性，偏离了为社会主义建设服务的目的，成为个人和团体扬名立万、积累财富的手段与工具。因此在上述这些重要文件颁布的当下，我们需要认真思考如何使非物质文化遗产保护实践的本质属性回归人民性，使其融入国家与地方重大发展战略，从而更好地为社会主义建设服务。

四、城市非遗保护融入社区的路径探寻

分析非物质文化遗产面临的困境，开展对非物质文化遗产的保护，并根据实际情况做出合理开发，从而与城市化相适应、相协调，已经成为学界广泛关注的问题。其中比较重要的探索是主张将非遗保护融入城市社区的研究中，形成了“非遗在社区”的保护模式。

谷敏对成都市青羊区非物质文化遗产在城市公共文化服务建设实践进行调查研究。青羊区将非遗传承保护与社区文化建设、重大节会和素质教育相结合尝试将非遗文化融入城市公共文化服务建设，但仍然存在着非遗项目无法成功转化为公共文化服务产品、无法进入社区、人才缺乏的问题。针对这些问题，谷敏认为政府应该加大扶植力度、文化事业与文化产业相互促进、重视内容建设使非物质文化遗产走进民众的日常生活，真正融入城市公共服务文化的建设当中。①

部分学者主张将非物质文化遗产保护与社区建设相结合进行保护。张汉军和谢宏雯对武汉江欣苑社区依托社区建设非物质文化遗产传承园的建设状况、成果及运行中出现的问题进行分析并提出一些相应的建设意见，认为该社区将非物质文化遗产传承

① 谷敏：《四川省非物质文化遗产融入城市公共文化服务建设的现状及对策研究——以成都市青羊区为例》，《四川戏剧》2019年第12期。

与城市文化建设和社区旅游发展相结合的模式具有一定的借鉴意义。黄永林和孙佳从社区博物馆的角度出发讨论社区博物馆对非物质文化遗产保护的重要意义。① 社区博物馆的理论和实践探索源于西方，近年来我国社区博物馆建设业已起步，社区博物馆以社区为单位关注社区内的自然和人文，这为城市更新非物质文化遗产存续的历史街区遭到破坏而无法延续传承的现状提供了一种新的保护途径。当前社区博物馆的建设在管理运营和非遗传承保护等方面存在着一些问题，这些问题需要通过对社区博物馆建设与非遗传承保护关系的探索来解决。② 蒋茜认为社区博物馆对城市化下的非物质文化遗产保护具有重要意义，需要不断促进社区博物馆的建设。③

"非遗在社区"意味着将大量的非遗项目融入社区生活，通过民众的参与和认同实现非物质文化遗产的保护传承。与"非遗"进社区不同，"非遗在社区"强调的是政府主导的非遗保护主体多元化，主张将非物质文化遗产保护融入社区民众的生活，而不是仅仅作为一种宣传推广模式而存在，指向的是非物质文化遗产活态传承。蔡丰明在2020年起组织一批研究生对上海"非遗在社区"示范案例进行调研，并完成调研报告，总结"非遗在社区"传承保护模式实践经验与方法。④

第四节　中国城市民俗学研究对象与方法的转型

早在20世纪80年代，钟敬文就强调过民俗学的"现代学"学科属性，认为民俗学应该既是"古代学"又是"现代学"，学界应该将目光适当地投向都市。⑤ 此后的三十年间，中国城市民俗学研究逐渐发展壮大，大致可以分为三个阶段。第一阶段是20世纪80年代，属于空间意义上的与乡村民俗相对的城市民俗研究兴起阶段；第二阶段是20世纪90年代，更多学者开始聚焦于城市民俗现代性的讨论；第三阶段是21世纪初至今，中国城市民俗学的研究表现出明显的时空转向，城市民俗学开始注重当下

---

① 张汉军、谢宏雯：《非物质文化遗产保护的新态势：城市社区旅游——以武汉市非遗聚集地江欣苑社区为例》，《大众文艺》2013年第12期。

② 黄永林、孙佳：《非物质文化遗产保护视域下的城市社区博物馆研究》，《文化遗产》2017年第4期。

③ 蒋茜：《非物质文化遗产保护视域下的城市社区博物馆研究》，《文物鉴定与鉴赏》2018年第7期。

④ 《"非遗在社区"实践模式研究案例选登》，《非遗传承研究》2021年第1期。

⑤ 《民俗学的历史、问题和今后的工作》，《钟敬文文集·民俗卷》，安徽教育出版社2002年版。

和都市日常生活，注重对城市社会实践的解释与建构①，由此出现了诸多新的研究方法与理论。

一、伪民俗、泛民俗与新民俗

民俗文化是“活着的”文化，伴随着社会的发展变革总是产生新的变化。一部分学者对现代化、城市化进程中出现的与传统民俗事象差别较大的民俗文化现象进行了研究，将其概括为伪民俗、泛民俗与新民俗。

“伪民俗”一般被认为是认为假造虚构出来的民俗事象。对“伪民俗”的判断是一个较为复杂的问题，长期以来是民俗学界关注的热点。毕旭玲认为，民俗离不开民众的日常生活，民俗事象总是处于不断地变化和发展过程中。中国城市化进程中出现了“新民俗”“泛民俗”“伪民俗”三种现象。“新民俗”是新成长起来的民俗，“泛民俗”是由新兴文化元素逐渐形成的，一部分“泛民俗”能够沉积下来成为“新民俗”，“新民俗”和“泛民俗”都是民众日常生活的一部分。“伪民俗”是被刻意制造出来的，广泛存在于民间文学、民俗旅游、城市文化建设等领域。一般来说，“伪民俗”脱离民众的日常生活，一旦“伪民俗”进入民众的日常生活，也有可能成为“新民俗”。②在《“伪民俗”判断之判断》一文中，毕旭玲提出：“伪民俗”虽然是人为制造的，却不能否定其成为“民俗”之可能，学界可以在学术层面对其进行判断，但不能干预生产生活，民俗真伪的判断权应该交给民众。③与毕旭玲不同，刘伟没有对“伪民俗”进行判断，他关注的是民族文学中的伪民俗书写，他认为民族文学中的“伪民俗”书写是一种文化干预，提供了某种意义上的民俗的“文学真实”。④

新民俗是社会发展中出现的新兴的民俗事象，是新成长起来的民俗。康保成认为，都市民俗是民众长期积累下来的生活方式和生活习惯，当代都市生活方式是民众自然的选择。新民俗既有健康有益的一面，也有其陋俗的一面，因此要把握新民俗的发展

① 刘垚、沈东：《回顾与反思：中国都市民俗学研究述评》，《民间文化论坛》2015年第6期。

② 毕旭玲：《流动的日常生活——“新民俗”“泛民俗”和“伪民俗”的关系及其循环过程》，《学术月刊》2011年第6期。

③ 毕旭玲：《“伪民俗”判断之判断》，《中原文化研究》2013年第4期。

④ 刘伟：《民族文学中的“伪民俗”书写》，《北京联合大学学报》（人文社会科学版）2021年第3期。

方向，移风易俗。[①]不少学者对当代城市社会出现的新兴民俗事象进行了专题研究。比如路江和姚吉祥对城市广场舞进行了考察，认为广场舞是老龄化社会中出现的新民俗现象，是中国大妈健身娱乐社交的有效载体，应该将广场舞打造成具有中国特色的民俗休闲文化体育品牌。[②]

城市发展催生了一批属于新民俗的新节日。关旭对上海辰山草地音乐节的组织形式和活动内容进行介绍，概括了其易变性、消费性、公共娱乐性与审美性的特征，并指出辰山音乐节对上海都市民俗中广播音乐、音乐会和赏花三种民俗要素的传承与整合重构，并借助现代媒体成为都市新民俗。[③]吴玉萍从民俗经济的视角对阿里巴巴“双十一”这一都市新民俗现象进行了讨论，她认为“双十一”是运用民俗资源建立起来的品牌，使“双十一”成为真正的节日仍需要更多民俗行为的支撑，要构建节日认同形成认同性消费。[④]滕云关注了网络新民俗——程序员节，他梳理了程序员节的建构发展史，认为程序员节作为新民俗与市场经济密切合作，具有青年亚文化色彩和泛娱乐化特征，程序员节拥有稳定的传承空间与庞大的传承主体，并且服务于互联网企业的发展。[⑤]杨方琳对当代日常生活中涌现的岁时节日新民俗对传统文化的传承、民俗的生命力如何应对现代社会的变化、如何看待新民俗实现岁时节日民俗的可持续发展等问题进行了思考。[⑥]陈寅以传播仪式观为理论基础阐述了新民俗“春晚”的历史源流与形成动因。[⑦]张龙成对新民俗央视春晚的大众审美心理进行了分析。[⑧]

一些学者关注到了影视文化与春节民俗结合形成电影春节档这一新民俗事象。电影春节档是中国特有现象，左衡认为春节电影是一种新兴的民俗事象，他论述了作为

---

① 康保成：《生活就是民俗——关于民俗文化与都市发展的若干思考》，《民俗研究》2012 年第 1 期。
② 路江、姚吉祥：《新民俗文化和休闲文化的有益尝试——对城市广场舞的深层思考》，《中国民族博览》2015 年第 5 期。
③ 关旭：《户外音乐节与都市新民俗建构——以上海辰山草地广播音乐节为例》，《戏剧之家》2021 年第 1 期。
④ 吴玉萍：《新民俗的产生与认同性消费的构建——以阿里巴巴“双十一”为例》，《民族艺术》2018 年第 2 期。
⑤ 滕云：《“10.24”程序员节：互联网时代的新民俗节日》，《民间文化论坛》2022 年第 1 期。
⑥ 杨方琳：《岁时节令新民俗的思考》，《黄冈师范学院学报》2012 年第 4 期。
⑦ 陈寅：《影像春晚的历史源流与形成动因——基于“传播仪式观”理论的启示》，《吉林艺术学院学报》2013 年第 4 期。
⑧ 张龙成：《简析新民俗之央视春晚的大众审美心理》，《昆明冶金高等专科学校学报》2014 年第 2 期。

新民俗的春节电影档产生的七个原因，并呼吁要重视春节电影的价值和意义。① 李婕与李欣蓓从影视受众的角度出发探讨了春节看电影新民俗产生的动因。②

互联网也是新民俗文化展示与传承的新载体，由此产生了“互联网 + 民俗”的文化事象。王润茁和徐赣丽对当代网络空间出现的“转发锦鲤”行为进行研究，认为这种新型的锦鲤文化有成为“新民俗”的可能。③ 民俗依托网络进行传播的同时又受到互联网的影响呈现出新民俗的特征，彭晴认为网络新民俗具有虚拟性、广域性和交互性的基本特征，目前网络新民俗大致分为“互联网 +”民俗、“转生型”新民俗和“再生型”新民俗三种类型，它们赋予了民俗新的时代内涵。④ 冯芹则对转生型网络新民俗的特征、类型及生成机制进行了讨论，她认为网络转生型新民俗以传统为依托，既保留了传统的民间思维和自然情感，又适应了现代人的日常生活方式，这种新民俗可以大致分为节庆类、娱乐游戏类两种，而这种新民俗的生成与媒介技术的发展、民众的现实需求、文化转型下民俗的自发传承、政府力量推动息息相关。⑤

还有学者注意到都市民俗在新时代的发展表现出向大众文化靠拢的倾向。毕旭玲以国际化和城市化背景下的上海城市民俗发展境遇为例，探讨了上海城市民俗由原本稳定的状态受到移民文化、城市创意文化的影响表现出大众文化化的倾向。⑥ 徐赣丽强调了民俗学历史语境中下的“民间”在现代社会已经发行了变化，当下社会的“民俗”不再是中下层民众的独有物，很可能是政府、精英、中产阶级和商家传承的，并再次强调了大众文化应该成为民俗学研究的对象，而民俗学所关注的大众文化研究“强调的是当下社会正在发生着的普通人的文化实践”。⑦ 丁艳霞和朱尉从民俗文化与大众文化内涵出发讨论了大众文化与民俗文化的差异、大众文化对民俗文化的影响，以及如何借助大众传媒传播民俗文化。⑧ 张奎则对流行音乐中传统民俗文化的重构及其原因进

---

① 左衡：《“春影”新民俗》，《传媒》2017 年第 6 期。
② 李婕、李欣蓓：《基于受众视域下的“春节看电影”新民俗成因探析》，《电影文学》2021 年第 19 期。
③ 王润茁、徐赣丽：《新媒体时代的民俗形态——以“锦鲤”文化为例》，《民间文化论坛》2020 年第 3 期。
④ 彭晴：《“活态化”传播与网络新民俗》，《东吴学术》2020 年第 5 期。
⑤ 冯芹：《“转生型”网络新民俗研究》，《东吴学术》2020 年第 5 期。
⑥ 毕旭玲：《21 世纪初上海城市民俗文化的新发展》，《上海文化》2013 年第 10 期。
⑦ 徐赣丽、刘言：《重新解读“民间”：民俗学研究对象再思考》，《东方论坛》2022 年第 5 期。
⑧ 丁艳霞、朱尉：《大众文化语境下的民俗文化传播和发展研究》，《今传媒》2014 年第 10 期。

行了分析。①

二、从传统、经典到当下、日常的研究时空转向

党的十八大以来，中国城市民俗研究中呈现出比较明显的时空转向，学者们越来越倾向于研究与城市生活相关的当下、日常的民俗现象。同时，随着城市经济的发展，城市中产阶级越来越成为社会生活的主要力量，也同时成为城市民俗研究最关注的群体。正如徐赣丽所指出的那样，民俗学的时空转向不仅需要“从底层民众研究转向日常生活研究；从农民文化研究转向大众文化研究；从民俗文化的传统载体研究转向当代载体研究，其研究对象还应从乡村转向城市，从传统转向现代，从民间文化转向大众文化”。②

在城市日常生活逐渐成为研究热点的背景下，各大高校和研究机构纷纷举办研讨活动，对民俗学的日常生活转向给予关注。比如中山大学中国非物质文化遗产研究中心、中山大学民俗研究中心主办的“民俗学‘日常生活’转向的可能性”论坛，召集来自民俗学、人类学、宗教学、社会学、文艺美学等不同学科的学者探讨民俗学“日常生活”转向的可能性问题，议题主要包括“日常生活”理论、研究路径和实践民俗学三个方面；又如在“改革开放40年上海民俗文化的传承与变迁”研讨会上，刘晓春以民俗学“日常生活”转向的一种路径来解读后传承时代民俗学的研究基调，提出“传承”“记忆”与“认同”是民俗学转向的关键词。③

不少学者写书、撰文表达将城市日常生活纳入民俗学的研究范围，并以日常生活为导向进行相关研究的观点。比如岳永逸提出现代民俗研究应关注都市民众的日常生活。他认为中国民俗学学科发展遇到的机遇和挑战源自民俗学一贯的对日常生活，尤其是社会急剧变革下的日常生活转型的关注。都市文明及其生活方式不仅主宰着大小城市，还影响着乡村社会。作为具有现代学学科特征的民俗学，现代性、都市化、公

---

① 张奎：《传统民俗文化在流行音乐中的重构及其原因分析》，《文化艺术研究》2016年第3期。

② 徐赣丽：《城市化背景下民俗学的“时空转向”：从民间文化到大众文化》，《学术月刊》2016年第1期。

③ 刘晓春、崔若男：《以“日常生活”为方法的民俗学研究——“民俗学‘日常生活’转向的可能性”论坛综述》，《文化遗产》2017年第1期。

民的日常生活应像传统、过去、乡民的日常生活一样成为其研究的基本对象。① 岳永逸所提倡的“都市民俗学”并非是建设一门都市民俗学学科，而是强调对民俗学研究对象发生的转型的认知，将民俗学原本的以“乡土生活”为主导的研究阶段转变为以“都市生活方式”为主的研究阶段。“如果说乡土民俗学是近现代化历程中的以农耕文明及其生活方式为中心，以乡土中国为本位、原点，那么都市民俗学则是以工业文明、科技文明支配的当下都市生活方式为中心、重心，以现实中国为本位，波及开去”。城市的生活方式、网络民俗和异质群体及其他们的生活都是现代性的民俗学应该关注的对象。②

周星等学者提倡以“生活革命”为切入点关注城市日常生活。在《生活革命、乡愁与中国民俗学》一文中，周星认为当代中国正发生着深刻的生活革命，这要求民俗学需要从以往以乡村和民俗为对象的研究中转移到以当代中国社会的日常生活及其变革为对象的研究中来。③ 在周星、王霄冰主编的《现代民俗学的视野与方向》一书围绕“民俗主义”“本真性”“公共民俗学”三个核心概念汇集了德国、日本、中国学者相关文章，并追问现代中国民俗学的走向，即日常生活。④

程鹏、安德明等人从都市民俗学角度出发关注民俗学学科的现代化转向。程鹏认为中国都市民俗学的研究对象大体可以归纳为都市里的民俗与都市化的民俗两类，两者对应于两种学术指向：一种是将都市民俗学作为区域民俗学的一类而成立，对应于乡村民俗学；另一种则是将都市民俗学与现代化的诉求相联系，对应于传统民俗学。⑤ 李向振认为城市或者说都市民俗学的研究已经是从传统的遗留物研究的中国民俗学迈向现代的日常生活研究的现代民俗学之路的一环了。⑥ 中村贵在总结日本都市民俗学发展史的基础上，认为转向都市的民俗学研究是中国民俗学转向现代民俗学的关键。安德明总结中国民俗学当代发展现状，指出民俗学研究虽然转向了对当下日常生活的研

---

① 岳永逸：《反哺：民间文艺市场的经济学——兼论现代性的民俗学》，《思想战线》2010 年第 5 期。

② 廖明君、岳永逸：《现代性的都市民俗学——岳永逸博士访谈录》，《民族艺术》2012 年第 2 期。

③ 周星：《生活革命、乡愁与中国民俗学》，《民间文化论坛》2017 年第 2 期。

④ 周星、王霄冰主编：《现代民俗学的视野与方向》（上、下），商务印书馆 2018 年版。

⑤ 程鹏：《都市民俗学与民俗学的现代化指向》，《民间文化论坛》2014 年第 4 期。

⑥ 李向振：《转向现代性的民俗学的几个关键词》，《华东师范大学学报》（哲学社会科学版）2021 年第 1 期。

究，但研究的视角和理念却没有随之转变，仍然有“保守”“怀旧”的烙印，应该学习德国民俗学发展转型的历史经验。①

随着社会经济的发展和城市化速度的加快，新兴中产阶级日益成为社会生活中的主要力量，影响着社会经济文化的走向，这种影响在城市中更加显著，这对一向以亲近民众生活著称的民俗学来说是不可忽视的变量，城市中产阶级遂成为都市民俗研究新的关注对象。徐赣丽围绕“中产阶级生活”进行了较多研究。她认为都市民俗学学科发展遭遇瓶颈，突破这个瓶颈需要破除原有的学科思维，扩展民俗学传统上“民”与“俗”的概念，将研究对象转变为都市中产阶级的日常生活方式。②同时，她认为受城市化、现代化和全球化带来的现代性冲击，中国民俗学传统的研究对象遭遇危机，面对这个危机，中国民俗学应该转向现代性的民俗研究，将研究视野投向以城市中产阶级的生活方式为代表的都市民俗学研究中去，那么随之而来的便是研究视角和研究方法从传统向现代的过渡。③

三、城市民俗研究方法的拓展及相关研究实践

城市民俗日常生活转向引起学界广泛关注的同时，诸多学者也在积极地拓展城市民俗研究方法。城市化改变了民俗学传统的田野调查方法和民俗志书写，数字信息技术为民俗学的田野调查方法提供了新的发展方向。与此同时，“民俗主义”与城市民俗实践成为城市民俗研究的新路径。

（一）城市民俗研究方法的拓展

首届海上风都市民俗学论坛中，多位学者围绕都市民俗学研究方法的拓展进行了讨论。郑土有认为应该以城市居住空间为切入点研究都市居民的生活，研究都市文学要考虑时空两个方面的因素，都市传说的研究应该注意布鲁范德理论的适用性，在研究都市传说的时候要考虑都市传说真正的来源。耿敬认为面对现代化的民俗，实地调查较为艰难，更好的民俗研究是做过程的调查。陈志勤认为都市民俗学的研究需要突

① 安德明：《民间文化研究：“朝向当下”的学问》，《民间文化论坛》2015 年第 4 期。
② 徐赣丽：《中产阶级生活方式：都市民俗学新课题》，《民俗研究》2017 年第 4 期。
③ 徐赣丽：《现代民俗学如何可能》，《华东师范大学学报》（哲学社会科学版）2021 年第 1 期。

破外围资料，用问题意识去和前人的研究进行对话。

岳永逸在《“杂吧地儿”：中国都市民俗学的一种方法》一文中提出可以将“杂吧地儿”研究视为都市民俗学研究的一种方法。“杂吧地儿”是北京土语，专指北京城前门外那个三教九流汇聚而称作天桥的地方。“杂吧地儿”具有一定的共通性，是城市民众生活的空间场域和城市的符号标志，也是中国城市的固有底色，反映了一个城市的生态和常态，因此“将‘杂吧地儿’视为一种方法，就有可能重新评估世界范围内类似地方与其所在城市之间的关系”。①

王娜从生态民俗出发对江苏省淮安市近代以来的衰落进行研究，认为环境、社会、心态的非良性循环民俗生态链体现了淮安城市衰落的本质特征。② 鞠熙在理论方面补充了城市民俗传承变迁的第四种模式。她在《城市日常生活实践的自愈与回归——民俗传承变迁路径的第四种解释》一文中提出了民俗传承变迁的“自愈论”，“DT”模式是具有“大平台 + 小前端”特征的企业组织协作方式，是提倡以个性化、多样化需求为前提的商业模式，并以利他主义和开放、分享等价值观为准则，鞠熙将“DT”模式与旧日会馆模进行比较，发现“DT”与旧日会馆的经营理念并没有差别，她又对民俗传承变迁的适应论、复兴论和革命论三种理论模式进行分析思考，在此基础上提出民俗传承变迁的第四种路径，即日常生活实践的自愈以回归，她认为民众的日常生活实践有其内在逻辑，这导致机制一致的民俗事象会反复出现。③

伴随着对都市日常生活研究的关注，传统民俗学研究的“民”在集体性上被解构，城市中的“个体”成为民俗学新的关注对象，都市中的“个体”研究成为一种新的视角。胡玉福以上海街头歌手为例，倡导都市民俗学研究不仅要注重“新民俗”，还要重视都市民俗文化的承载群体，同时更需注重对群体中个体的关注。④ 刘薇则对都市非物质文化遗产剪纸艺术传承人进行个体考察，从个人生活史出发把握传承人的创作

---

① 岳永逸：《“杂吧地儿”：中国都市民俗学的一种方法》，《民俗研究》2019 年第 3 期。

② 王娜：《环境、心态与城市衰落——生态民俗视角下的近代淮安》，《民俗研究》2015 年第 5 期。

③ 鞠熙：《城市日常生活实践的自愈与回归——民俗传承变迁路径的第四种解释》，《北京师范大学学报》（社会科学版）2018 年第 4 期。

④ 胡玉福：《都市民俗学对都市个体及其创造性知识的关注——以一位上海市街头歌手为例》，《民间文化论坛》2014 年第 4 期。

特点。①

（二）城市田野调查和民俗志书写

岳永逸在《生命经验的裸写：都市民俗志的潘多拉盒子》中对田野调查和民俗志书写范式进行了反思，他认为“一部好的都市民俗志，不仅仅是描述都市人何以生活，而是深入他们的精神世界，言说他们的挣扎妥协，和在此心态下衍生出的一系列新兴甚至荒诞瞬间又不会消失的现象”。都市民俗学需要摆脱资料学的范式，去深描挖掘更深层的“事实”“资料”之下的因果关联，去做实验性的都市民俗志，民俗学或民俗志的书写最终落脚点是人的价值。②毛晓帅梳理了近年国内民俗志书写相关研究，认为以民俗事象为主体，只见文化不见人；只见传统不见当下是当下民俗志书写的所面临的两个问题。伴随着城市化进程的不断推进引起“生活革命”，当下民俗志书写的理论和方法也已经无法适应时代需要。③王杰文主张“表演研究”的方法论，他认为作为研究主体的民俗学者的田野作业与民俗志表征工作同样也是一种“表演”，“日常生活实践”中的民俗学的表征主体不再是某个个体而表现为包括民俗学者在内的参与者群体实践的多重性、复合性和交织性；在表征手段上，口头的、文字的、图像的、音像的、数字化的，以及身体表演的等多种媒介综合的、多元化的呈现应该受到重视。④

现代科技的发展和影像设备的不断更新是影像民俗志书写可能的基本条件。李强、刘臻玮以拉萨甜茶馆进行民俗志影像化书写为具体案例探索科学民俗志影像化书写方法。⑤影像工具在民俗学中的大量运用已经成为事实上的趋势，华中师范大学文学院和美国葳莱大学亚洲研究中心以推动民俗传统和“非遗”项目记录的国际交流，完善影像民俗学方法，培养影像民俗学的青年人才队伍为目的共同举办了中美民俗影像记录田野工作坊，熊迅、张举文、孙正国三位学者就此为题对民俗学与影像的关系、民俗

① 刘薇：《都市民俗学视野下对个体的关注——基于传承人 ZHYX 剪纸文化特色调查》，《曲靖师范学院学报》2017 年第 1 期。

② 岳永逸、孔雪：《生命经验的裸写：都市民俗志的潘多拉盒子》，《民俗研究》2013 年第 3 期。

③ 毛晓帅：《城市化进程中民俗志书写的理论思考——兼论民俗志写人与写文化》，《河南科技学院学报》2020 年第 3 期。

④ 王杰文：《“日常生活实践”与表演研究》，《学术研究》2021 年第 7 期。

⑤ 李强、刘臻玮：《民俗志影像化书写方法——以拉萨甜茶馆民俗志影像化书写为例》，《西藏科技》2013 年第 3 期。

影像记录的尴尬与突破、民俗影像记录的伦理问题、民俗影像记录的中美对比、学科分野和交融的可能进行了探讨。[①] 张举文在《民俗的影像记录：从概念到实践的日常化——中美民俗影像记录田野工作坊专题导言》一文中认为民俗影像田野的伦理问题是中美民俗影像田野工作坊的核心。[②] 杨红在《美国民俗田野调查中的数字化运用》一文中介绍了美国在民俗田野调查中对数字化的运用及相关的技术指南文件。[③] 张翠霞认为民俗志是认识和阐释“日常生活”的一种方法，她从关涉民俗志书写和研究的研究者、文化主体、田野调查和“文本”呈现四个方面对“含纳现代技术的日常生活”进行讨论。[④]

（三）民俗主义应用与城市文化实践

王霄冰在《中国民俗学：从民俗主义出发去往何方?》一文中指出，“民俗主义”是一个过渡性的概念，指现代社会中对于民俗的二手传播和展演现象。随着对民俗主义讨论的深入，学术界对“民俗主义”的态度发生转变，“民俗主义”似乎也脱离了最初的贬义色彩。当下社会中普遍存在的民俗主义现象正为中国民俗学的学术转型提供了可讨论的话题。[⑤] 周星也发表了对民俗主义的看法，他主张正视社会文化“民俗主义”常态化的现状，对民俗学的学科研究范式进行反思，提倡民俗学研究要关注当下，直视当代中国的现实日常生活，扩大自身解释力，成为兼公共性、学术性和实践性为一体的学科，这要求民俗学者要不断反思自身，尊重生活者和他们的文化实践，在此基础上追求公共利益的最大化。[⑥] 王杰文在《“民俗主义”及其差异化的实践》一文中对民俗主义相关研究的国际性差异进行了讨论。他认为“民俗主义”是具有实践意义的，其应用性是不容忽视的，民俗主义涵盖着官方、社会和民众对身份认同的建构和对经济的发展。[⑦]

---

① 熊迅、张举文、孙正国：《民俗影像的操作化与可能性——中美民俗影像记录田野工作坊三人谈》，《民族艺术》2016 年第 4 期。

② 张举文：《民俗的影像记录：从概念到实践的日常化——中美民俗影像记录田野工作坊专题导言》，《民间文化论坛》2016 年第 6 期。

③ 杨红：《美国民俗田野调查中的数字化运用》，《赣南师范学院学报》2016 年第 4 期。

④ 张翠霞：《现代技术、日常生活及民俗学研究思考》，《民俗研究》2018 年第 5 期。

⑤ 王霄冰：《中国民俗学：从民俗主义出发去往何方?》，《民俗研究》2016 年第 3 期。

⑥ 周星：《民俗主义、学科反思与民俗学的实践性》，《民俗研究》2016 年第 3 期。

⑦ 王杰文：《“民俗主义”及其差异化的实践》，《民俗研究》2014 年第 2 期。

近年来，国内城市民俗学视角下对“民俗主义”的研究主要围绕城市文化建构与城市公共空间建设两个方面展开，即“民俗文化”在城市发展中的应用实践。王衍军讨论了民俗文化的场效应与城市文化建设之间的关系，他认为民俗文化是城市文化的核心，城市文化建设应该充分重视民俗文化和对民俗文化场效应的利用。① 自贡灯会是自贡地区传统民俗文化，在社会主义市场经济建设中成功转型为城市新民俗。梁川在《“自贡灯会”与城市新民俗建构》一文中对自贡灯会进行研究，认为“正确的利用已有民俗传统切入当代城市生活，让城市文化不断吐故纳新、去粗存精，在真实的生活情境中建构积极向上的城市新民俗，才能弥补伴随于城市化进程的文化同质化缺陷，使城市文化实现特色化与可持续发展”。② 张杨格认为民俗文化是城市文化的重要组成部分，建设和规划城市时需要重视对民俗文化的发展与运用。③

城市形象是城市文化的外化表现，民俗文化是城市文化建设的核心。陆琳和陈扬对民俗文化元素在城市品牌视觉形象中的应用进行了系统研究，他们认为民俗文化具有促进城市品牌形象建设的作用，可以提取的民俗文化视觉元素包括物质的、社会的和精神的，民俗文化视觉元素提取方法包括色彩提取、形式提取、文字提取三个方面。④ 王海利认为运用民俗绘画装饰城市有利于城市品牌形象建设。⑤ 王晓玮认为民俗元素在都市形象系统设计中的导入涉及都市语言现象的研究和探索，具有强化城市文化软实力、塑造城市视觉形象及推进都市民俗资源保护、利用的双重作用。陶一凡关注的是民俗艺术符号对于城市视觉形象提升的研究。⑥ 城市形象宣传片是城市形象宣传的重要途径。黄莹认为传统民俗文化元素在城市形象片设计中能够发挥重要作用。⑦ 陈子娟从语言学角度出发对城市形象宣传片《豫见精彩》中民俗文化的多模态隐喻进行了解读。⑧ 雷雨晴、肖建春分析了眉山市

① 王衍军：《民俗文化的场效应与城市文化建设》，《社会科学家》2012 年第 2 期。
② 梁川：《“自贡灯会”与城市新民俗建构》，《中华文化论坛》2013 年第 5 期。
③ 张杨格：《民俗文化对现代城市规划与建筑设计的研究》，《低碳世界》2017 年第 29 期。
④ 陆琳、陈扬：《民俗文化元素在城市品牌视觉形象中的应用》，《包装工程》2021 年第 2 期。
⑤ 王海利：《挖掘民俗绘画提升城市文化品位的研究》，《大众文艺》2017 年第 2 期。
⑥ 王晓玮：《民俗元素在城市 VI 形象系统设计中的导入探索——以滁州为例》，《景德镇学院学报》2017 年第 5 期。
⑦ 黄莹：《论民俗文化元素在苏州城市形象广告中的运用》，《西部广播电视》2015 年第 18 期。
⑧ 陈子娟：《城市宣传片中民俗文化的多模态隐喻阐释——以〈豫见精彩〉为例》，《宿州学院学报》2016 年第 3 期。

城市形象宣传片，认为眉山市应该充分发掘民俗文化以打造精品的城市形象宣传片。①王卫波分析了河南城市民俗资源的类型，认为河南城市民俗资源在延续城市文化传统、塑造城市文化形象及推动城市文化产业方面都具有重要价值。②李咏梅和丛玉婷对舞蹈艺术与秦皇岛市“望海求仙”民俗仪式的融合对城市文化产业和城市文化形象的建设价值进行了讨论。③陈保霞以鹤壁市民俗文化节为例分析了民俗文化节对城市形象塑造正反两面的影响。④郑冠宇、周潇也关注了民俗文化在城市品牌形象的设计。⑤

城市公共空间是城市文化的载体，亢宁梅以江苏省淮安市的城市空间改造为例分析了现代城市空间的建构和传统民俗文化的再生产，她认为“城市空间的重构和传统文化的再生产无一不是彰显了空间正义性和民俗主义的合理性”。⑥丁小刚认为城市规划转型中应该有意识地运用地方的民俗文化。⑦赵凌宇认为“借助城市公共空间的规划与设计，将民俗文化融入城市的血脉中，建设各方面协调发展的人文生态环境和社会文化环境，强化城市居民的创新与进取精神，可以改善城市居民的生活环境，提升城市的整体竞争力”。⑧

总的来看，党的十八大以后，随着城市化的深入发展，面对日新月异的城市空间和城市文化，中国城市民俗学的研究对象和研究方法都有了新的扩展和转型，呈现出蓬勃发展的态势。但也应该看到，当代城市民俗研究中暴露出理论方法的不足，既有概念和研究范式在面对城市民俗的新现象和新问题时，缺乏有效的解释力，学者的研究结论也存在较多分歧。这说明相对于日新月异的城市发展，城市民俗研究实际上是滞后的，中国城市民俗学应积极探索新的研究范式和理论方法，以引领民众构建新时代的城市生活方式。

---

① 雷雨晴、肖建春：《眉山市城市形象宣传片中民俗元素的运用》，《今传媒》2013 年第 12 期。

② 王卫波：《河南城市民俗资源的类型及价值》，《河南广播电视大学学报》2014 年第 2 期。

③ 李咏梅、丛玉婷：《舞蹈艺术与“望海求仙”民俗文化融合的实践探索——以秦皇岛打造城市文化艺术名片为例》，《大舞台》2012 年第 11 期。

④ 陈保霞：《节事活动对城市形象塑造的影响研究——以鹤壁民俗文化节为例》，《长春教育学院学报》2013 年第 6 期。

⑤ 郑冠宇、周潇：《论东北地区民俗文化的城市品牌形象设计构想》，《电视指南》2018 年第 13 期。

⑥ 亢宁梅：《城市化进程中传统文化的记忆或重建——以江苏省淮安市为例》，《内蒙古艺术学院学报》2019 年第 4 期。

⑦ 丁小刚：《浅析城市民俗文化在城市规划中的应用》，《企业技术开发》2014 年第 6 期。

⑧ 赵凌宇：《中国民俗文化与当代城市公共空间设计》，《天中学刊》2015 年第 4 期。

第八章　城市文学的文化建构

城市、文学与文化发展的交织并行，描绘出生机勃勃的人类文明图景。随着城市化进程的扩张，人们从血缘和宗法的乡村社会中走出，向另一种人类集聚的文明形态进发。某种意义上来说，城市就是一种新型的“部落”，但这个部落的住民们在瞬息万变的时空形态中，彼此维持着陌生感和匿名性。城市中人与人的联结正如庞德（Ezra Pound）的《在地铁站》，“人群中这些面孔幽灵般显现；湿漉漉的黑枝条上朵朵花瓣”。庞德的诗歌是西方现代派诗歌的杰作之一，将现代性的“面孔”具象化为打湿的花瓣。然而，值得注意的是，西方现代性叙事框架的“强制阐释”给中国的城市发展和城市文学的书写带来无法挣脱的表达困境和研究局限。原本寓居于中国传统文学形态诸如诗词歌赋中的感知力，与中文语境中的文字表达发生断裂。这种断裂最早可追溯到晚清，并与近代以来被动接受的城市经验一起，与之后的白话文学杂糅，虽然初步形成了20世纪二三十年代的新感觉派等现代派文学实验，并在左翼文学中频繁出现，但一直未能冲击到中国现代文学强大的乡土文学传统。甚至对于京派、海派等城市文学的雏形来说，对其文本特征和作家群体的概括更像是基于“风土的力”的地域文学划分，城市只是乡土文学的“背景板”而已。诚如陈晓明所论，“城市文学知识作为一些若隐若现的片段，作为被主体排斥的边缘化的‘他者’偶尔浮出历史地表”①。

“城市”与“乡村”的复杂关系一直延伸到当代文学的相关创作中，萧也牧的《我们夫妇之间》等作品别有意味地延续了革命叙事中的改造话语，成为城市文学表述的起点。直到蒋子龙等人的“改革文学”出现，现代意义上的“工厂”“车间”“生产”等

① 陈晓明：《无法现身的他者》，《文艺研究》2006年第1期。

叙事元素才正式进入城市文学的脉络，以“工业文学”的创作方式使城市文学逐渐摆脱乡土文学参照物的定位。改革开放之后，中国的经济发展带动了消费文化的成熟，从20世纪80年代末期到90年代中期，城市文化研究成为学界的热点，与此同时，城市文学的张力得以进一步呈现。现如今，城市文学借助“都市”标签在网络文学世界中完成了赛博跃迁。

中国城市文学的发展根植于中国的城市建设和经济发展，“城市是都市生活加之于文学形式和文学形式加之于都市生活的持续不断的双重建构”①。事实上，在20世纪90年代关于“都市文学”的讨论中，就已经有学者指出“中国近现代都市发展的实际，决定了我们只能采取‘中国式’的都市小说研究视角”②。所谓“中国式”的研究视角，提供了摆脱西方现代性理论视域的理论动力，也蕴藏着构建中国特色学术话语体系、生动诠释中国式现代化实践经验的无限可能。党的十八大以来，以习近平同志为核心的党中央立足中华民族伟大复兴战略全局和世界百年未有之大变局，统筹推进“五位一体”总体布局、协调推进“四个全面”战略布局，推动党和国家事业取得历史性成就、发生历史性变革，中国式现代化新道路越走越宽广。2022年10月16日，党的二十大报告指出，在新中国成立特别是改革开放以来长期探索和实践基础上，经过十八大以来在理论和实践上的创新突破，中国共产党成功推进和拓展了中国式现代化。党的二十大报告指出，中国式现代化是人口规模巨大的现代化；中国式现代化是全体人民共同富裕的现代化；中国式现代化是物质文明和精神文明相协调的现代化；中国式现代化是人与自然和谐共生的现代化；中国式现代化是走和平发展道路的现代化。正如论者所及，“如何经由‘城市’阐释现代性在中国的发生和特色，不仅影响着‘城市文学’的内涵与发展方向，也关涉着对中国社会转型的深层理解”③。而今，重审中西视域下城市文学发展的不同阶段，提炼不同文明形态的现代特征，不仅是对曾经文学史“断裂”的“弥合”，更是对构建中国特色的学术话语和方法论，推动社会主义精神文明建设，促进新时代文化繁荣发展，建立文化自信自强有着重要

① ［美］理查德·利罕：《文学中的城市》，吴子枫译、黄福海校，上海人民出版社2009年版，第3页。

② 李旭东：《文化中的都市与都市小说——论中国现代都市小说的文化品性》，《湖北大学学报》（哲学社会科学版）1993年第2期。

③ 贯艳艳编选：《城市文学与时代症候》，复旦大学出版社2018年版，第3页。

意义。

第一节　城市文学学术史概述

虽然在中西文明史上，城市的历史源远流长，但是在时间轴上最接近今天城市化进程的重大历史事件，莫过于始于18世纪的英国而后又波及整个世界的工业运动。恩格斯在1845年写就的《英国工人阶级的状况》中，以极为敏锐的洞察力揭示了工业化和城市化背景下阶级矛盾的加剧，工人仅仅被视为“手”而非“人”。对于工业文明的批判和反思成为西方城市文学创作的起点，城市成为无数文人墨客的灵感来源。理查德·利罕（Richard Lehan）认为18世纪以来都市主义的盛行引发了人们对城市这一启蒙遗产的信任危机，并激发了对城市颇具敌意的文学想象。而19世纪末20世纪初的上海，最早受到西方工业运动和城市文学的影响，诞生出中国近现代文学史上最早的城市文学景观——从《海上花列传》到《孽海花》，从鸳鸯蝴蝶派到左翼文学，从“新感觉”到心理分析，折射出城市文化的光怪陆离和精彩纷呈。值得关注的是，城市文学研究作为城市研究的子课题，其“城市—文学”的双向建构体系是20世纪才建立起的理论格局。换言之，对于“文学中的城市”和“城市中的文学”都还有丰富的阐释空间等待学界的发掘。

一、中西视域中的城市文学研究

中西方学界对于城市文学的研究从理论视域到论述方法都有着显著的差异，有学者将这种差异进行了精准的概括：

在西方，研究者的视域从现代派、后现代派作品不断向历史回溯，追溯文学与城市的最早关系，分析古典作家的城市体验与作品的城市主题，勾勒18、19世纪文学中城市的总体形象，探询宗教、神话、史诗中的城市原型。但在中国，古典文学与城市的关系和文学中的城市因素尚未引起足够的关注，城市与文学的研究视野大多局限在20世纪的现代派和当代都市文学的范围。①

① 陈晓兰：《文学中的巴黎与上海：以左拉和茅盾为例》，广西师范大学出版社2006年版，第23页。

事实上，近年来随着人文地理学等视角被引入中国古典文学的研究，中国古典文学与城市文化之间的互动关联也逐渐引起相关学者的关注。据朱玉麒所考，清代学者徐松在其《唐两京城坊考》中就已经使用地理空间的相关信息串联起文学人物活动的线索，为解读唐代社会风俗提供了丰富的材料。① 但毋庸置疑的是，目前国内的城市文学研究依然以现当代文学为主，这与我国城市文学诞生之初所受的西方工业及城市运动影响有关，与五四以来强大的现代性叙事传统有关，也与改革开放以来的现代化发展和人文精神建设有关。西方现代性理论范式推动了中国现当代文学的变革，也在某种程度上遮蔽了本应凸显中国特色城市化进程的文学表现及当代阐释。

陈晓兰通过对博顿·帕克（Burdon Pike）、理查德·利罕、威廉·夏普（William Chapman Sharpe）等国外学者相关论著的分析，将这种中西城市文学研究的差异具体归结"语词城市"（word-city）的概念及其应用，即在文学创作中加强城市的隐喻化，不仅再现城市的现实，也将城市置于想象的空间，从而获取一种城市现实与历史的张力。② 有趣的是，虽然"语词城市"的研究路径常被国外研究者用来回溯历史，激发想象，但在中国当下的文学创作语境中，"语词城市"的对应物是"文学城市"，而"文学城市"关注的不仅有昔日的文学想象，还有当下的文学现实。"城市不仅造就了城市文学，城市文学也反过来塑造了城市的形象，这种形象也许更接近于这座城市的本质。而且时间越久远，这种塑造的功能便越发明显而重要。"③ 以"文学上海"为例，王安忆的《长恨歌》、陈丹燕的《上海的金枝玉叶》、金宇澄的《繁花》、孙甘露的《千里江山图》等，几乎都是历史与现实的相互折射。如同奥尔罕·帕慕克（Orhan Pamuk）所说的那样，"当你热爱一座城市并且时常漫步探索其间时，不仅你的灵魂，就连你的身体，也会对这些街道极为熟悉，以至于多年之后，在一股或许因为忧伤飘落的轻雪所引起的哀愁情绪中，你的腿会自动带着你来到最喜爱的一个山丘"。④ 雷蒙德·威廉斯（Raymond Williams）提出了"情感结构"这一概念，并将其视为一种随着代际转换而与时俱进的文化动能：新的一代人将有其自己的情感结构，他们的情感结构好像并非

---

① 参见朱红、许巍编选：《城市变迁与文化记忆》，复旦大学出版社 2018 年版，第 3 页。

② 《文学中的巴黎与上海：以左拉和茅盾为例》，第 23 页。

③ 袁红涛编选：《"文学城市"与主体建构》，复旦大学出版社 2018 年版，第 332 页。

④ ［土耳其］奥尔罕·帕慕克：《我的名字叫红》，沈志兴译，上海人民出版社 2018 年版，第 12 页。

"来自"什么地方。极为独特的是，因为在这里，变化的组织产生于有机体中：新的一代人将会以其自身的方式对他们继承的独特世界做出反应，吸收许多可追溯的连续性，再生产可被单独描述的组织的许多内容，可是却以某些不同的方式感觉他们的全部生活，将他们的创造性反应塑造成一种新的情感结构。①

城市文学创作与传播的关系网络，铺展在城市的大街小巷，成为一种情感结构，从这个意义上来说，物理意义上的城市地图并不能起到"按图索骥"的作用，城市人依赖的是自己的心理地图。至此，有关城市文学的讨论溢出了文学研究的范畴，进入城市文化研究的领域，文本退居幕后，而塑就文本的所有外部关系被集中到研究者眼前。这就是目前学界通行的"文学/文化"研究路径。这种研究方式得益于20世纪八九十年代的中国城市化热潮和文化研究的兴起。从80年代中期开始，文学界敏锐地觉察到了城市化进程对文学型构产生的影响，相关的评论文章除了对当时文学创作的即时回应，还有对城市文学传统的回溯和重构，包括对近代城市书写、"京海之争"，以及新时期改革文学等议题的回顾，时间跨度从晚清延伸到当代。在这个过程中，城市文学逐渐成为一种接近、剖析、总结城市文化的方法，因而引发了部分学者的担忧，即城市文学作为文学类型的文学主体性正在逐步丧失，文学研究被文化研究"吞噬"，陷入虚假的、表面的、符号化的繁荣。叶中强曾在《想象的都市和经济话语的都市——论当前文学文本中的一种"都市"及其元话语》一文中犀利地指出，当时文学文本中的一些"都市"，"说到底乃身处现代市场转型的作家用以表达其'异化经验'的形象载体"；千百年来的乡村经验对于锐利的现代都市的体验，首先是物质文明的冲击，乃至于在无限膨胀的都市空间中，"物质"挤压了"人"。② 王进由此进一步论述道："经济基础"在此作为一切思想的先决，必然对此新的"文化"价值走向产生强大规范。……在经济、政治—经济的知识系统挟制及其历史负轭下，"城市文学"分裂为何谓城市—何谓文学，以致前者的理论申诉远远压倒后者，就可谓必然。而试图通往

① ［英］雷蒙·威廉姆斯：《雷蒙·威廉姆斯：文化分析》，选自王逢振主编：《2000年新译西方文论选》，黄必康等译，漓江出版社2001年版，第292—293页。

② 叶中强：《想象的都市和经济话语的都市——论当前文学文本中的一种"都市"及其元话语》，《上海社会科学院学术季刊》1998年第4期。

新的价值源泉的“文化”，则因此困窘于“经济基础”的地平线。①

城市文学与乡土文学的紧张关系，也多纠缠在现代物质文明和人文精神传统的对立上。上述研究对于城市文学乃至城市文化研究中“见物不见人”的担忧，至今仍有警醒意义。新中国建立初期，中共八大提出当时社会的主要矛盾是人民对于建立先进的工业国的要求同落后的农业国的现实之间的矛盾；数十年后，十一届三中全会决定把党和国家的工作重点转移到社会主义现代化建设上，继而在 1981 年的十一届六中全会上提出：“我国所要解决的主要矛盾，是人民日益增长的物质文化需要同落后的社会生产之间的矛盾。”我国社会主要矛盾发生第二次大转变，这一矛盾涉及人民的物质文化需要和社会生产两大主体，解决这一矛盾的关键点就是以经济建设为中心，大力发展生产力。为了提升发展效率，提倡允许一部分人先富起来，以先富带动后富；改革开放以后，我国社会主义得到全面提升和改变，落后生产力已经成为过去式，基本实现富起来的目标。党的十九大报告提出：“中国特色社会主义进入新时代，我国社会主要矛盾已经转化为人民日益增长的美好生活需要和不平衡不充分的发展之间的矛盾。”我国社会主要矛盾的三次转变，分别对应了不同发展阶段，农业与工业、生产力与生产关系、物质与文化之间的平衡关系，串联起我们理解城市文学文化建构的时代背景和历史渊源，也是我们从根本上认识中西城市化进程的差异性，进而有效推动中国式现代文化实践的前提。

二、中国城市文学研究的兴起

20 世纪 80 年代，伴随着有关都市文学、城市文学等相关概念的界定，文学评论界频繁发起有关城市文学的各种研讨会、笔会、座谈会。1983 年 8 月 21 日至 30 日，由天津、北京、河北三省（市）文联文艺理论研究室（部）发起召开的城市理论笔会，在北戴河举行。参加这次理论笔会的除上述省市外，还有安徽、河南、浙江、陕西、山东、黑龙江和吉林共十个省市文联文艺理论研究室、文艺刊物及有关领导部门的研究人员、编辑、干部等。中国作协研究室、《光明日报》文艺部和《文学评论》编辑

① 王进编选：《城市文学：知识、问题与方法》，复旦大学出版社 2018 年版，第 5—6 页。

部也派人参加了会议。此外，还邀请了从事城市文学创作的专业作家与会。参加会议的共三十余人。会议期间，天津市委宣传部的负责同志专程前来看望了与会人员。北京、河北和天津文联的领导同志参加并主持了这次会议。会上宣读了二十余篇学术论文，就城市文学的命题、历史发展、基本特征、存在问题及未来展望，进行了初步的讨论，并就某些问题展开了争鸣。这是新时期文学以来，全国范围内第一次关于城市文学的专题研讨，会上首次提出了“城市文学”这一概念，并对其做了一个相对宽泛的界定——“凡是写城市人、城市生活为主，传出城市风味、城市意识的文学作品，都可以称为城市文学”。① 不难看出，这次由各地文联及相关政府部门直接参与的城市文学笔会，有着十分鲜明的时代导向，与新经济形势下的文化发展紧密相关，因此该会更多的历史意义在其紧贴时代脉搏的价值引导，向文艺界释放出一种文艺走向的信号。事实上，在会后的相关材料整理中，对此已经做了精明扼要的概括：

目前之所以提出城市文学的命题并召开专门会议讨论研究，是随着城市生活日新月异而带来的城市文学日趋繁荣的客观现实所决定的。这是历史发展的必然。新中国成立以来，随着政权重点的转移和建设重心的改变，……城市建设得到了突飞猛进的发展，城市人口迅速增加，城市生活也更加丰富多彩。……文艺作品在这里拥有广泛的读者群和观众群，是文化生活最丰富最发达的地方。特别是千百万城市青年，尤其喜欢反映他们生活、命运的文艺作品。近年来反映城市生活题材作品如雨后春笋般涌现出来，是城市读者强烈要求的结果，而且还有继续蓬勃发展的趋势。所以，城市文学的发展是应运而生，会当其时。②

以此次城市理论笔会为起点，关于城市文学及城市文学理论的相关研讨层出不穷，如 1987 年太原的“城市文学理论讨论会”，1994 年南京的“中国城市文学研讨会”，1996 年上海的“‘新都市文学’理论研讨会”，2003 年上海的“都市文化与都市文学学术研讨会”等，一直延续至今。除了各类学术会议，城市文学的相关刊物也在紧锣密鼓的筹备当中。1984 年，《城市文学》月刊创刊，由山西太原市文联主办。陈辽在创刊号发文《城市文学刍议》，对“什么是城市文学”“如何反映今天的城市生活”“城市文

①② 吴英俊：《城市文学理论研究的良好开端——北戴河城市文学理论笔会侧记》，吉林省文联文艺理论研究室编：《文艺论稿》第十辑，1983 年。

学如何更好地为‘四化’建设服务”“用多种笔墨描写城市生活”“城市文学风格的百花齐放”“城市文学的地方特色”几大问题做了辨析。总体上看，该文的思路基本依照了一年前北戴河城市理论笔会的讨论框架，历数陆文夫的《围墙》和《美食家》，邓友梅的《画儿韩》和《那五》，陈乃珊的《蓝屋》，蒋子龙的《开拓者》和《锅碗瓢盆交响曲》等，一方面承认城市文学与工厂文学、车间文学、革命文学等文学类型在题材上的部分重合，另一方面又强调城市文学在题材选择和创作手法上的多样性，赋予其审美自主性和独特性。

作者以诗意的笔墨写道：现代城市既有急管繁弦、金鼓齐鸣的一面，又有宁静恬适，轻歌曼舞的一面；既有千帆并进、万马奔腾的一面，又有夜静更深、沉思默想的一面；既有长江大河、一泻千里的一面，又有流水叮咚、细流潺潺的一面；既有兴会淋漓、欢欣鼓舞的一面，也有忧从中来、彷徨寂寞的一面。因此描写城市生活，不能只用一种笔墨，而必须运用多种笔墨……其实，工业建设也不是始终紧张热烈，而在城市居民的日常生活中，大喜大悲、急剧变化的事件也层出不穷。所以，描写城市生活，该粗则粗，该细则细；粗中有细，细而有劲；粗要粗犷、粗豪，不要粗疏、粗糙；细要细致、细腻，不要细软无力；在粗、细结合中创造出多种笔墨。①

第二节　城市文学与城市文化的互动图景

自 20 世纪 90 年代以来，城市文学和城市文化频频互动，城市文学的叙事开始脱离宏大叙事的惯性，转而进入日常叙事。文人墨客的都市经验流入笔尖，构成城市文学和城市文化互动场景的多个面向，代表性的城市文学作品参与塑造了城市的人文气质，打造新时代的都市人文景观。王安忆等作家的“上海书写”，邓一光等作家的“深圳书写”，叶兆言等作家的“南京书写”，池莉等作家的“武汉书写”，迟子建等作家的“哈尔滨书写”等，不一而足。城市文学的文本不仅带有作家强烈的个人风格，还将历史长卷和现实万象结合，既有鲜明的地方文化色彩，也折射出中国城市化进程中的文化多样性，以中国城市文化为最大的文化公约数，是现代中国城镇居民心路历程的真

① 陈辽：《城市文学刍议》，《城市文学》1984 年创刊号。

实写照。

一、城市文学与城乡关系变迁

在1973年出版的《乡村与城市》中，雷蒙德·威廉斯通过对英格兰乡村田园诗的书写，进一步深化了情感结构理论，指出诗歌中理想化的田园美景是一种遮蔽真实城乡关系的“田园符咒”。有中国学者据此联系中国社会“乡愁”心理的演变，指出不妨以《乡村与城市》为方法，停止对城乡现状和城乡关系的程式化想象，多关注经济高速发展背景下城乡关系的真实演变及其复杂性——“在大规模的城市化浪潮面前，‘进城’‘去农’正在或者已然成为当下中国的一种支配性的社会、经济和文化趋势，结果无论是‘乡下人’还是‘城市人’，毫无差别地患上了‘乡愁病’，纠缠于‘回不去的乡村’和‘留不下的城市’”。[①] 的确，中国加速的城市化发展推动了消费文化的盛行，同时给基于小农经济的乡土人伦带来巨大冲击。

20世纪90年代开始，一部分城市文学在进城务工的大规模人口迁徙中发现了城乡关系的持续紧张，构成新一波的“进城”文学。在此之前，高晓生的“陈奂生”进城系列、路遥的《平凡的世界》等作品已经成为新时期文学从农民进城角度讨论城乡关系的经典作品，与之同时期产生的还有“知青返城”热潮带动的返城文学，与前者着意强调的城乡观念冲突相比，后者如梁晓声的《雪城》展现了原本的城市人经过十多年的乡村生活后重拾城市经验的艰难，从而开辟出了“离去—回归—离去”的新模式。而90年代大量农民进城打工的时代背景，使城市文学展现的生活的深度和广度进一步扩大，诞生出了“打工文学”“底层文学”这类作品，一直延续至今。迟子建的《踏着月光的行板》、孙惠芬的《民工》、张抗抗的《北京的金山上》、尤凤伟的《泥鳅》和铁凝的《谁能让我羞愧》等作品，展示出农民工进城后物质和心理的双重困境。值得注意的是，一部分打工者开始自己书写融入城市的经过，为之后网络文学大潮中“厂妹文学”的风靡埋下了伏笔。

“从乡村到城市，既是一种空间的推移，也是一种时间的发展，透过这一时空的转

---

① 徐德林：《乡村与城市关系史书写：以情感结构为方法》，《外国文学评论》2016年第4期。

换，可以发现中国当代社会历史的关键词由‘革命’变为‘经济’，‘革命’所生成的价值体系逐渐被‘经济’指导下确立的价值体系所超越。”① 乡村道德和都市物欲、宗法人情与城市规章之间发生的矛盾和碰撞，难免让“乡土中国”的人们感到迷惘。

为了进一步提升中国的城镇化水平，政府人口管理制度也在持续完善，更加强调外来人口的“有序流动”，人口流动带来的就业、子女教育、住房等民生问题成为社会重点关注的领域。改革开放以来，政府相继出台的一系列措施帮助进城农民尽快适应城市环境——

党的十八大以来，中国的城镇化水平稳步推进，每年年均提高 1.2% 以上，让 8000 多万农业转移人口成为城镇居民，将中国这个世界第一人口大国的城镇化率提升到新水平。城镇化的有力推进，将中国迅速从村落社会转型为都市社会，从定居生活转型为迁居生活，从自给半自给社会转型为市场社会，从传统社会转变为现代社会。这是继文艺复兴之后对人类最有进步影响意义的大事件。城镇化不仅意味着农村人口向城市转移的过程，而且还深刻体现着城市生产方式与生活方式对农村的积极影响。中国的城镇化不但比较顺利地解决了农村转移人口的就业问题，使 1 亿多离土不离乡的农民工就近就地就业，使 1.8 亿离土又离乡的农民工在城市就业，而且还顺利解决了随迁子女的入学问题。②

曾经的现代化梦想成为现实，进入 21 世纪之后的城乡文学书写随之有了与时俱进的变化。从徐则臣的《王城如海》等作品中，可以看到进城者从原本就在家乡务工的农民变成了具有乡村背景的中小知识分子。接受过一定教育的农家子弟审视家乡和城市，与父辈“陈奂生”们相比，其自省显得更为深刻和自觉。这也从某种程度上回应了新世纪的进城意识，“党的十八大以来，新世纪的进城意识，是从固有的乡土观念中剥离出来的故土自足意识，以及与中国特色城市化开放性话语博弈而成的城乡异动观念。……自给自足的乡土世界已经远离，互惠互利的城市生活共同体正在形成。进城意识则是见证这场乡土社会濡化、宗法传统弱化、农村个体离散锐变的潜意识之流。

---

① 陈国恩：《迁徙的经验与现代化的梦想——从知青下乡到民工进城的文学叙事》，《广东社会科学》2008 年第 2 期。

② 张翼：《解析七十年中国发展与变迁》，《中国社会科学报》2019 年 8 月 20 日。

流动进城，便是中国本土建设经验和新的生活逻辑初建的可见形式。”[①]当然，流动进城的过程是艰辛的，不少非虚构作品也犀利地剖析了进城务工者的生存状况，比如梁鸿的“梁庄”系列，展现弱者的生存境遇，引起了广泛的社会反响。诚如项飚所论，“流动人口没有获得名义上的正式权利，并不意味着他们就无所作为，他们也以自己的流动行为，特别是以‘跨越边界’的特征，抓住了既有体制的弱点，在他们之间形成了互相制约甚至互相追使的关系”。[②]项飚的论述有其特定的时代背景，其北京的浙江村研究虽然是90年代的产物，至今仍影响着人类学、社会学、文学等多个领域的研究。

中国的经济发展，正在从外向型经济转向以国内大循环为主、国内国际双循环的发展模式，乡村的发展潜力有待进一步激活和挖掘。早在2013年，习近平总书记在中央城镇化工作会议上就指出：“要让城市融入大自然，不要花大气力去劈山填海，很多山城、水城很有特色，完全可以依托现有山水脉络等独特风光，让居民望得见山、看得见水、记得住乡愁。”2015年在中央城市工作会议上，习近平总书记进一步指出：“城市建设，要让居民望得见山、看得见水、记得住乡愁。‘记得住乡愁’，就要保护弘扬中华优秀传统文化，延续城市历史文脉，保留中华文化基因。”2016年习近平总书记在安徽凤阳县小岗村主持召开农村改革座谈会时强调：“建设社会主义新农村，要规划先行，遵循乡村自身发展规律，补农村短板，扬农村长处，注意乡土味道，保留乡村风貌，留住田园乡愁。”2018年在广东考察时再次强调：“城市规划和建设要高度重视历史文化保护，不急功近利，不大拆大建。要突出地方特色，注重人居环境改善，更多采用微改造这种‘绣花’功夫，注重文明传承、文化延续，让城市留下记忆，让人们记住乡愁。”

“让城市留下记忆，让人们记住乡愁。”近年来，各地方文化品牌建设多次强调重塑“乡愁”，一方面可以应对大规模人口迁徙导致的地方情感纽带的断裂，另一方面也可以在拓展城市开放性话语的基础上，丰富中国本土建设经验，打破城乡二元对立的桎梏，同时为城市发展和乡村振兴赋能。城乡融合视野下的新发展格局，呼唤更多深

① 苏喜庆：《从动迁焦虑到融入城市生活共同体——建国70年来文学中进城意识的流变》，《都市文化研究》2021年第2期。

② 项飚：《跨越边界的社区——北京“浙江村”的生活史》，生活·读书·新知三联书店2000年版，第497页。

入了解城市、培植乡土情怀的优秀文学作品。

二、城市文学与城市人文景观

曾经的进城者迷失在城市街头，而已经居住在城市中的城市人则产生出一种微妙的怀旧情绪。戴锦华曾经指出知识精英的怀旧书写在当时已然成为一种世纪之交的时尚：从某种意义上说，正是在类似布满了裂隙的社会语境之中，90 年代的中国都市悄然涌动着一种浓重的怀旧情调。而作为当下中国重要的文化现实之一，与其说这是一种思潮或潜流，是对急剧推进的现代化、商业化进程的抗拒，不如说，它更多的是一种时尚；与其说，它是来自精英知识分子的书写，不如说，它更多的是一脉不无优雅的市声，怀旧的表象“恰当”地成为一种魅人的商品包装，成为一种流行文化。如果说，精英知识分子的怀旧书写，旨在传递一缕充满疑虑的、怅惘的目光，那么，作为一种时尚的怀旧，却一如 80 年代中后期那份浸透着狂喜的忧患，隐含着一份颇为自得、喜气洋洋的愉悦。急不可待地“撞击世纪之门”的中国人突然拥有了一份怀旧的闲情，似乎其本身便是印证了“进步”的硕果。①

这种怀旧是“土生土长”的中国人在市场经济冲击中的文化心理反应，集体开始退却，个人价值浮出水面。属于城市个体的日常逻辑开始显现——“市场经济的多元化消解了以往的社会同质性，容纳了不同的经济成分、政治因素、文化取向。随着国家和启蒙大叙述的退潮，日常性作为一种城市现代性开始受到关注，并主要表现在城市叙述中作为日常性个体的确立”。② 在南方谈话和 90 年代人文精神大讨论的背景下，城市文学的发展重心由北向南移动。1990 年《广州文艺》推出了“都市文学笔谈”专栏，1994 年深圳市文联主办的《特区文学》推出“新都市文学”讨论专栏，同年《上海文学》与《佛山文艺》联合推出“新市民小说”的征文及评奖，让相关的文学专栏及文学奖项的评选等成为文艺界乃至整个社会津津乐道的话题。与 80 年代围绕城市文学相关概念界定和现代文学史溯源的研究路径不同，90 年代面世的城市文学重要成果

---

① 戴锦华：《隐形书写：90 年代中国文化研究》，北京大学出版社 2018 年版，第 108 页。

② 张鸿声、马过：《消费时代：日常性、物化与全球化表达——论 90 年代城市文学》，《浙江社会科学》2022 年第 7 期。

已经开始初步由文学研究拓展到文化研究，如李欧梵的《上海摩登——一种新都市文化在中国 1930—1945》，赵园的《北京：城与人》，以及吴福辉、许道明、李今等学者对于海派文学的集中论述。在这些代表性的论述中，上海文学无疑成为学界关注的焦点。时任《上海文学》副主编的周介人提出了当代文学的第三“范式”，根据《上海文学》开设一年的“新市民小说”栏目，对当时的城市文学创作和研究进行了总结。周介人注意到当时北京的邱华栋、荒水，上海的唐颖、沈嘉禄、殷慧芬，广州的张欣、张梅等人的创作，初步形成了京、沪、粤三种不同风貌的“新市民小说”作家群；陈思和、李天纲、任仲伦、韩毓海、许纪霖、薛毅等学者的理论探讨，提出了一个观察中国当代文学乃至近现代文学的新视角，“除了早已为人熟知的‘阶级斗争—革命范式’与‘唤醒民众—启蒙范式’之外，还可以有一个‘民间—市民范式’”①。周介人进一步指出，“民间—市民范式”实际上关涉着我国悠久的通俗文学传统，并一度延伸至沦陷区文学和解放区文学。实际上，同样作为城市文学的试验田，上海文学土壤滋生出的“新市民小说”，其精神内核与深圳的“新都市文学”并不一样，初步展现出一种内倾的保守性，这与“老上海”的精气神密不可分。

1996 年 10 月 9 日，深圳市文联、《特区文学》杂志社、上海市作家协会在上海联合召开了“新都市文学理论研讨会”。与会的深沪两地的评论家、作家、学者，就“新都市文学”发展、当下文学的走向、都市作家所担负的责任等问题进行了讨论。研讨会由深圳市文联副主席、《特区文学》总编辑戴木胜主持。这次会议集中探讨了深圳“新都市文学”与上海的“新市民小说”的异同，反映出深圳城市文学创作在全国的领先地位。陈思和在会上指出，“上海是个老都市。我觉得《上海文学》的一些作品多有一个参照系，就是老上海的参照系，过去应该如何，老的都市应该怎么样。深圳的作品有一个好处，就是没有这样一个参照系。一开始出现的文学总是和这个城市的发展连在一起的。我最近看了一些《特区文学》的作品，觉得现在要比过去深入很多，不在于提出什么理想性人物，我觉得有些观念蛮有启发性，在现代化过程中带出的人对自身的认识、人的伦理观念上的改变，都很有值得讨论的地方。”② 这段话既是对《特

① 周介人：《当代文学的第三“范式”》，《上海文学》1995 年第 10 期。
② 《为了诗意地居住在新都市——’96“新都市文学”理论研讨会纪要》，《特区文学》1996 年第 6 期。

区文学》的肯定，也委婉地对上海文学提出了更高的要求。同会的蒯大申敏锐地意识到，90年代文坛出现的各种“新”旗帜，已经体现出地方文学在有意识地打造文学品牌，“文学由‘经学’时代（大一统），走向‘子学’时代（多元化）”①。对于上海文学来说，最有特色的文学品牌无疑是海派文学，而在大规模且高速的城乡人口流动中如何让海派之根获得源源不断的生机和活力，如何平衡协调文化传统和时代新变之间的关系，一直是上海学人需要面对的难题。

2018年，上海市委宣传部会同全市各相关单位，围绕打响“上海文化”品牌，用好用足上海丰富的红色文化、海派文化、江南文化等宝贵资源，以打造文化品牌优势为重点，明确了打响“上海文化”品牌的四层级体系：第一层级为顶层目标，即打响红色文化、海派文化、江南文化三大品牌任务。使城市特质更加彰显、文化事业更加繁荣、文创产业更加发达、文化交流更加频繁、优秀人才更加集聚。2019年，在全国政协十三届二次会议上，习近平总书记看望了文化艺术界和社会科学界的委员并发表了重要讲话，指出：“一个国家、一个民族不能没有灵魂。文化文艺工作、哲学社会科学工作就属于培根铸魂的工作，在党和国家全局工作中居于十分重要的地位，在新时代坚持和发展中国特色社会主义中具有十分重要的作用。”这段精辟的论述，不但阐明了文学艺术和社会科学的重要地位，也指明了文学艺术和社会科学的根本性任务。改革开放以来，海派文学在不断吐故纳新，实现自身的突破与创新，倾向于通过对文学“故”事的回溯，在文学史中找到确凿的“海派”标杆。而当代海派文学的讨论，被放置在城市文学、上海文学、地方文学、世界文学等概念中进行讨论，其中折射出“城与人”“人与物”“人与人”等诸多命题，既贴近时代脉搏，又在字里行间有着历史的回响。对于海派文学的解读，既是“重写文学史”的“文化寻根”，也是对新时代上海城市精神的重塑。除了王安忆的作品，如果说陈丹燕的“上海三部曲”、唐颖的“双城系列”，薛舒、滕肖澜笔下的小人物心事，都带着浓浓的老上海“味道”，那么小白、路内、张怡微、王占黑等年轻作家眼中的上海，早已是另一种风景。

市民形象和市民精神的变迁融入城市人文景观的更迭，城市孕育出了自己的民俗

① 《为了诗意地居住在新都市——’96“新都市文学”理论研讨会纪要》，《特区文学》1996年第6期。

文化。长期以来，由于乡土/城市二元对立的叙事模式的深入人心，对于民俗的讨论总是需要乡野的衬托。在一次次的乡野寻根之旅中，城市人文的线索止于城乡的壁垒之间。事实上，范伯群曾经提出的“都市乡土小说”这一概念，不仅可为城市文学对城乡关系的回应提供必要的学理支撑，也为文学和都市民俗相互阐释和共同繁荣提供了颇为独特的视角。对于现代文学中极为重要的乡土文学创作，鲁迅观察到多数乡土作家都是侨寓在城市的知识分子，但是动起笔来却只能调动自己的乡土记忆，而不擅长从周遭的市井里弄找到鲜活的题材。范伯群在鲁迅评价的基础上进一步指出，如果跳出知识精英文学的“乡土文学”这一既定框架，就不难从另一个精英话语并列的文学创作大系统——“大众通俗文学”中，找到可以称之为“都市乡土小说”的文学作品。如果居住在城市中的“外来户”，深入城市的细枝末节，照样可以写出异地的城市生活，加入我国现代化进程的“一环一节一链”中：我们就是通过这环环相扣，节节相连，构成了现代化工程进度的长链，可以看到转型期中的一串蹒跚的步履足迹。社会的进步靠几个抽象的概念或许可以概括，可是能概括并不等于能真正懂得创业维艰的曲折进程。现代化的历史或许可以说是乡土性的逐渐冲淡，而世界一体化的共同点的不断增强，但淡出并不等于民族特点和地方色彩的泯灭。……都市民间民俗生活则配以老百姓的凡人小事，以及他们备尝的酸甜苦辣，最终来解开大势更序的民间的深层动因。①

“都市乡土小说”提供了在文学文化发展中寻找、构建和表现都市民俗的可能性，也有助于推动中华优秀传统文化的创造性转化。城市人文景观的建设，最终需要落实到深入城市肌理的创作主体上。而现今城市文学的创作主体，有很大一部分是城市移民，不同身份背景和价值观念的杂糅，锐意进取勇于创新的开放性姿态，在城市人文的历史根脉上开枝散叶，终将造就属于新时代的城市密林。

三、城市文学与都市审美品格

新时代的城市文学呼唤新的都市审美品格。当前，城市文学创作尚未生成城市审美新格局，文学需要更加积极地介入城市美学体系的建构中，展现中国式现代化建设

① 范伯群：《论“都市乡土小说”》，《文学评论》2002年第3期。

过程中生动鲜活、深入人心的都市人文风景。城市化进程为城市生活带来了活力，不仅重构了城市地图，打造出新型的城市空间，也促进了消费文化的勃兴，在文学生产领域细分出更加精细读者群体——“作为接受者，他们比以往的读者更为主动，文学参与意识更强。而且根据不同文化趣味，他们还形成了许多细分群体，从而使以前处于隐而不显状态的受众清晰起来，提高了其在整个文学生产链条中的可见度，同时也对文学创作提出了更高、更丰富的要求”。①

都市审美品格的变迁是不同时代文学都需要面对的问题。以海派文学中的空间叙述为例，文学生产与城市空间、城市审美之间的互动关系一直以来是学界关注的焦点。如《海上花列传》中小说人物的活动范围支撑起了近代上海城市地理的一部分。从扬子路的“义大洋行”，到静安寺的“明园”，再到法租界的新街和英租界的后马路，以及大东门外的咸瓜街和城郊的徐家汇。这些区域围绕着小说的结构中心“四马路”，构建起当时上海滩的地理图绘。而清末以四马路为中心展开的叙述，在现代性的语境中，在民国期间很快被置换成了另一种“都市风景线”。正如叶中强指出的那样，“上海国际航运、金融中心地位的进一步确立，在联通内外、振兴百业的同时，促进了一种近代大商业模式的形成。新商业模式不仅将上海‘市中心’的位置，从四马路北移至大马路（南京路），亦将行走于上海的中国文人，引进了一个与其士大夫传统疏离的城市空间”。② 此中所指的“新商业模式”，是以大型百货公司为代表的商业模式，标志着一种资本的丰裕，而作家文人流连于这种新型空间，一定和徜徉在报馆林立的四马路上的感觉不同。前者是东西方文明碰撞的产物，是西方强势文明改写上海商业进程的结果，也是根植于殖民地语境的异质性存在，而后者虽然也受近代出版业发展的影响，并多多少少带有某种前现代的特质，但总还有着残存的士大夫精神，即便是沉沦在游戏文章和黑幕哀情的旧文人，也还带着对逝去旧价值观的哀悼。白驹过隙，四马路一度代替了以“宝善街”为中心的五马路（广东路），五马路上的酒馆、妓院和赌场等“老派”的休闲方式，被四马路上兼做书场、戏院、弹子房的茶楼等综合性消费空间取代，而到了百货大楼兴起

① 黄仲山：《城市文学应构建城市新审美》，《中国社会科学报》2020 年 12 月 7 日。

② 叶中强：《上海社会与文人生活（1843—1945）》，上海辞书出版社 2010 年版，第 61 页。

的时候，茶馆的喧嚣也渐渐淡去了。城市空间背后的情感变化，映射在文学中，构筑起不同的审美范式。①

城市人的价值观念正在经历急剧的变化，但是文学创作仍有其特殊的滞后性，在记录、响应、提炼、总结、生发的各个环节中，文学创作不仅需要体现出城市文化的多元性和多样化，还需要构建起使用中国语汇、传达中国审美、独具中国气派的“语词城市”。在把握时代脉搏、传承城市文化、共建城市生态的过程中，建立起层次丰富、特征鲜明、面貌生动的新都市审美品格。特别需要关注的是，我国的城市化进程虽然发展迅猛，但是与发达国家相比仍有很大差距。我国城镇化率从 1978 年的 18% 提高到 2018 年的 59.58%。且城镇化进程仍处于稳步发展阶段。依据我国 2035 年基本实现社会主义现代化、步入发达国家行列的远景目标，我们相对发达国家 80% 的城镇化水平来说还有很大的发展空间。自房改以来，中国城乡收入差距由 1998 年的 2.51 上升到 2009 年的 3.33 达到峰值，之后由于我国实行乡村振兴战略举措，城乡收入差距有缓慢下降的趋势，到 2018 年末，这一差距为 2.69。这一既有的发展格局意味着，我国的城乡融合发展格局会继续持续，中国的城市文学叙述与其他国家相比具有独特的乡土底色，而中国城市文学需要关注的人群远不止土生土长的城市人群。城市文学审美要兼顾世界性与地方性，在继承弘扬地方传统文化的基础上，显示出民族性的大气象与大格局。有学者已经指出，“地域书写面临现代转型，地域不仅仅是精神还乡的寄托，还承载更多的现实问题。中国现代性的诸多问题就隐藏在不同作家对地域的想象当中，这是地域书写需要注意的独特理由。”②

第三节　中国式现代化语境中的城市文学展望

中共中央党史和文献研究院编辑的《习近平关于城市工作论述摘编》一书，由中央文献出版社出版，在全国发行。其中部分论述是第一次公开发表，具有十分重要的指导意义。

---

① 徐锦江、郑崇选等：《海派文化新论》，上海远东出版社 2021 年版。

② 胡平等：《“破城”与“建城”：都市文学要确立自己的审美方式》，http://www.chinawriter.com.cn/wxpl/2015/2015-03-18/237097.html。

目前我国学术话语在国际上还处于有理说不出、说了传不开的境地。我国哲学社会科学借助“西化”实现本土化调适与实践修正，从而服务国家发展，是受国内理论匮乏与现实政治经济条件制约的阶段性特征。伴随我国进入新时代，我国哲学社会科学理论界应主动从“西化”阶段走向“文明互鉴”，即立足中国本土化的丰富实践构建中国特色学术话语体系，为西方发展提供中国范本与借鉴。近年来，学界从新文科背景下的学科建设、中国特色马克思主义理论实践、国际话语权争夺、学术期刊影响力传播等方面尝试进行学术话语体系创新，但一方面，绝大多数相关成果旨在讨论宏观层面的实践路径和检验标准，对于具体的学理辨析关注不多；另一方面，基础研究具体而微的个案分析短时间内难以突破现有的学科壁垒，其背后学理难以在中国特色学术话语体系的框架中得到提炼和提升。构建新时代中国特色学术话语体系，需要“文明互鉴”的开放性和国际化的思维结构。新时代呼唤符合中国国情、具有中国特色的城市叙事和城市审美，这不仅能完善中国故事的全球化表达，也能推进新阶段文化强国的建设，与中国式现代化的发展道路密切相关。

一、突破西方现代性叙事的藩篱

有城市文化研究者发现，在西方城市发展模式的深刻影响下，城市文化语境和城市文学创作出现了不同程度的“同质化”倾向，这种倾向不仅束缚了不同文明对于现代城市的表达方式和表现形式，也从负面影响了城市发展本应赋予人的自由和包容。

例如，吴俊在提及上海文化发展困境时认为：文学和文化标记的上海之所以存在，依赖的既是城市、都市生活、都市文化的共性特点，特别是它的文化生产能力，而且也植根于由此形成的独特地域和市民社会文化，这是核心部分。在这种意义上，任何同质化都会是上海想象的死胡同。但是显然，上海已经开始、并且是加速度地进入了这条死胡同。作为后发的全球性都市，上海已经难以摆脱经济全球化所带来的文化同质化，甚至还成为同质化的完美标本。而且同时很快地，互联网的技术手段又使虚拟世界部分取代了实体社会。想象还在，并未消失，消失的是想象应该依赖的体验基础。现实上海和上海现实从未像现在这样变得如此遥远，对所有人都是如此地遥远——文学化的上海想象几乎变得多余，而首先是变得好像不再可能了。①

上海文化发展和文学表达的困境，是中国城市发展共同面临的问题。细究新阶段城市文学创作的不足，一部分原因来自西方现代性理论对中国城市文学研究的遮蔽和“强制阐释”。张江著名的“强制阐释论”指出，从20世纪初开始，当代西方文论的影响力与日俱增，经过多年发展后逐渐走上了轻视文学实践、偏执僵化的道路，“背离文本话语，消解文学指征，以前在立场和模式，对文本和文学作符合论者主观意图和结论的阐释”。②值得注意的是，由于中国特色城市审美体系和理论话语的缺失，加上发展历史较长的西方城市理论建立起了话语权威，中国学者借助西方理论理解中国城市文学实践，阐释中国城市文化发展样貌时，常感觉力不从心。这与学界长期以来深受西方现代性理论的影响也有关，甚至也是西方学者如安东尼·吉登斯已经预见的“现代性的后果”。现代性的绝对速度加速了文明形态的演进，使现代社会制度从传统社会秩序中抽离，也就是所谓的“断裂”过程。在这个过程中，现代城市的建立原则与前现代城市完全不同。不同于前现代社会，现代社会的时间与空间分割开来，不再将“何时”与“何地”一一对应，而是通过钟表日历等实现了全世界范围内计时体系的标准化。随着时地的“虚化”及技术要素在各个领域的渗透，社会场所被“缺席”的遥远的各种社会影响贯穿，以可见或不可见的形式重新建构。③从中国历史的时空语境中抽离的城市文学书写，如果仅仅以西方线性发展的现代性时间轴为参照，将会丢失诸多中国城市历史发展的血肉。

正如前文所及，中国学界对“城市文学”的定义经过了多个阶段的发展。第一阶段主要以题材进行划分，代表性的观点便是在北戴河召开的城市文学理论笔会上提出的宽泛定义，即只要是城市视域所及的题材，都可以是城市文学。到了第二阶段，都市文学的概念介入城市文学研究，市场经济和消费文化开始成为城市文学书写的深层逻辑。如果说第一阶段对于现代化进程的强调，还局限于一般化的城市文学学理讨论，那么第二阶段西方现代性理论的渗透，已经触及城市文学生产和研究的核心。“都市文

① 吴俊：《“文学上海”的诞生、撕裂与消失》，《渤海大学学报》2010年第3期。
② 张江：《强制阐释论》，《文学评论》2014年第6期。
③ ［英］安东尼·吉登斯：《现代性的后果》，田禾译，译林出版社2011年版。

学”的兴起，预设了一个重要的前提，就是与这些文学作品相关必定是北上广这样的发展较为成熟的“大都市”，而这些“大都市”又无一例外地是现代化发展的产物，遵循着现代性的阐释原则。在这种背景下，学界对于城市文学的定义愈加严格起来，城市文学描写都市生活，还需要描写的是有着成熟商品经济的都市。城市文学原本宽泛的概念在现代性的凝视下紧缩在都市中，与中国源远流长的古代城市版图和近现代城市发展轨迹发生了“断裂”，似乎城市文学注定是现代化大都市的产物，而这也进一步加剧了城市与乡土书写二元对立的紧张关系。张惠苑一针见血地指出：“现代性指导下的城市文学存在这样的问题。现代性作为城市文学研究的一个重要思维方式，它所表现的特征不能代表城市文学的全部，而只能表现城市化进程飞速发展的今天和城市文学所呈现的一些特质。”①只有冲破西方现代性叙事的藩篱，才可以找到人民城市建设中有声有色的中国元素，组织建立起属于自己的创作和评价体系，丰富和繁荣中国式现代化进程中的文化发展。

二、城市文学赛博跃迁与中国故事走出去

王德威在《海派作家又见传人》一文中提道：“半世纪已过，不论是张爱玲加苏青式的世故讥诮，鸳鸯蝴蝶派式的罗愁绮恨，或新感觉派式的艳异摩登，早已烟消瓦灭，落入寻常百姓家了。然而正是由这寻常百姓家中，王安忆重启了我们对海派的记忆。”②市井里弄的生活日常，构成了宏大叙事的另一面，这种20世纪90年代海派创作的重要特征，远承近代以来的通俗文学传统，也一直延续到新世纪的海派小说创作。虽然王安忆不太认同自己是“海派”作家，而除去她的《长恨歌》等一系列具有典型“海派”特征的创作，她也逐渐向失落的人文历史深处进行探索，试图将部分文字抽离市井生活语境，如《遍地枭雄》《启蒙时代》《匿名》《天香》《一把刀，千个字》等。

可以说，城市文学研究一方面带有强烈的地域文学色彩，另一方面，对于网络文

① 张惠苑：《囚禁在现代性下的城市文学——对20世纪80年代以来城市文学研究的反思》，《宁夏大学学报》2013年第3期。

② 王德威：《海派作家又见传人》，《读书》1996年第6期。

学这样新兴的文学创作而言，文学的地域特征在互联网空间中已经模糊化，而原本寓居于都市空间的城市文学，到了网络平台上可能会被贴上都市、情感、职场等新型的标签。换言之，城市文学需要适应一种新型的互联网分类学。金宇澄的《繁花》，即是一个典型的案例。这部“沪语”小说面世后受到大量读者追捧，让人有些意外的是，在 2018 年的“中国网络文学 20 年 20 部优秀作品”中，《繁花》也榜上有名。这次的评选由中国作协网络文学委员会、上海市新闻出版局、上海市作家协会、阅文集团联合推选，而《繁花》最初确实也是网上连载的。2011 年 5 月，金宇澄以“独上阁楼”为网名，在弄堂网开帖《独上阁楼，最好是夜里》，每天连载一段，一直更新到同年的 11 月。金宇澄也坦言，虽然弄堂网主站已经撤销，但是说到修订过的《繁花》，昔日的第一批读者们依然喜欢初版的上海“味道”——“直到现在，弄堂网不少的上海网友，还是觉得初稿的语感最好，沪语味道更浓。但我在《上海文学》做了三十年文学编辑，要给隔壁邻居、最权威的长篇小说杂志《收获》投稿，就得接受专业要求，包括以后在上海文艺出版社出单行本。在我眼里，我在网上搞的是文字游戏，现在我要回家，家有家规，有我最熟悉的各种习惯，首先它是一个普通话或北方方言的世界，大量非沪语的读者，因此我做的最大修改是语言的修改。现在大家提起《繁花》都说是‘沪语’小说，其实它是‘改良沪语’做的一本小说。比如，这小说里没有侬——沪语的‘你’，常用字，假如我小说里用了这个方言字，就满篇都是，读者不是不懂，肯定是不喜欢的，我因此去掉，要改良，要拿捏转换，一部三十五万字的小说没有第二人称，读者没发觉，这就是我的改良。”① 金宇澄所说的“回家”“家规”，其实针对的是以普通话及标准语法规范为参照的纯文学世界，但《繁花》意外“破圈”，无意中揭示了地域性写作和网络写作的复杂关系。一方面，“上海网友”限制了本来地域性较为模糊的网络读者，他们的审美趣味指向彼此十分默契的“上海味道”；另一方面，海派文学需要扩大自己的影响力，就必须使用通行的语法规则进行自我约束，而这个过程中的“海派”元素也削减了。杨扬在谈及作为文学类型的海派文学时，曾经指出“海派文学具有地域性文学的特色，它是一种南方文学。但它同时又是超地域的，因为海派文学身

① 罗昕：《金宇澄也是网文作家？他说：网络文学和纯文学其实是殊途同归》，载澎湃新闻：https://www.thepaper.cn/newsDetail_forward_2052377，2018 年 3 月 31 日。

上表现出现代都市文学的特征，它是中国现代都市文学经验的最早也是最集中的尝试与示范，表现出中国文学现代性复杂多样的现象”①。在城市的边界越来越模糊、人口流动已是日常景象的当代中国，城市文学可视为改革开放以来全球化浪潮中的中国地方书写。而现在的城市文学所经历的媒介剧变，不亚于清末民初经历的出版业腾飞。当网络文学、科幻文学、人工智能写作的热潮接踵而至，如何在文学创作自我革新的同时，提出既是地方的、又是世界的审美范式，这对城市文学的文化建构而言，既是机遇，也是挑战。

2020年11月12日，习近平总书记在浦东开发开放30周年庆祝大会上的讲话上，指出“人民城市人民建、人民城市为人民。城市是人集中生活的地方，城市建设必须把让人民宜居安居放在首位，把最好的资源留给人民。要坚持广大人民群众在城市建设和发展中的主体地位，探索具有中国特色、体现时代特征、彰显我国社会主义制度优势的超大城市发展之路。要提高城市治理水平，推动治理手段、治理模式、治理理念创新，加快建设智慧城市，率先构建经济治理、社会治理、城市治理统筹推进和有机衔接的治理体系”。城市文学与网络文学的融合，能够具体呈现中国特色城市治理的发展水平，生动体现人民城市的现实生活和精神面貌。中国网络文学“出海”势头迅猛，为城市文学进一步讲好中国故事提供了优质平台。

“雅俗力量的角逐并非要将张力场变成角斗场，而是要将其改造为未来文学、包括未来经典文本的孵化器。未来的优秀作品，具备数字阅读时代的新型元素，同时具有现实主义的人文关怀。”②2015年7月29日，由上海市新闻出版局指导、阅文集团主办的首届网络原创文学现实主义题材征文大赛在沪上拉开帷幕，这是网络文学运营方和政府职能部门的一次联手，旨在号召年轻的网络写手们加入现实主义的创作中来。在这次大赛的启动仪式上，前阅文集团的CEO吴文辉以齐橙所写的网络小说《材料帝国》为例，表示“网络文学的土壤不光可以孕育出玄幻、科幻类作品，也完全可以诞生出优秀的现实主义题材作品”。第二届大赛对参赛作品的主题做出了更明确的限

① 杨扬：《城市空间与文学类型——论作为文学类型的海派文学》，《学术月刊》2008年第4期。

② 曹晓华：《论网络文学与现实主义题材的冲突与和解》，载王光东、常方舟主编：《网络小说类型专题研究》，东方出版中心2019年版，第164页。

制——面向体现自信、奋发、厚重的中国精神和时代精神，以反映改革开放近四十年来中国发展、时代变迁、改革奋斗、文化传承、人民生活等现实主义元素为主题的优秀故事。此时已可以看到主流话语对于网络文学评价机制的积极介入，引导网络文学作家关注现实、表现现实，这是贯穿此后多届大赛的价值观主线。2022 年 9 月，第六届现实题材网络文学征文大赛颁奖典礼在上海展览中心举行。第六届大赛参赛作者为 29152 人，同比增长 51.3%；参赛作品达 34804 部，同比增长 65.1%。值得关注的是，一等奖作品《上海凡人传》充满了市井烟火气，以朱家的岁月速写展现过去三十年城市的发展和时代的变迁，映照了上海普通人的现实与梦想，被读者称作“上海版”《人世间》。另一部上海背景的小说《都市赋格曲》，以女性视角观察都市家庭生活的真实困境，谱写了三位平凡女性的“欢乐颂”，摘得二等奖。知名奇幻作家“荆泽晓”转型现实题材创作的首部作品《巨浪！巨浪！》，以港珠澳大桥建设为背景描写大湾区发展，斩获大赛二等奖。网络文学对于城市生活的关注和表现，对于现实题材的深度挖掘，已经有了相当的规模。而第七届现实题材网络文学征文大赛以“好故事照见人间烟火”为主题，希望能够征集反映近年来中国当代生活多彩画卷的作品，即将在今年公布评选结果。

自首届大赛举办以来，累计参赛作品近十万部，在新闻出版领域专家、知名文学评论家、网络文学资深编辑、知名作家等组成的评委团队的专业评审后，总计八十余部优秀作品获得大赛奖项。其中，近八成的获奖作品得到了授权开发的机会，超过三分之一的作品有两种及以上的 IP 授权。现实题材征文大赛也给新人作家提供了“一书成名”的舞台，新人新作占获奖作品的四成。① 展现当代生活、彰显时代自信的现实题材走进了网络文学创作，而当代城市文化构建的“一环一链”也在某种程度上通过网络文学实现了跨越地域和国界的“赛博跃迁”。

中国文学的文化自信，既来自中国文学与世界文学的交流和对话，也来自中国文学内部源源不断的生命力。城市化向前推进，世界格局也在起着风云变化，这其间不论是云淡风轻还是暮霭沉沉，都激励着文学创作的视野和格局，指向更高的尺度。释

① 第七届现实题材网络文学征文大赛官网：https://acts.qidian.com/2022/17330826/index.html。

放城市文学的潜力，提炼城市文化的精髓，既需要见微知著寻觅烟火人间，更需要大开大合直面波澜壮阔。构建中国式现代化的文明叙事，实现中华优秀传统文化的吐故纳新，将为中国城市发展和文艺繁荣续写全新篇章。

第九章　数字化转型与城市文化的未来发展

数字化正以不可逆转的趋势改变人类社会，城市数字化转型已成为推动经济社会高质量发展、实现中国式现代化的重要抓手。根据预测，到2030年，在金融、制造、交通和零售等行业中，相当比例的工作将由人工智能软件和机器人完成。① 当前，一些领域已经呈现出高度数字化和智能化的特征。例如，数字广告支出已经超过电视广告，企业广告将越来越采用数据和算法驱动的个性化客户参与功能；敏捷的定制制造将逐渐取代规模化制造，改变了大批量生产的传统逻辑。2020年以来，各方面因素推动加速了数字时代的全面到来，而随着AIGC（人工智能生成内容）等技术的发展，可以预期，数字化技术将深刻变革人们接触、使用、理解信息的方式和工具。

数字化转型正是在这一背景下产生的。它起源于技术升级转换，并很快被赋予了从企业、研究机构、政府组织等出发开展更高水平信息化工作，最终向着行业和区域的方向延伸、推展。可以说，数字化转型已经成为塑造未来城市核心竞争力的关键之举。它标识了一个新的发展阶段，伴随新机遇、面临新挑战。推动领导和协作、数字化人才和创业者、获取数据和技术与生产生活实际相结合，引领了数字化关键基础设施的生产和投资，成为数字化转型的重中之重。伴随“数字原生”产业的兴起和传统行业（如制造业）数字化转型的推进，北京、上海、广州、深圳等超大城市率先开始探索充分运用数字化方式探索超大城市社会治理的新路，通过加快建设新型智慧城市、大力发展在线经济、打造一流数字基础设施等多方面举措，全面推进城市数字化转型。

① ［美］托尼·萨尔德哈：《数字化转型路线图：智能商业实操手册》，赵剑波、邓洲译，机械工业出版社2021年版，第225—229页。

第一节　城市数字化转型的内涵

一、城市层面的数字化转型

（一）从组织向城市的概念外推

目前学界对城市数字化转型并无系统性的认识和共识。在政策层面，城市数字化转型被认为是“以需求为牵引，利用数字化技术重塑业务模式、组织架构、方式流程、理念规则的一种变革措施，最终形成共建、共治、共享的全新运行生态”，强调“在现有的城市架构上进行升级改造，对城市功能、规则、生态等模块进行转型，重点突出城市过程性、阶段性结果，累积实现城市全方位迭代升级”。① 数字化转型被广泛认为是城市发展的新阶段，包括信息数字化、流程数字化和城市运作模式数字化的实现。在此状况下，不仅城市管理者和决策者拥抱城市数字化转型，数字化转型对城市文化的发展具有深远影响。

城市的数字化转型包括以下几个方面：建设高效集约的新型基础设施，培育融合创新的数字经济产业，提供开放共享的数据资源平台，构建智慧精细的城市治理体系，推动城市建设现代化、城市产业现代化、城市布局现代化和城市治理现代化。同时，城市数字化转型需要在宏观层面完善城市建设规划、在中观层面优化城市产业结构、在微观层面引导城市主体创新，以及从多方面综合施策提升城市系统韧性。②

数字化转型起源于信息技术的发展，以数字化和信息化为最初的表现形态；随着这些技术得到应用，首先推动的是企业、研究机构、政府部门等组织层面的数字化转型；而当一个行业内的组织机构广泛采纳了数字技术，技术互通、信息互联的过程实现了行业整体的数字化转型；最后，随着各行业数字化转型的铺展，区域和城市层面的数字化转型也就水到渠成了。该部分涉及数字化转型的不同技术、主体和社会参与者的相互作用。

从这些定义和预期影响来看，城市的数字化转型主要显现为组织和行业层面数字

---

① 上海全球城市研究院：《全球城市发展报告 2022：城市数字化转型》，格致出版社 2023 年版，第 46 页。

② 任保平、李婧瑜：《数字经济背景下中国式城市现代化的路径与政策创新》，《西安财经大学学报》2023 年第 2 期。

化转型的概念外推，是一个自下而上的建构过程。通过城市中的组织在数字化转型方面率先采取行动，逐渐引领整个城市向数字化转型迈进。这让它既是一个整体，同时又呈现为包括智慧交通、智慧医疗、智慧教育、智慧环保等不同领域先行的数字化转型为前提。它将传统的人工决策和操作方式转变为数字化技术和自动化系统的应用，通过采集和分析大量数据来实现城市规划、资源配置、环境保护等方面的优化和智能化，以提高效率、降低成本和优化资源利用。

（二）从数字城市开始的层累递进

城市的数字化转型不仅是组织层面数字化转型的外推，同时也与数字城市、智慧城市等先前数字化实践的层累递进，体现了数字化转型中“自上而下”的规划与组织过程。

作为数字化转型的前驱概念，“数字城市”已有近半个世纪的历史。早在 20 世纪 70 年代，计算机技术的发展让有关城市土地、交通、建筑等分布情况的数字化利用提上了专业人士的议事日程，构建起最初的“数字城市”概念。① 此后二十余年，“数字城市”主要都作为城市规划、决策的工具存在，离开普通公众十分遥远。直到 1994 年，阿姆斯特丹成为欧洲第一个数字城市，并被视为数字城市领域内的一个突出典范。在数字城市阶段，人们主要关注的是人和地理空间的关系。通过将城市的人地关系系统数字化，更好地把握城市系统的运动状态和规律，对城市人地关系进行调控，实现系统优化，使城市成为有利于人类生存与可持续发展的空间。城市的信息化过程表现为地球表面测绘与统计的信息化，政府管理与决策的信息化，企业管理、决策与服务的信息化，市民生活的信息化，这四个信息化进程共同构成了数字城市。

到 20 世纪末，以美国在线（AOL）为代表的最初一批互联网企业，为不同城市用户提供有针对性的本地新闻、天气、餐饮、娱乐等信息服务，才使“数字城市”这一名词走向了大众。与电子商务同时兴起的电子政务则将这一模式拓展到公共服务领域。进入 21 世纪以来，“数字城市”又常与“智慧城市”“虚拟城市”等概念共同出现，进

① Annalisa Cocchia, “Smart and Digital City: A Systematic Literature Review.” in Renata Paola Dameri and Camille Rosenthal-Sabroux eds., *Smart City: How to Create Public and Economic Value with High Technology in Urban Space*, Cham: Springer International Publishing, 2014, pp. 13— 43.

一步获得了丰富的内涵。2020 年，堪萨斯大学的研究者 Germaine R. Halegoua 出版了《数字城市：媒介与地方的社会生产》一书，提出了智慧的城市、连通的城市、熟悉的城市、社交的城市和创意的城市这五个维度，认为物联网、数字网络基础设施、社交媒体、创意产业等都将在场所营造中发挥积极作用，塑造出当代的“数字城市”。①

继“数字城市”之后，“智慧城市”是又一在城市尺度上推展数字化技术应用的标志性阶段。它指的是利用各种信息技术或创新理念，集成城市的组成系统和服务，以提升资源运用的效率，优化城市管理和服务，从而改善市民生活质量。不同于具有学术背景的“数字城市”概念，“智慧城市”具有更为浓厚的业界背景。它脱胎于 IBM 提出的“智慧地球”理念，通过与全球各国政企合作，提出了一项关系到城市各主要功能的愿景。这项愿景由六个核心系统组成，包括组织（人）、业务 / 政务、交通、通信、水和能源，这些系统相互协作连接，组成了宏观的城市系统。之后，各类“智慧城市”概念、模型架构、建设实践等纷纷涌现，世界各国开始进入了“智慧城市”时代。

智慧城市把新一代信息技术充分运用在城市的各行各业之中的基于知识社会下一代创新（创新 2.0）的城市信息化高级形态，实现信息化、工业化与城镇化深度融合，有助于缓解“大城市病”，提高城镇化质量，实现精细化和动态管理，并提升城市管理成效和改善市民生活质量。智慧城市不仅仅是物联网、云计算等新一代信息技术的应用，更重要的是通过面向知识社会，构建用户创新、开放创新、大众创新、协同创新为特征的城市可持续创新生态，从而具备了向数字化转型过渡的特征。

“数字城市”和“智慧城市”的主要特征，在于横跨虚拟与现实、融合信息与物质，同时又向各行各业、各类公众开放。一方面，它涉及对已有城市空间加以数字化的刻画和信息化的处理，但不像“数字城市”那样主要面向专家、城市管理者和决策者；另一方面，它涵盖了互联网社区，却不同于纯然比喻意义的“虚拟城市”。这一社区的作用没有仅仅局限在互联网和游戏场景之内，而是具有丰富而直接的现实效应。借用科幻作家刘慈欣在 2013 年的文章《城市，由实体走向虚拟》中所作出的表述，

① Germaine R. Halegoua, *The Digital City: Media and the Social Production of Place*, New York: NYU Press, 2020.

"现代网络形成了人类聚集的第二个空间",而"数字城市"则标志了这一网络空间与现实空间的融合,显现出广泛的线下影响。

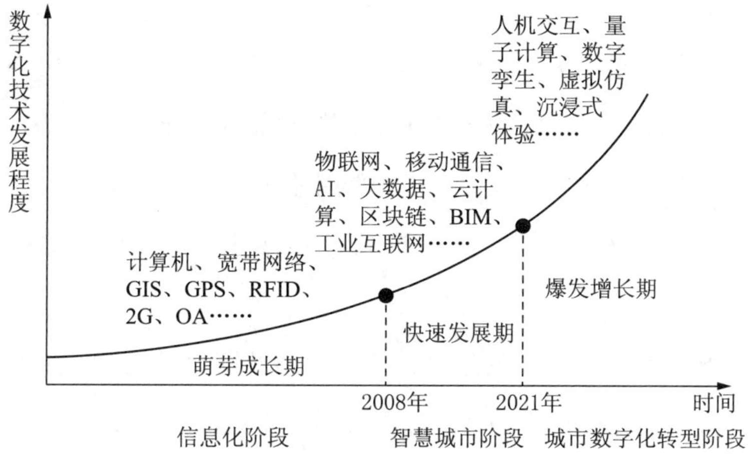

图 9-1-1 数字化转型分期及主要数字化技术①

一般将城市数字化转型视为从信息化阶段、智慧城市阶段以来的又一个新的城市数字化发展阶段。在这一阶段,数字化技术本身进入了爆发增长期,人机交互、虚拟仿真、量子计算等领域开始崭露头角。2022 年,国务院印发《关于加强数字政府建设的指导意见》(以下简称"《指导意见》"),以数字政府建设进一步推动企业数字化转型的开展。《指导意见》指出:"要主动顺应经济社会数字化转型趋势,充分释放数字化发展红利,进一步加大力度,改革突破,创新发展,全面开创数字政府建设新局面。"如果说"最多跑一次""一网通办""一网统管""一网协同""接诉即办"等实践基于智慧城市的发展阶段,那么在数字化转型阶段,其重心更强调整体性的特征。例如,《指导意见》提出统筹推进各行业各领域政务应用系统集约建设、互联互通、协同联动,强化经济运行大数据监测分析、推行智慧监管、积极推动数字化治理模式创新、持续优化利企便民数字化服务、强化动态感知和立体防控、加快推进数字机关建设、推进公开平台智能集约发展等七项内容的政府数字化履职能力体系,以系统性提升经济调节、市场监管、社会管理、公共服务、生态环境保护、政务运行、政务公开效能与水平。

同时,城市的数字化转型也可以视为是数字化技术对于城市运行的反哺。研究显

① 《全球城市发展报告 2022:城市数字化转型》,第 95 页。

示，一个地区的网络连通性（访问延迟、带宽资源等）与其既有的GDP产值、贸易额、交通枢纽的流量等呈显著的正相关，因而往往是发展水平高的城市地区，更容易成为互联网的枢纽节点。① 究其原因，一方面是科研院所、高校等研发机构和大型互联网企业对于城市的重要性，另一方面，也是城市在互联网发展的历史中扮演的举足轻重的作用。20世纪八九十年代，我国的互联网建设即是从北京、上海、广州等重要节点城市开始的，就是这一现象的明证。互联网不仅是计算机设备的互联，本质是在既有的社会关联基础上，增添一层乃至多层“人”的连接，从而让网络空间得以发挥和城市空间相似的作用。

智慧城市向城市数字化转型的过渡，正与我国城镇化发展进入新阶段相同步，这赋予它维持城市健康发展的历史使命。数据显示，中国的城镇化率从2003年开始进入40%区位，2011年首次超过50%而达到51.27%，之后又超过60%，标志着中国社会结构的历史性转变，意味着中国进入了以城市型社会为主体的新时代。这意味着城市化进程将进一步加速，城市化带来的挑战和机遇也将更加明显。因此，需要采取科学合理的措施，促进城市的可持续发展和协调发展。根据世界城市的发展规律，当城镇化率达到40%—60%时，城市进入成长关键期，“城市病”即人口过于向大城市集中而引起的一系列社会问题可能进入多发期和爆发期。因此，在城镇化进程中，需要综合考虑城市交通、环境、社会等方面的发展，以避免城市病的出现和加剧。此外，还需要考虑城市群内部的协调发展问题，以实现城市化的协调和可持续发展。向城市数字化转型的过渡出现在于此相应的同一时期，凸显了它避免和缓解城市病，维持城市健康发展的历史使命。数字化转型是一个长期的过程，不断地探索和创新，才能够不断地发挥其价值，推动组织、行业和城市的可持续发展。

第二节　数字化转型对城市文化的影响和挑战

在数字化转型实现其历史使命的过程中，城市文化也随之受到影响和挑战。总的来说，这种影响和挑战发生在三个层面：

---

① Zook, Matthew, “The Geographies of the Internet.” *Annual Review of Information Science and Technology.* 40, no. 1（2006）: 53—78.

其一，数字技术催生了新的城市文化传播方式，例如社交媒体、网络直播、虚拟现实等，使得信息传播更加快速、广泛和个性化。城市居民可以随时随地获取各种信息，从而形成自己的文化偏好和生活方式。此时，数字化技术为城市文化的保护、传承和创新提供了新的手段和渠道，为存量的城市文化拓展了新的传播媒介和渠道。例如，数字化技术在历史文化遗产的保护和修复，实现文化资源的数字化存储和传播；数字化技术还可以为文化产品和文化旅游提供更加便利和多样化的体验，扩大文化产业的市场规模和影响力。

其二，数字化技术也推动了文化产业自身的数字化升级，对文化内容的多样化和创新提出了更高要求。以人工智能生成内容（AIGC）为代表的新技术手段，标志着数字化转型从文化产品的流通环节前移到生产环节。面对人们对于文化产品和文化体验日益多元和个性化的需求，如何平衡多样性与城市文化认同，真正生产出具有时代特质、兼具审美与社会效应的文化内容，成为数字化转型时期城市文化对重要影响因素。

其三，数字化技术的应用使得工作、生活方式的变化，催生了新的消费需求和生活方式。城市文化不得不面临一种新的传播境况和内容生产方式，而这些又进一步影响了它如何继续承载城市中的文化主体——人的生存状态。城市文化如何继续起到支持人、鼓舞人、团结人的作用，尤其是在技术决定论的话语在数字化转型中占据主导的情况下，重新发扬城市文化滋养人、团结人的作用，成为城市数字化转型期不得不应对的挑战。

通过认识不同数字技术对于文化传播方式、文化内容生产和文化主体生存境况的影响，直面其中的挑战，将为我们理解数字化转型背景下的城市文化提供指南。

一、文化传播方式

数字化转型是数字技术应用面不断拓宽、技术水平不断提升的过程，数字化转型对城市文化的影响，首先体现在它对文化传播方式的加速作用上。城市中密如蛛网的线缆象征了技术媒介对于城市的改变，尽管它们如今大多敷入地下。在传播技术“润物无声”般的渗透下，西方古典的三种城市形象——住所（私人空间）、广场（政治空间）和寺庙（信仰和理论的空间）三种空间的相互区隔消失了，汽车和电缆这样的技术产品让它们相互贯通，进而难分彼此。当今，计算机设备的普及和人工智能的发展对上述城市境况的变化举足轻重。如果说此前的电视、广播等大众传播技术更多仍是单方面的联系，那么计算机网络的出现则为双向互联、“可逆而负责任”的人际关系提供了新的技术手段。

人们一度乐观地认为，这些技术将创造出新的“主体间的关系领域”，甚至产生出不同于以往的“个体”与主体性。而也正如这种观点所预料的那样，计算机技术正将人们前所未有地联系起来。特别是在人工智能“算法”的加持下，当今计算机技术的发展的确给人们创造了日益便捷的传播渠道，随手录制的视频都有可能通过自动推荐传播到天涯海角；在手机上随手点按几个图标，人们也可以方便地将照片转换为具有油画质感的图像。这些传播方式将城市中的文化事件便捷地传导到各个角落，既包括城域内的，也包括不同城市之间的，展现出的相互联通的巨大潜力令人向往。

但是这样的“轻松”，距离真正的“创造”或许相去甚远。相反，同样的技术正将人们原本复杂的社会性存在化约到单一化的框架下，将人们推入“信息茧房”与偏见困扰之中，由此也产生了种种新的社会问题。使人们重新思考这样的问题：是否需要冒着让人类的日常工作被机器取代的风险，指望机器“将把我们从工作的必要性和所有可机械化的思维过程中解放出来，从而使我们最终能够变得有创造力”？

承担传播功能的数字技术既不是“中性的工具”，也不是“自主的力量”，而是和其他各种制度一样具有社会属性。如安德鲁·芬伯格所指出的：“技术包含着美学、伦理和文化领域中规范共识的成果，而不仅仅是纯粹的效率至上或用户至上渴望获取的狂热”。① 在现代社会中，技术所发挥的核心支撑作用就如同神话和仪式之于过去的文化形态那样，而技术产品则是社会共识“物质化”（materialize）的结果。在从算法到“算法”的每一个步骤中，总是夹杂各种观点和利益的交锋与权衡。技术与社会、文化并不是分离甚至背离的。当人们不由自主把许多问题归咎于“算法”的时候，或许也存在落入与这些“科技巨头”话语圈套的危险——许多名为“算法”的技术产品中真正引发问题的是其数据的选取和应用。将人们简化为数据流，简化为“点赞”“分享”

① ［加］安德鲁·芬伯格：《可选择的现代性》，陆俊译，中国社会科学出版社2003年版，第15页。

的终究是决定将计算的方法运用于他人身上的决策者。如果在数字化转型中，对于数据的采集、模型的建构以至一系列技术的应用避而不谈，实际上也就逃避了对于它们最终产生的结果所应负有的责任。作为规律与法则的体现，“算法”所具有的中立性质被挪用到“技术”之上；而逐利驱动下的决策，也被视为“技术”的“自主”结果。科技巨头企图用中立的外表逃避社会责任，或是为不妥的商业行为推脱。“算法”的中立性和自主性在此构成了一体两面的关系：中立，故而放弃价值关切；自主，故而逃避价值约束。而这样的技术产品，自然也就无法形成“双向而负责任”的沟通形式。

W. J. 米切尔在《地方的复仇》一文中指出，数字媒介将人们转变为事实上的“缸中脑”，这至多只是暂时能够忍受的境况，却不是人的应然状况。① “生存主义者”大可以将自己与世隔离，但大多数人仍然依赖于那些具有独特价值、不可通过“信息”而复制的“地方”——那些真正具有意义的处所将经受数字媒介的挑战，脱颖而出。逃脱“信息”捕捉的“意义”成了从“数字”境况回归“人文”的一条重要路径。譬如，人们在城市日常生活中产生和使用的地理信息数据，已经随着地图导航、照相、叫车平台乃至各种外卖平台的广泛使用，可谓是日用而不知。然而这些数据或信息流所表示的奔赴的意义，却丢失在路径轨迹的坐标数据之外。“意义”从“信息”中的创造，也创造着新的、难以被已有框架框定结构的信息。对此，只有当那些传播技术为大众自身所用，它们才能被转变为人们采取行动、主动捍卫“地方”的方式。以此，散落在城市中的人们得到重新连接，留存并激活那些曾经塑造这座城市的意识，方能应对城市数字化转型对城市文化的挑战。

二、文化内容生产

1961 年，沈从文在《抽象的抒情》中曾预见“文学艺术创造的工艺过程，有它的一般性，能用社会强大力量控制，甚至于到另一时能用电子计算机产生”。② 而今在人工智能技术的加持下，计算机所能做到的已经不再限于文化的传播方式，而是直接

---

① William J. Mitchell, “The revenge of place.” *This Is Not Architecture*, edited by Kester Rattenbury, London: Routledge Press, 2005, pp. 67—75.

② 沈从文著、张兆和主编：《沈从文全集》(第 16 卷)，北岳文艺出版社 2009 年版，第 533 页。

突入了文化内容的生产。刘方喜认为："文艺、文化生产之现代机器体系经历了'机械复制'和'机械原创'两大阶段……作为现代科学技术和机器体系不断革命性、累积性发展的最终成果，当今计算机人工智能则正在使文化生产机器体系进入智能自动化机械原创的全自动阶段。"① 2022年是生成性人工智能模型（Generative AI Models）成果迭出的一年，也是人工智能生成内容（AI-Generated Content，AIGC）大放异彩之年。从三维模型到演讲语音，从照片修复到使用单一模型翻译二百多种语言，由人工智能生成的内容已不再停留于技术报告和论文之中，也不是少数研究人员和技术爱好者的"玩具"，而是走入人们的工作、生活和娱乐。仅是在"人工智能艺术"方面，就有DALL·E2、Midjourney、NightCafe Creator、Novel AI等模型发布。它们的"作品"登上杂志封面、进入艺术画廊，成为媒体炒作与公关宣传的对象，也收获了一批拥趸。由于即便是相似的架构，由于训练数据和具体训练方式的不同，这些模型也显现出各异的适用范围，生成性人工智能模型开始展现出某种品牌意义。

2022年8月，Stable Diffusion模型的开源发布，很快便在互联网上开启了一场AIGC的"狂欢"。在开源社区的共同努力下，一个人可以不需要具备人工智能方面的技术知识，而只需要最基本地了解如何安装使用现成的软件包，就能获得细节丰富的图像，还可以根据已有的图像和文本要求进行修改。伴随这一系列变化，"人工智能艺术"真正走近了大众。以AIGC为代表的新型文化内容生产技术被普遍认为对艺术智能活动中人的主体地位形成了挑战。甚至，乐观的鼓吹者更是将其称为数据与内容生产上的重大变革，预告"人类的某些创造性的工作可能会被生成性AI完全取代"，梦想出现所谓"零成本的自动化内容生产"，② 内容生产层面数字化转型所衍生的作用愈是值得警惕。

面对这一状况，也有一些人试图在两种观点之间寻求平衡。他们提出了人机协同、共同创作的主张。不过，这样的愿景如何实现，似乎很难说清辨明。其中的主要困难或许在于，AIGC本身来源于一个缺乏解释的技术过程，一般大众和艺术批评者介入

① 刘方喜：《当机器成为艺术生产主体：人工智能引发文论生产工艺学转向》，《江海学刊》2019年第3期。

② 腾讯研究院：《AIGC发展趋势报告2023》，2023年。

人工智能的运作方式，并没有人工智能“侵入”日常生活和艺术创作中的方式来得直接而多样，相对于人工智能技术的“赋能”潜力，它的“剥夺”来得更为直接可感。2022—2023年初，科技行业已经裁员超过28万人，谷歌、Meta等科技巨头的裁员规模达到历史性规模，而BuzzFeed公司在声称将使用人工智能替代人工当日即股价飙升。这些事实印证了“扬弃资本主义私有制、推动生产工具的大众化、民主化，人工智能将成为每个人精神生产力获得解放并自由发展的客体手段”这一判断。

这种文化内容生产上的大众化和民主化如何可能？在中国式现代化的框架下，城市层面的数字化转型要求了一种超出个别组织利益价值考量，而使文化内容生产真正为众人所用的状况。掌握了新兴大众媒体技术的大众将如此实现对艺术家的扬弃。与他同一时代的日本批评家多田道太郎，从完全不同的思想背景出发，也得出同样的结论，认为传播技术将“赋予众人以平等的参与资格”。不同于职业艺术家制作，更多在法律意义上成立的“公共艺术”，这种或许应该称为“公众艺术”的活动，以其集体性和开放性，构筑与原生的城市文化同等多样、多元的表达方式。城市文化逐渐朝着多元化、个性化、智能化的方向发展，从根本上满足人们对社会不同发展维度的价值追求。

三、文化主体生存境况

汉娜·阿伦特在其著作《人的境况》前言中，以人造卫星发射成功作为开头，引出了她所说的“人的境况”，也就是地球之为人类生存的基本前提和人们试图通过一种事实上无法掌握的科学技术而逃脱这一前提的愿望。她指出：“一个棘手的事实就是，现代科学世界观的‘真理’，虽然可以用数学公式来演示并在技术上得到证明，但真理无法再把自身表达为普通的言说或思想。”① 作为文化主体的人类出现一种脱离其条件（境况）的意愿，利奥塔曾对此指出，“效能”是现代社会的组织方式和追求的唯一目标，是它取代了先前的真理标准，“拒绝根据预先建立的标准或普遍先验的机械论以证明合法性的方法”。② 随着计算机成为控制和调节市场体系乃至思想方式的“梦想”工

① ［美］汉娜·阿伦特：《人的境况》，王寅丽译，上海人民出版社2009年版，第2—3页。译文有改动。
② 许煜：《利奥塔，在我们之后〈后现代状况〉出版四十周年》，《新美术》2020年第6期。

具，“效能”的应用范围扩展到包括知识本身，并仅由效率原则来管理，交互式的计算代替了对于事物本质的追索。

另外，1995年，尼葛洛庞帝提出了“数字化生存”这一著名的概念，人类生存于一个虚拟的、数字化的生存活动空间，人们在此应用数字技术从事信息传播、交流、学习、工作等活动，构成了人的一种社会生存状态。它既包括数字化形式显现的主体，也包括在数字化环境中所发生的行为、体验和感受。但同样有学者指出，今天人们正在从“数字化生存”异化为“数据化生存”，“人的‘画像’，身体、位置、行为、情绪与心理、关系、评价、思维方式等被全面数据化”，“增强了人的反身性控制与自我的量化。个人历史与记忆被外化为多维的数据化轨迹，数据也塑造了数字自我、数字人格。以数据化形式体现的外部控制也变得越来越复杂、强大”。① “从数字化生存”到“数据化生存”，评估模式上的价值重估带来了社会价值更替的直观感受，② 显示出数字化技术对于文化主体生存境况的重大改变。

尽管一些思想者，如利奥塔，设想通过有意的误构来逃脱这种效能的必然性，但是如东浩纪所指出的，这种局面并未随着利奥塔所呼吁的前提——“自由的数据访问”——成为现实而发生改变。③ 交代这一总体图景有助于我们认识数字化相关技术及不同尺度上数字化转型对人的影响实际上是全方面的。它不仅意味着人们需要学会使用各种数字化工具和技术，如电子邮件、社交媒体，才能掌握在当代社会生存的技能，或是需要掌握办公自动化软件以适应职场，保护自己的个人信息和财产，避免网络诈骗等风险……当数字化重新定义人们的生产与消费、工作与娱乐，一种对于人的“全周期”数字化管理也就呼之欲出。于是，在阿伦特和尼葛洛庞帝、“数字化生存”和“数据化生存”之间，存在着不同的具体矛盾，但都呈现出一种共同的张力：高技术条件下，作为文化主体的人类，正面临不同以往的境况。

数字化转型对文化主体生存境况的影响，主要体现在城市生活所涉及的数字化转型中。其中，自我数值化和生活日志化成为主要趋势，个人的日常生活数据被广泛收

---

① 彭兰：《“数据化生存”：被量化、外化的人与人生》，《苏州大学学报》（哲学社会科学版）2022年第2期。

② 林建武：《数据主义与价值重估：数据化的价值判断》，《云南社会科学》2020年第3期。

③ 东浩纪著：《哲学の誤配》，株式会社ゲンロン，2020年，第144页。

集并进行分析，这推动了城市生活的数字化转型。数字化记录生活过程中，人、技术产物、数据分析技术和日常生活脉络相互影响，使得数字记录的内容和形式发生了预期之外的变化，同时也让容易数字化的生活获得更多的关注和记录，“量化自我”正成为其中值得注意的现象。[①] 数字化转型无疑正在重新塑造人们构架自我经验的方式。但与此同时，数字化转型的一些弊端也在文化主体的生存境况中显现，例如“数字鸿沟”“信息茧房”“信息成瘾”等新的社会问题随之产生。这些都对城市文化提出了高难度的综合考验，使之必须对日益复杂化的文化主体生存境况作出有效回应。

第三节　城市文化对数字化转型的回应

数字化转型已成为城市发展的必由之路，同时也带来了新的机遇和挑战，尤其是对城市文化的影响。在面对这些变化时，我们需要积极拥抱数字化转型，把握其带来的机遇，同时解决其中涌现的问题。

从文化传播方式来看，数字化转型为城市文化的传播带来了全新的媒介和手段，如社交媒体、数字艺术、数字游戏等。我们可以利用这些新的传播媒介和手段，重新塑造和重构城市文化的地方性，从而更好地推广城市文化，增强城市的吸引力和竞争力。

从文化内容生产来看，数字化转型为文化内容生产带来了前所未有的大众化和个性化。通过数字化技术，我们可以更好地满足人们对于文化多样性和个性化的需求，增进城市文化的认同感。同时，数字化技术还可以为文化创意产业提供更多的发展机会，促进城市文化经济的发展。

从文化主体生存境况来看，数字化转型可以拓宽城市文化的参与度，使更多的人可以参与到城市文化的创造和传播中来。通过数字化技术，我们可以建立更多的互动平台，让城市文化与人们的生活更加紧密相连，为城市文化的发展注入新的活力。数字化转型对城市文化的影响，将持续地作用于城市的未来发展方向和城市文化的演变。

这些方式都归结为将关注的重点从技术回归到人，数字化转型并非终极目的，而

① 彭松岳：《运算都市生活：数据实践与日常生活的转化》，《新闻学研究》2020 年第 3 期。

是服务于人的需要和人类价值。注意到在“信息”洪流中呈现出的那些未曾出现的事物、未曾辨识的景色，即便是如流星般短暂地引人遐思、获得了意义，指认这种意义就仍然显现出人的生存无法被框定为“信息”的、现实的而非幻想的丰饶。“意义”构成了人们需要并使用“信息”的缘由，也是帮助人们抗拒那些企图将人扁平化为各式数字媒介中传送的信息的人文立足点。

一、应对传播方式变革，重塑城市文化的地方性

在写于1977年的《空间与地方》中，著名华人地理学家段义孚将“地方”界定为“运动的停顿”——促使这种停顿的，可能是一朵花的香味、一碗米饭的滋味，也可能是与一只猫的对视、一个温暖的拥抱……种种微不足道的日常小事，构成了我们对所停留之处的感觉与经验，而它们将我们和这一空间位置联系在一起。这些与人、事、物的相互关联构成了“地方性”，进而使“地方”成为“地方”。人文地理学者爱德华·雷尔夫则在“地方”的基础上提出了“无地方”的概念，并指出大众媒介正在剥夺“地方”的特殊性，通过“媚俗与技术的价值观”，使地方沦为“无地方”，“绝对不会想要去建造与维护地方的差异和意义”①。

围绕“地方”与“无地方”，物理空间与传播技术塑造的空间构成了一组对立。爱德华·雷尔夫的观点建立在下述观察的基础上：我们虽然能够通过网络新闻了解到地球另一端发生的事情，但那些事件停留在与地名的概念联系，从来无法转换为一种真实的“地方”。它甚至会给我们带来先入为主的偏见，从而即便有机会造访，也只是运用媒体已经渲染过的刻板印象来观察它。虚拟现实技术让人们足不出户即可获得沉浸式的体验，却无法代替亲临其境的自由漫步。互联网技术无法带给我们的，是那种物理空间中与之相遇时的独特“气韵”。

然而，数字化转型并不是以“数字”取代“物理”，它所产生出的虚拟与现实交融的境况，激发了对“地方”等传统意义上属于城市空间的概念，如何重新适用于数字化转型中的城市的思考。在写于2008年的再版序言中，爱德华·雷尔夫承认，在互联

① ［加］爱德华·雷尔夫：《地方与无地方》，刘苏、相欣奕译，商务印书馆2021年版，第142页。

网所改变的城市境遇中，出现了一种新型的、无边界的“地方”：人们坐在咖啡馆收发电子邮件，咖啡馆的“地方”和电子邮件另一头的对方同时都对人产生作用、建立联系。当数字城市本身融合了现实与虚拟，在现实物理空间中成立的“地方”和“地方性”，完全有可能出现在虚拟网络空间中的对应物。这也提示我们，如果技术无法将物理空间中的气韵带给观众，那么，为什么不可以存在除此之外构建人与“地方”关联的方式，乃至于将互联网本身改造为一个“地方”呢？

事实上，早在1988年，弗鲁塞尔就已颇具预见性地指出，随着城市不再局限在一个固定的地理范围之内，城市的功能与界定将发生改变。①他特别提及，由于计算机的普及和人工智能的发展，当代人的社会关系将在越来越大的程度上依托数字图像的形式产生。它们将成为人们感知世界、抒发情感、洞悉规律的主要方式。而从反方向来说，人们构想出的新观点、新主张，所做出的种种决策，也将更多以数字图像的形态在世间流传。当数字图像以数据流的形态奔流不息，同样也体现了素不相识的人们正在彼此对话，交流思想、情感、意图和知识，逐渐形成紧密的社会联系，拓展了社会联系的广度。

在这个意义上，“城市”本身就已经随着通信传播技术的发展而发生了意义上的变化。在其技术光芒之下，城市数字化转型聚集与连接人们的作用应当得到充分的彰显和认识，由而完成或处于转型过程中的城市本身，并不单纯是传统空间意义上“地方”的消逝，同时也正在不断塑造着“新的生活场所”。那并不是说人们像科幻小说中那般浸入营养液、接入电极从而“抛却”肉身，而恰恰是将线上经验作为线下经验的延伸和组成部分。形形色色的网络社区当然为其提供了最为基础的形式，而层出不穷的互联网产品更新，也一再地重构人们的网络社交方式，为重塑城市新的“地方性”的建构提供了可能。

我们看到，从早年纯文本的邮件和帖子，到之后细分社区的出现和即时通讯的兴起，再到视频和音频建立起主导地位……媒介格式和技术手段的不断迭代，为“地方性”的形成、“地方”的营造开辟出新的技术可能性。然而就目前的境况来看，技术连

① Vilém Flusser, Stefan Bollmann ed., *Medienkultur*, Frankfurt am Main: Fischer Taschenbuch Verlag, 2008, p. 175.

接大众的可能性还仅仅停留在一种乌托邦式的设想之中。相比于现实中的城市社区，互联网社区上虽然参与者众多，却终究只是一种被动的参与：商业化的社区平台一再地以“算法”的名义将人们封闭在信息的“回声室”之中，平台管理和运营受到了重重束缚和利益捆绑。纵然参与者投注了再多心血，也可能随着一次运营模式的调整宣告终结。商业社区平台终究难以成为参与者自己掌控的“地方”，但它们所显现出的技术可能性仍值得向往。

在中国特色的城市文化建构中，“事业”与“产业”的双规并行，为破解这一困境提供了路径。文化事业的公益性具有丰厚的外溢效应，为“地方性”的重新发现创造了舞台。在诸多彰显城市“地方性”的活动中，近年来各地的城市艺术节活动就成了其中颇具代表的亮眼元素。它们构成了一直在开展着的、关于“富有诗意的表达人类经验”的实践场，“通过艺术和节日相结合的表述方式”提供“对人的内部经验的解释”，并以其“对话体叙事”下的“地方性知识”重塑了“地方性”。①

例如，在2020—2021年第十三届上海双年展中，名为“水文漫步”的公众活动正是这种虚拟与现实连接的体现。参与者通过同名小程序，将携带手机在城市中穿行留下的足迹留存下来，构成一幅幅相互交错、彼此堆积的图景。从十六铺码头到外白渡桥，从江海关到南市水厂，借助丰富的影像资料和专业的艺术策展，百年来上海城市变迁的珍贵影像和一个个现实中的地点相重合，根据参与者漫步时手机检测的坐标位置，逐一开启，邀请人们进入到现在与过去的时空对话之中。“水文漫步”呈现了一种集体性的艺术创作的可能性：通过现实中漫步行为的发生和电子地图上轨迹的叠加，将人们对城市记忆的追寻凝固在数据与图层之中，让足迹赋予艺术观念以具体的形态。

段义孚指出，“地方的形象是通过对感觉敏锐的作家的想象力形成的。通过他们的艺术光辉我们才有幸品味到那些人们原本已经淡忘的经验”，因为“思想创造了距离，从而破坏了直接经验的即时性，然而，我们通过认真的反思在当前的现实中又找回了过去那些难忘的时刻，并使其有了永恒的意义”。② 文学艺术成为重新连接和塑造“地方性”的独特作用可见一斑。在以波德莱尔、普鲁斯特为代表的城市文学中，人们就

① 刘晓：《城市艺术节：人类学诗学的田野实践场》，《民间文化论坛》2022年第6期，第85—92页。
② 段义孚：《空间与地方》，王志标译，中国人民大学出版社2017年版，第121页。

能充分领略到城市“地方性”的突出作用。

就此而言，与其说是专业艺术机构“引领”或“带动”了人们的表达，不如说它们对数字媒介上展开的城市表达给予了艺术的追认，并以此为城市新的“地方性”提供了基本的锚点。人们诉说的故事随着互联网四处散播，故事中的大多数即便在技术不断的更迭中消失，也不会全无印记。作为一个整体，它们呈现出再出色的作家与艺术家也未必能够触及的情感与记忆，让历史中原本稍纵即逝的一瞬得到定格和延续。事实上，这不是上海双年展第一次以上海这座城市为主题，也不是它第一次运用互联网拓展艺术参与的渠道。无论是第十一届的“51 人”还是第十二届的“你的地方”，以“城市活动”的名义，艺术节这种特殊的“事件”不乏对于城市中的角角落落，对于在那里生活着的人的关注。这些记录既是今日的我们留给未来后人的指引，也帮助当下的市民重新认识身处的城市。

在数字传播技术的加持之下，城市文化的内容可以成为人与人之间跨地域、共时性沟通的桥梁。在一般大众的生活情境中帮助塑造社会关系，从而实际地塑造出一种新的、虚实结合的“地方性”。人们从中获得的是通过技术塑造出的一种共有的情境，进而为上升、塑造出一个群体共有的生存方式创造条件，重拾城市的“地方性”。

原始的艺术也曾借助仪式和崇拜这些方法达到类似的目的，但是仪式或崇拜所要求的、特定的“此时此地”为传播技术所促成的“时时处处”所取代，特定的人物身份地位被人在物面前的整体性取代，而具体的生存方式则在这一过程中进入到意识的层面得到肯定，这些对于仪式而言都是颠覆性的。它让仪式中浑然不自觉的认同模式，让位于一种自觉的辩证运动，有意识地审视并重新进入自身的社会关系。他不是对“共同体”外在规定的无理由遵循，而是凝练为一种对自身生存方式加以规定的立场，从而保持理性。

二、多元内容生产方式，刷新城市文化的认同感

在今天以人工智能生成内容为代表的一系列技术面前，凭借外观上的相似，一再实现人们此前认定为“不可能”的任务，实际上也帮助人们获得更为多样的表达方式。要求的那种对于人工智能的理解、对于人工智能模型直觉性的认识和体悟而言，也构

成了一个同时独立于人工智能的技术研发和已有艺术实践的新领域。

对于这种新的，如果人们只是不断强调向线下、“手工”式创作的回返，就难免放弃了在数字化转型的整体背景下挖掘文化认同的努力。过去，MUD（多用户虚拟空间游戏）的出现使人们得以在虚拟空间中创造新的“身份”，将网络塑造为与现实平行的另一“空间”。但游戏中所能提供的交流毕竟是高度受限的，其所提供的问题情境也很难超出游戏自身运作的逻辑。当今的数字空间已不再局限于“游戏”的范畴，在社交网站上发生的事件能够真切地作用于现实，让两种空间之间的界限已不再分明。先前学者围绕城市问题的技术决定论视角所作的有力批评，已经鲜明地提示我们，现有的数字技术应用仅仅是诸多可能性之一。当前，它们以不完整的地位呈现，却削弱了数字城市中人的主动性，这一倒错在施行的过程中，是由技术技能的壁垒所巩固的。

新型内容生产技术的发展提示了打破这种壁垒的可能性。两个世纪以前，摄影术的出现也曾让绘画艺术面临类似的危机。但从结果上，正是对这一危机的意识，促使后者更快地从对外观相似的追求中解放出来。时至今日，各式绘画流派与摄影并行不悖、相得益彰，尤其是日常的摄影得到了平民化、大众化，从而让“人人都是艺术家”成了一种现实。从这一角度来说，AIGC 与其说将会简化乃至取代“内容的创作”，不如说是为人们的表达额外提供了一种方式——正如 AIGC 的模型来自无数匿名的作者，它真正应用不在于替代“艺术”，而毋宁说是人们对自身处境、生活体验的自我观照。

在此过程中，彰显出数字技术并不是自我决定、自主发展的，而是首先面临文化观念和价值层面的考验。随着“城市”愈发建立在数字图像的基础上，这种文化观念和价值上的考验将越来越多地由城市文化所发起，并进而和城市文化的现实载体——每一个城市居民有关。在人工智能的因素之外，或许更应注意到的是技术发展对于文化内容生产方式的全方面变化。以往，只有少数人能够在报纸杂志有限的版面中留下痕迹，也不是每一个地点都能得到文人墨客的垂青。这些名人、遗迹，构成了我们理解城市、获得地方性的必要参考系。而今，随着越来越多的摄影师、艺术家和普通人拿起相机、画笔和手机，开始观察、描绘和讲述自己的故事——无论是影像、涂鸦、口述史，还是日记、生产工具、老旧物件，都被征用、转码为城市表达的方式，其内容也不再是名人轶事，而是更为贴近普通人的日常生活。一个人可以随时成为互联网平台上的创作者，应用所能触及的先进技术在媒介上展开创作。纵然是个人的、家庭的记忆，当它们获得合适的形式而汇聚起来，“记忆之流”中就将浮现出那些自为不灭的“航标”。

随着数字化的内容生产活动的展开，主客体以及中介被数字化后，呈现出新的关联状态和交往关系。随之而来的则是自我身份认同的改变：一种新的、互联网所特有的游戏规则被创造出来，“信息变成了自我生存的基本方式，构成了自我出场的路径、对话交流的平台以及身份认同的机制”。① 中国互联网络信息中心的统计数据也显示，2018 年以来，全国范围的网络直播、网络视频用户数均屡创新高。在不同的网络平台上，人们能够选择不同的参与模式；既可以是默默无闻的过客，热心捧场的观众、听众，也可以努力经营自己的“频道”和“角色”。这让人们在既有的身份之外，获得了新的“数字身份”。

如果说此前的“云观剧”“云展览”“云讲座”等文化内容的消费形式已经展现出增进城市文化认同感的作用，那么，随着越来越多的人有能力参与到文化内容的生产，也将势必拓展这一认同感的可能性。从对多重数字身份的认同出发，虚拟与现实交织的“城市”将与城市的地理空间意义一道，成为自我与他人、个体与社会建立连接的重心，对内容生产的参与正构成这种“数字身份”与现实身份相交相融的场景。因而，不同于西方理论家的预言，地理空间意义上的城市并没有随之“消亡”。在城市的地理空间中，人们面对家人、朋友、同事，或是身为顾客、乘客、访客，不同的情境赋予了人们不同的职责，也让人们拥有了多重的身份认同，而文化内容的生产则构成其中新的一重“创作者”情境。此时，与其说它是取代了现实中的身份，不如说是对城市认同的确认和补充。

新身份认同和新的内容生产方式同时出现，揭示了城市文化未来发展的“认同感”向度。荷兰人类学家约斯·德·穆尔进一步认为，人们虽然进入了网络空间，却不可避免地“带着我们离线的许多性格特征、组织结构和思想偏见，而且反过来说，赛博空间更是……对我们的日常生活开始了庞大的殖民化”。② 而今，“虚拟世界”对于人

① 李晓培：《数字化生存与自我身份认同》，《岭南学刊》2021 年第 6 期。

② ［荷兰］约斯·德·穆尔：《赛博空间的奥德赛》，麦永雄译，广西师范大学出版社 2007 年版。

类生活的重要性已不再令人怀疑，说今天的人们是“生而赛博格”也并不过分。① 它让数字技术的应用变得日益简捷，也让人们得以“将价值和实践转移到了互联网这个新的环境中”。② 文化与技术处于动态平衡的相互规约，提示了城市中的每一个主体并非“看客”。通过提升社会媒介素养能力，发挥各个类型的社会行动体展开文化生产的能力，可使城市文化的认同感重新为多重身份的融合提供共同交流的基础。

三、扶植文化主体意识，设定城市生活理想形态

在城市的数字化转型中，存在交易、交通与交流三个方面。③ 在交易与交通方面，数字化转型所带来的红利有目共睹。但是，从个人信息的泄露、个人隐私的威胁到“大数据杀熟”，人们时常为数字化便利付出了不相匹配的代价。而在城市这一特定语境中，数字化转型为“交流”带来的便利更是匮乏。一方面，由于数字城市缺乏人文话语的介入，数字城市的“交流”通常被简化为网络聊天、视频会议、电子商务等具体的技术形式，却很少真正触及技术形式之外的质性维度，例如思考数字城市如何才能提高居民之间交流的深度、广度、强度。另一方面，这些技术形式已经将人们前所未有地联系在一起，人们也日益依赖于它们，并在其上建立了各种“超地域”的社交联系。这种依托数字技术的社会关系与以往城市中的人际交往存在何种差别，又是否会消解现实中城市居民之间交流的公共性？

“重度用户”在以“点赞”为基本交流模式的互联网“社区”中已经成了一种普遍现象，他们花费大量时间游荡于社交网站之上，不断在数字空间中寻求新的认同，以弥补他们在现实中缺失的志同道合者。由而造成的结果是，即便因为这种“求同”的趋向而一度得以维系的网络“社区”，也同样面临不断分化、解离的趋势。毕竟，在“点赞”等交互方式的限制下，人们所取得的“相同”、所进行的“同化”仅仅是在话

① Andy Clark, *Natural-born cyborgs: minds, technologies, and the future of human intelligence*, Oxford, New York: Oxford University Press, 2003, pp. 5—6.

② ［加］安德鲁·芬伯格：《技术体系》，上海社会科学院科学技术哲学创新团队译，上海社会科学院出版社 2018 年版，第 264 页。

③ 杨恺宁：《同济大学周向红：以人为本的智能城市需要高效的交易、交通、交流》，载第一财经：https://www.yicai.com/news/101103655.html，2021 年 7 月 7 日。

语的层面完成的。“话语的相似”不能取代社群所共有的“生活形式”，① 网络中脱离了具体问题情境的话语，与其说是共识的产物，不如说充满了误解——对不同的个体，这些话语与现实生活经验的联接发生在不同的位点，并随着问题情境的截然不同而产生意义的飘移；看似人们能够在网络上谈论着相同的“热点话题”，实则总是“貌合神离”，而以话语的相似建构的“社群”走向分崩离析，也就在所难免。这些事关“交流”的问题，是城市在实现数字化转型过程中，必须面对的城市文化困境。

在传统城市向数字城市发展、转型的过程中，数字技术首先是作为社会关系的中介登场的。互联网的广泛应用，显著改变了人们相互交流的方式。然而，如果我们只关心信息的传递，不难发现从信件到电报、电话再到互联网的历史变迁中，人们用以联络的技术手段虽然不断变化，却不足以改变社会关系的结构。从文字到话音、图像，更多发生的是形式上的改变，技术的更替并不能直接产生出诸如交流的匿名性、影响的广泛性等社会关系层面的特征。互联网之所以使得匿名的、面向大众的发言成为一种日常，与人们在城市生活中面向陌生人进行表达和交流的需要紧密关联，换言之，数字技术的“特性”实则根植于城市作为“陌生人的共同存在”这一基础之上。数字交流的困境所体现的，实际上是一种普遍的城市发展过程中人的主体意识缺失，和对城市应然状态想象的失落。

为与这种状况相抗衡，有必要重新设定城市生活中的理想情形。在理想化的城市生活中，陌生人之间虽然频繁地展开交流，这种交流却并未引发人们的不安。究其根本，陌生人之间存在着“互为他者”的平衡，它虽然不如“熟人社会”那般亲密无间，却通过相互的尊重与换位思考等交流方式，形成了稳定的交往模式，共同面对城市生活中的挑战。因此，这里真正的问题在于，数字城市的发展使数字技术所扮演的角色不再限于“信使”的范畴。当购物平台不再“盲目”地传递供求信息，而是从中筛选、推送，它就有针对性地加速了某些商家与消费者的交易过程；当即时通信技术的服务商有能力并被要求监视和过滤用户发送的消息，个人情感的抒发也同样暴露于对公开言论的记录与管控机制之下，数字技术就已经不再仅仅是一种媒介和工具，而是具有

① ［意］阿甘本：《剩余的时间》，钱立卿译，中央编译出版社2016年版，第165页。

了一定程度上主动施为的能力，从而参与到它原本只是“中介”的社会关系之中。

西方“新马克思主义”的代表人物之一艾丽斯·扬提出的“城市生活”为我们提供了概念工具。她认为：“政治必须被视为一种陌生人之间的关系，他们在主观和无中介的意义上彼此并不理解，而是跨越时间和距离而产生关系。”① 数字技术虽然为“跨越时间和距离”提供了实现方式，在实践中却转变为对地域等在内“他者”区分性要素的否定；它们作为次级施事，使权力不间断地渗透到“陌生人之间的关系”的构建过程中，消除了“相同”之外的其他关系形式，最终消灭了人与人之间深入交流的可能性。在同样以陌生和匿名性关系著称的城市生活中，人们在漫长的历史发展中曾经摸索出一条“和而不同”的相处模式。扬氏认为，在城市中，人们有自己所依靠的少部分熟人，但绝大多数人都只是“陌生人”而已。为与他人产生社会联系，这些看得见和看不见的陌生人构成了必不可少的中介。城市框定了当代人的时空观念，而其多样化、高密度的人口构成，也是建构“自我”、达成身份认同的必要条件。在城市中的生活具有活力，展现了丰富的文化多样性，并且成为了人类发展史上一项不可逆转的事实。总之，城市不仅是现代社会的基本空间形态，而且提供了一种不同于社群和原子化个体的社会组织方式，它能够被提炼为一项规范性的理念。②

扬氏赞同社群主义者对于新自由主义个人主义的批评，认为人需要由各种不同关系类型构成的群体。但是，她同样批评社群主义寄希望于拆除城市，回归到可控、安全、前现代的社群状态。社群主义者将主体视为一个统一体的理想状态，其结果或者是在一个大型的社群中形成新的排挤和压迫，或是将本可以联合起来的大众不断分化，形成诸多相互隔绝、无法持续的小团体。在相当程度上，网络“社区”的解离恰恰显现出了社群主义的这些缺点。她指出，社群主义的复古取向是对现代生产力条件的无视，而强调“城市生活”则能够在原子化与社群主义之外开辟出新的实践与思维路径。在扬氏的界定中，城市生活的本质特征就在于与陌生他者的共在：“人与人、群体与群体之间的相互作用都在他们自认为从属的空间和机构中展开，但并不需要将这种互动

① Iris Marion Young, *Justice and the Politics of Difference*. Princeton: Princeton University Press, 1990, p. 234.

② Ibid., p. 236.

把握为统一或共同性。”① 如果说社群主义是在同一性的基础上构筑社会关系，那么，城市生活的基础则是他异性，在城市中生活，就意味着时刻可能与“未被同化的他者性”四目相对。②

人类学家许烺光曾以宗族、种姓和俱乐部为总括性的象征，指出了亲族连带、等级连带和契约连带三种人类群体的构建方式。③ 相比之下，城市生活中虽然也可能涉及这些连带关系，它塑造社会关系的方式却并不为这种三分法所包含：它不依赖亲族的关系，不以等级制度作固定的划分，也不强加某种单一的价值观、志愿或纲领，而是将他者的异质性作为交流、共处的基础。与之对照，扬氏的“城市生活”不仅是对现实城市中人的生活的归纳总结，而且还是一种具有解放意义的社会关系构成方式。从社群主义的观点来看，这当然体现在人与人之间关联的偶然性上，或许类似于人们在波德莱尔《给一位交臂而过的妇女》中所读到过的那种惊鸿一瞥式的多情，但在城市生活的现实中，这种偶然性所导向的并不是“奇缘”“震惊”的幻象，而是展现了一种更深层次上的必然性：为达成人人可参与、人人可触及的城市生活理念，人们需要承认并接受不同于自己的“他者”，在接受彼此“不同”的基础上寻求“和”的方式。

从城市生活的理念来看，破解数字城市的交流困境需要创设一种能够让人们重新找回“他者”、恢复异质性地位的契机，接受他者的异质性乃至否定性。对此，已经出现了一种回返式的方案。它注意到，过去将人们团结在城市之中的，是特定地域中实际面临的、不断变化的问题情境，因此，它试图将人们的目光重新引回城市。本地媒体在互联网上传播城市记忆、探讨市政议题、招募公众参与，就是这种回返式方案的具体实现。④ 它利用数字技术吸纳线下的参与，让原本就存在的城市问题重新进入网络公众的视野，通过特定的城市情境（如“沿苏州河而行”），以情感体验凝聚起不同视角、身份参与其中的陌生人，并将这种线下联系再度转换为线上的分享。回返式的路

---

① Iris Marion Young, *Justice and the Politics of Difference*. Princeton: Princeton University Press, p. 237.

② Ibid., p. 241.

③ 许烺光：《宗族·种姓·俱乐部》，薛刚译、尚会鹏校，华夏出版社 1990 年版，第 9 页。

④ 陆晔、赖楚谣：《创造新公共社区：移动互联网时代新闻生产的情感维度》，《中国出版》2021 年第 10 期，第 3—8 页。

径借助这些具体的、本地性的网络空间议程设置，将人们的注意力转回到现实中城市的问题情境中来。

事实上，对数字化转型期城市生活理想状况的新的隐喻，也已经随着这一转型的开展而显现。自2020年以来，全国各地的地方政府已经开始认识到“元宇宙”等新兴人机交互技术的独特性。它体现在每一种数字技术上发生的创造上，体现在人们运用计算机撰写、绘制、编排、截取，以数字制品的形式表达和编制新意义的过程中。在它的映照下，人们容易戳穿话语游戏貌合神离的“社区”假象，将同化对方的企图转换为承认差异基础上的讨论。互联网与日常生活业已高度嵌合的当代境况中，人类社会交往模式产生了不同以往的变化，它具有超出弗鲁塞尔所说通过技术完成的意义的“投射”作用，① 进入到以技术方式实现的人与人交流的正面构建层次。

数字化转型的实践，开启了对于“城市生活”理想的重新想象。它从形形色色的“城市”理念中凝结了人“与他者共存”的意愿，而在数字城市继承与发扬城市生活的理念，实质就是在数字空间中重建谅解、宽容、真诚、团结等与他者的交往准则。“城市生活”正为此提供了参照系。在互联网上的创作同任何一种古老的文化传统一致，成为一个民间故事、一种图腾形象的现代版本。就像古老的故事扎根于古老的生存方式一样，这种创作根基在于高技术境况下现代人的生活，这种生活无论是“量化”或数据化的形式，还是以数字技术促生的体验形式，不仅具有重要的现实意义，也凸显出数字化转型实践对于中国特色城市文化理论建构的独特价值。

第四节　数字化转型实践的城市文化理论意义

从上述城市文化对数字化转型的回应来看，数字化转型与城市文化的相互作用，使得在中国城市中开展的数字化转型实践，不仅为城市文化的建设提供了新的机遇和挑战，其本身对中国特色城市文化理论的建构也有其价值和作用。它在内容上与技术、身份、社会交往等议题关联在一起，而它的主要影响和其形成的相关特点，则可以归

---

① Vilém Flusser, Stefan Bollmann and Edith Flusser eds., *Kommunikologie*, Frankfurt am Main: Fischer-Taschenbuch-Verl, 2007, p. 110.

结为人民性、规范性和人文性三个方面。

一、理论意义

其一，在技术与文化相向而行的发展实践中体现了技术的社会构建性，从而为摆脱技术决定论模式的理论话语提供了建设性的模式。长期以来，数字化转型都被认为是一种由技术促发的活动，技术主导的话语模式充斥于数字化转型的相关文献之中。但是如本章中有关数字化转型的概念梳理所呈现的，数字化转型是在多个层次上技术与社会、文化、治理等因素的相互作用的结果。数字化转型的技术路径与社会的规定性，尤其是城市文化的自身积淀相关联，它决定了何种技术能够得到研发、应用和推广。同时，研发出来的技术又会随具体应用场景的不同而得到改变，技术与文化相向而行、平衡发展的实践策略构成了中国特色城市文化视野下数字化转型的主要特征。它通过广泛的实践显现了，不存在某种单一的、单向度的、决定性的技术，数字化转型只有将技术同文化规定性相结合，才可能产生其应有的正面效应。

其二，使多元数字身份（或虚拟身份）与现实身份在城市文化中实现统一。过去对“数字空间”的认识，相当程度上受到科幻作品的影响，认为它是人们营造的一个“异世界”，人们“接入”到这一空间中发生种种事件、进行种种历险，却很少顾及其现实后果。反映在早期“虚拟世界”限定于网络游戏等少数场景中，身份理论将虚拟身份认定为人们从无到有创造出的自身想要的虚拟身份，为身份的重新定义和自我的再造提供了可能性。① 然而，这种假设已随数字化转型的展开，而变得需要重新推敲。虚拟认同包括个体层次、微观层次和宏观层次三部分。当个人用户决定建立自己的虚拟存在并无意中采用虚拟身份时，就必须在创造化身、设定个人资料创建过程中做出各种决定，类似于现实生活中的身份发展，数字身份构建可以描述为一个循环和不断迭代的过程，同时，虚拟身份还受到某些环境特定现实中各种个人和全球或基于社区的因素的影响，它是一个在虚拟环境中不断发展的增量

---

① Sherry Turkle, “Constructions and reconstructions of self in virtual reality: Playing in the MUDs.” *Mind, Culture, and Activity*, no. 3（1994）, pp. 158—167; Turkle, Sherry. “Ghosts in the machine.” *The Sciences*, no. 6（1995）, pp. 36—39.

系统。[①] 此时，现实的自我和虚拟的自我不应视为两个不同的实体，而是应被视为同一个个体人格的不同方面。[②]

其三，让数字化转型回归到以人为目的、服务社会交往的总目标之下。作为人民性的体现，同时和技术与社会的关系、虚拟与现实的关系相呼应，数字化转型在中国特色城市文化理论中展现为一种以人为目的、以服务社会交往为目标的手段，而非自在自为、不可逆转的技术趋势。通过多类行动主体（个人、社区、政府部门、企业等）和多种主体形式（线上、线下，匿名、实名）的参与，数字化转型实际上成了在新的技术条件和社会境况下，人与人之间相互认识、相互联系、相互推动的桥梁和纽带。城市提供了“没有目的的相遇”，城市文化诞生于这种异质性的广泛而频繁的接触之中，数字化转型则使这样的“相遇”获得了新的可能性。这将势必推动一种新的城市文化视野乃至一种新的“城市”观念。凭借鲜活的实践，这种新的“城市”观否定了西方城市文化理论中，有关城市走向消亡或彻底虚拟化的理论断言，重新开放了“城市”概念的可能性。

在《1844年经济学哲学手稿》中，马克思以共产主义理论为基础，阐述了人的全面发展思想：“人以一种全面的方式，也就是说，作为一个完整的人，占有自己的全面的本质。”[③] 人的发展的条件与人的发展的内容是紧密联系在一起的。马克思强调的“人的全面的发展”，既包括“人的本质力量的展示”，也要求“人的本质力量的发展”。

二、理论价值和影响

一是体现了坚持“人民城市”理念的重要意义。“人民城市”是中国特色城市理论的重要核心理念，坚持城市的人民性，对于城市文化的未来发展而言有重要意义。在中国特色城市数字化转型中，突出体现了人民的主体地位，鼓励人民积极参与城市文

① Peter Nagy and Bernadett Koles, “The digital transformation of human identity: Towards a conceptual model of virtual identity in virtual worlds.” *Convergence*, vol. 20, no. 3（2014）, pp. 276—292.

② Paul Jerry and Nancy Tavares-Jones, “Reflections on identity and learning in a virtual world: The avatar in Second Life.” *Utopia And a Garden Party*. Brill, 2012, pp. 125—136.

③［德］卡尔·马克思、［德］弗里德里希·恩格斯：《马克思恩格斯文集（第一卷）》，中共中央马克思恩格斯列宁斯大林著作编译局译，人民出版社2009年版，第189页。

化建设，维护了城市的公共性和开放性，促进城市内不同群体的文化融合和交流。它凸显了城市数字化转型作为城市化发展的最新阶段，应该继续符合人民的价值观和文化传统，避免文化的异化和扭曲；而城市文化的发展也仍旧以人民性为导向，因时因势，不断自我更新。

“人民城市”理念构成了城市数字化转型与城市文化未来发展之间互动关系的根本依归和行动指南，将数字化转型过程中层累造成的种种技术决定论论调，重新校准到人民群众的实际需求和“以人为本”的理念上来。城市文化和数字化转型的有机结合，是新时代推动城市发展的必然要求，也就需要求取和指定数字化转型中的各个方面的“最大公约数”。它显现了经济发展和技术进步在城市发展中虽然具有重要的工具性意义，但并不是最终的旨归；人民是城市建设的目的，建设更好的城市本质上是以是否更好推进了人的发展为衡量尺度的。

二是强调了城市文化的价值导向功能对数字化转型的规范性作用。从国外经验来看，数字化转型往往和城市病的出现在同一阶段，尤其是在文化领域，西方理论家普遍关注到高度发展的传播技术无法改善现代人所处的“交流困境”，这正是城市发展失去以人为本的价值导向，转而为资本和技术力量所捕获的结果。在那些状况中，城市文化的地方特色被消除，变得越来越商业化和标准化，城市中的建筑和街区也变得越来越单一和无聊，人们普遍感受到价值的失落和疏离。

具有中国特色的数字化转型实践，强调突出了文化因素对于技术因素的规范性作用，延续并发展了城市文化开放、多元、包容的基本特征，也为城市的可持续发展提供了新的机遇，设定数字城市的人文意蕴。通过在社会关系建构的层面上设想数字城市另外的可能，方能校正数字城市在“交易”“交通”方面已经出现的偏差，并朝着有效“交流”的方向迈进。这表明，对于数字化转型的技术性要素而言，城市文化的价值导向功能是更高位的规范性因素。它决定了数字技术进入文化传播和内容生产各环节的具体形式和限度，也在整体上规定了城市尺度之下各数字化转型场景应当共同遵循的要求。在这一价值导向功能的调节下，数字化转型不应服务于技术和资本的扩张，而是应将城市的历史文化、地方性和现代性置于综合统筹、协调推进的状态，使数字化转型的落地应用和具体场景与城市的文化调性和地方特色得到有机统一。

三是贯穿了对于大众生存境遇的人文关怀。当今，对待城市发展的人文主义理念越来越凸显出它的重要意义，通过“强调有序复杂性和文化异质性，强调烟火气、市井气、接地气、聚人气”，恢复了城市的“地面”视角，“更能代表未来的趋势”。① 另一方面，数字化转型作为对数字城市、智能城市等传统“形体主义”“空中视角”的超越和扬弃，并不是和人文关怀相违背的。

中国特色的城市数字化转型的实践表明，人文主义与数字技术的发展并不是水火不容的关系，二者同样有可能建构起相辅相成、和谐统一的新型关联。文化主体身份认同的多重性本就是城市生活的一个重要特征，数字化转型的开展则将它进一步放大，而新型的内容生产方式使之更加多元、更易转换。二者能够并行不悖、互相补充，组成多向度的人际关联，更为人的多方面发展提供了机遇和展现的平台。城市文化通过其价值导向对数字化转型的规范化起着重要作用，数字化转型则为城市文化发展提供了新的载体和空间，二者处于相互决定的互动关系中，城市文化和数字化转型相互影响。城市的地理空间为数字时代奠定了发展的基础，城市的文化存在则为数字时代种下了鲜活的种子。

坚持“人民城市”的基本理念，强化文化价值导向的规范性作用，体现对大众生存境遇的人文关怀，最终都是为在日趋数字化、智能化的城市发展过程中，为实现“人的全面发展”贡献更多、更为有效的力量。它使得人们得以重新凝聚起来，从而起到了构建城市身份认同的作用。城市孕育了数字技术，也将在数字化转型的新阶段持续生长。

概而言之，城市文化是一个开放的系统，数字化转型既是其中引人注目的一个作用因素，同时也为其发展变化提供了新的背景和基本条件。它使得数字技术不再只是传递信息的媒介。以人民性为根基，以文化规定性为基本方式，数字化力量在城市文化中发挥凝聚城市认同、汇聚城市力量等方面的实际作用，持续发挥向人传达、使人聚合的作用，体现了对于大众生存境遇的人文关怀，从而为城市文化的未来发展提供更为开阔的前景。

---

① 徐锦江：《人民城市建设，顺应了全球城市发展的这一重要转向》，载上观新闻：https://www.jfdaily.com/staticsg/res/html/web/newsDetail.html?id=430751&sid=67，2021 年 12 月 12 日。

后　记

为贯彻落实习近平总书记关于加快构建中国特色哲学社会科学重要讲话精神和上海市委关于推动上海哲学社会科学大发展大繁荣的战略部署，我院党委提出以学科体系建设为抓手，发挥高端智库优势，加快推进中国特色哲学社会科学“三大体系”建设。

我们的基本设想是，坚持以习近平新时代中国特色社会主义思想为指导，按照习近平总书记在哲学社会科学工作座谈会上的重要讲话精神和上海市推动上海哲学社会科学大发展大繁荣建设目标要求，以我国经济与社会发展的实践经验和现实需求为起点，结合我院各研究所专业学科特色和重点研究方向，组织开展学科体系建设，注重从我国改革发展的实践工作中挖掘新材料、发现新问题、提出新观点、构建新理论，注重深化对党的创新理论研究阐释，注重总结实践中的新规律，提炼新理论，提出具有主体性、原创性的新观点，彰显我国哲学社会科学的特色和优势，为构建中国特色哲学社会科学学科体系、学术体系、话语体系作出上海社会科学院的贡献。

2023 年，我院结合主题教育，围绕科研工作、人才队伍建设、智库建设等开展大调研活动，在我院建院 65 周年院庆之际，组织全院 17 个研究所，开展集体研究和联合攻关，推出我院“中国特色哲学社会科学‘三大体系’研究丛书”学术成果，本书为丛书系列成果之一。

本书是文学研究所集体科研成果。在两年多时间的多次研讨、写作、论证及修改过程中，大家付出心血智慧和艰辛工作，最终形成本书。其中，郑崇选同志作为负责人，全面指导、重点把握，从本书开始申请到分组讨论、论证、确认，从本书撰写结构的编排到书稿内容的谋篇布局都严格把关，并负责本书最终统稿和定稿工作。参与本书写作的科研人员根据撰写工作任务安排，加班加点及时完成工作任务，为本书的最终成稿付出了智慧和心血。具体分工如下：

导　论：以充分的实践自觉构建中国特色城市文化理论，郑崇选、徐锦江负责。

第一章：新时代关于城市文化的重要论述，张昱负责。

第二章：西方城市文化理论的综合辨析，胡俊负责。

第三章：传统视域下的城市文化理论及其当代意义，戴伊璇负责。

第四章：城市历史文化遗产保护的中国方案，金方廷负责。

第五章：公共文化服务体系建设与城市文化的公共性，冯佳、钱泽红负责。

第六章：中国特色文化产业发展与城市空间文化赋能，李琳负责。

第七章：中国城市民俗研究的变迁与转型，程鹏、毕旭玲负责。

第八章：城市文学的文化建构，曹晓华负责。

第九章：数字化转型与城市文化的未来发展，朱恬骅负责。

在本书研究和写作过程中，院主要领导全程予以关心和指导，先后组织了多轮专题会和座谈会，听取文学研究所汇报并提出宝贵建议，在此谨表敬意和感谢！

最后，对上海人民出版社高效细致的出版工作一并致以谢意！

上海社会科学院文学研究所

2023 年 8 月

图书在版编目(CIP)数据

中国特色城市文化实践与理论研究/郑崇选等著
.一上海:上海人民出版社,2023
(中国特色哲学社会科学"三大体系"研究丛书)
ISBN 978-7-208-18454-1

Ⅰ.①中… Ⅱ.①郑… Ⅲ.①城市文化-文化发展-研究-中国 Ⅳ.①G122

中国国家版本馆 CIP 数据核字(2023)第 146313 号

责任编辑 丁 辰
封面设计 零创意文化

中国特色哲学社会科学"三大体系"研究丛书
中国特色城市文化实践与理论研究
郑崇选 等著

出 版 上海人民出版社
(201101 上海市闵行区号景路 159 弄 C 座)
发 行 上海人民出版社发行中心
印 刷 上海新华印刷有限公司
开 本 787×1092 1/16
印 张 15
插 页 2
字 数 231,000
版 次 2023 年 9 月第 1 版
印 次 2023 年 9 月第 1 次印刷
ISBN 978-7-208-18454-1/G·2163
定 价 68.00 元